国外
马克思主义
研究
文库

黑龙江大学出版社
HEILONGJIANG UNIVERSITY PRESS

本丛书获得以下基金项目资助：

国家哲学社会科学基金重点项目《东欧新马克思主义理论研究》，10AKS005
黑龙江省社科重大委托项目《东欧新马克思主义研究》，08A-002

新马克思主义研究丛书

东欧

Marx

衣俊卿 ◆ 主编

个性道德与理性秩序

——赫勒道德理论研究

Morals of Personality and Rational Order
—A Study of Agnes Heller's Moral Theory

王秀敏 ◇ 著

黑龙江大学出版社

HEILONGJIANG UNIVERSITY PRESS

图书在版编目（CIP）数据

个性道德与理性秩序：赫勒道德理论研究／王秀敏
著．-- 哈尔滨：黑龙江大学出版社，2011.3（2021.9 重印）
（国外马克思主义研究论丛／衣俊卿主编）
ISBN 978-7-81129-365-4

Ⅰ．①个… Ⅱ．①王… Ⅲ．①赫勒，A.-伦理学-思
想评论 Ⅳ．① B82-095.15

中国版本图书馆 CIP 数据核字（2011）第 023289 号

个性道德与理性秩序——赫勒道德理论研究
GEXING DAODE YU LIXING ZHIXU——HELE DAOLI LILUN YANJIU
王秀敏　著

责任编辑　李小娟　杜红艳
出版发行　黑龙江大学出版社
地　　址　哈尔滨市南岗区学府三道街 36 号
印　　刷　三河市春园印刷有限公司
开　　本　720 毫米 ×1000 毫米　1/16
印　　张　16.75
字　　数　248 千
版　　次　2011 年 3 月第 1 版
印　　次　2022 年 1 月第 2 次印刷
书　　号　ISBN 978-7-81129-365-4
定　　价　58.80 元

目　录

总　　序　全面开启国外马克思主义研究的一个新领域

………………………………………………… 衣俊卿 1

导　　论　理性化进程中的道德"乌托邦"构想 ……………… 1

第一章　历史演进中道德的变化及个性道德的生成 ……………… 24

　　第一节　人类条件:道德发生和演进的本体论背景 ……… 25

　　第二节　作为整体的个人道德:传统社会的道德图景 ……… 34

　　第三节　特性道德:现代社会的道德图景 ……………… 38

　　第四节　个性道德:后现代视野中的道德图景 ……………… 48

第二章　现代社会伦理中多样性的规则:

　　　　　个性道德合法性基础之一 ……………… 63

　　第一节　现代社会亟待要求伦理内在规则的变化 ……………… 64

　　第二节　历史文化中生成的各种道德规则 ……………… 72

　　第三节　多样性伦理规则为个人行动提供道德支柱 ……………… 84

第三章　双重性质的自我反思:个性道德合法性基础之二 ……… 92

　　第一节　"双重性质的自我反思"理论的提出 ……………… 93

第二节　双重性质的自我反思是自我和

　　　　　自我意识形成的前提 ………………………… 96

第三节　双重性质的自我反思培育良好道德判断力 ………… 102

第四节　双重性质的自我反思与个性道德的生成 ………… 108

第五节　道德反思和道德自觉的长期性 ……………… 115

第四章　自由和责任:个性道德合法性基础之三 ………… 123

第一节　作为个性道德内在基础的自由 ……………… 124

第二节　作为个性道德内在基础的责任 ……………… 143

第五章　对赫勒道德理论的反思 ……………………… 164

第一节　理论反思:马克思道德思想的深化与拓展 ………… 165

第二节　现实反思:中国社会转型中道德追寻之路 ………… 197

结　　语 ………………………………………… 218

参考文献 ………………………………………… 224

附录　赫勒生平著作年表 ……………………… 232

后　　记 ………………………………………… 239

全面开启国外马克思主义研究的一个新领域

衣俊卿

　　经过较长时间的准备,黑龙江大学出版社将从 2010 年起陆续推出"东欧新马克思主义译丛"和"东欧新马克思主义理论研究"。作为主编,我从一开始就赋予这两套丛书以重要的学术使命:在我国学术界全面开启国外马克思主义研究的一个新领域,即东欧新马克思主义研究。

　　我自知,由于自身学术水平和研究能力的限制,以及所组织的翻译队伍和研究队伍等方面的原因,我们对这两套丛书不能抱过高的学术期待。实际上,我对这两套丛书的定位不是"结果"而是"开端":自觉地、系统地"开启"对东欧新马克思主义的全面研究。

　　策划这两部关于东欧新马克思主义的大部头丛书,并非我一时心血来潮。可以说,系统地研究东欧新马克思主义是我过去二十多年一直无法释怀的,甚至是最大的学术夙愿。这里还要说的一点是,之所以如此强调开展东欧新马克思主义研究的重要性,并非我个人的某种学术偏好,而是东欧新马克思主义自身的理论地位使然。在某种意义上可以说,全面系统地开展东欧新马克思主义研究,应当是新世纪中国学术界不容忽视的重大学术任务。基于此,我想为这两套丛书写一个较长的总序,为的是给读者和研究者提供某些参考。

一、丛书的由来

我对东欧新马克思主义的兴趣和研究始于 20 世纪 80 年代初，也即在北京大学哲学系就读期间。那时的我虽对南斯拉夫实践派产生了很大的兴趣，但苦于语言与资料的障碍，无法深入探讨。之后，适逢有机会去南斯拉夫贝尔格莱德大学哲学系进修并攻读博士学位，这样就为了却自己的这桩心愿创造了条件。1984 年至 1986 年间，在导师穆尼什奇(Zdravko Munišić)教授的指导下，我直接接触了十几位实践派代表人物以及其他哲学家，从第一手资料到观点方面得到了他们热情而真挚的帮助和指导，用塞尔维亚文完成了博士论文《第二次世界大战后南斯拉夫哲学家建立人道主义马克思主义的尝试》。在此期间，我同时开始了对东欧新马克思主义其他代表人物的初步研究。回国后，我又断断续续地进行东欧新马克思主义研究，并有幸同移居纽约的赫勒教授建立了通信关系，在她真诚的帮助与指导下，翻译出版了她的《日常生活》一书。此外，我还陆续发表了一些关于东欧新马克思主义的研究成果，但主要是进行初步评介的工作。[1]

纵观国内学界，特别是国外马克思主义研究界，虽然除了本人以外，还有一些学者较早地涉及东欧新马克思主义的某几个代表人物，发表了一些研究成果，并把东欧新马克思主义一些代表人物

---

① 如衣俊卿:《实践派的探索与实践哲学的述评》,台北:台湾森大图书有限公司1990 年版;衣俊卿:《东欧的新马克思主义》,台北:台湾唐山出版社 1993 年版;衣俊卿:《人道主义批判理论——东欧新马克思主义述评》,北京:中国人民大学出版社 2005 年版;衣俊卿、陈树林主编:《当代学者视野中的马克思主义哲学·东欧和苏联学者卷》(上、下),北京:北京师范大学出版社 2008 年版,以及关于科西克、赫勒、南斯拉夫实践派等的系列论文。

的部分著作陆续翻译成中文①,但是,总体上看,这些研究成果只涉及几位东欧新马克思主义代表人物,并没有建构起一个相对独立的研究领域,人们常常把关于赫勒、科西克等人的研究作为关于某一理论家的个案研究,并没有把他们置于东欧新马克思主义的历史背景和理论视野中加以把握。可以说,东欧新马克思主义研究在我国尚处于起步阶段和自发研究阶段。

我认为,目前我国的东欧新马克思主义研究状况与东欧新马克思主义在 20 世纪哲学社会科学,特别是在马克思主义发展中所具有的重要地位和影响力是不相称的;同时,关于东欧新马克思主义研究的缺位对于我们在全球化背景下发展具有中国特色和世界眼光的马克思主义的理论战略,也是不利的。应当说,过去 30 年,特别是新世纪开始的头十年,国外马克思主义研究在我国学术界已经成为最重要、最受关注的研究领域之一,不仅这一领域本身的学科建设和理论建设取得了长足的进步,而且在一定程度上还引起了哲学社会科学研究范式的改变。正是由于国外马克思主义的研究进展,使得哲学的不同分支学科之间、社会科学的不同学科之间,乃至世界问题和中国问题、世界视野和中国视野之间,开始出现相互融合和相互渗透的趋势。但是,我们必须看到,国外马克思主义研究还处于初始阶段,无论在广度上还是深度上都有很大的拓展空间。

我一直认为,在 20 世纪世界马克思主义研究的总体格局中,从对马克思思想的当代阐发和对当代社会的全方位批判两个方面衡量,真正能够称之为"新马克思主义"的主要有三个领域:一是我

①　例如,(波)沙夫:《人的哲学》,林波等译,北京:三联书店 1963 年版;(波)沙夫:《共产主义运动的若干问题》,奚戚等译,北京:人民出版社 1983 年版;(匈)赫勒:《日常生活》,衣俊卿译,重庆:重庆出版社 1990 年版;(匈)赫勒:《现代性理论》,李瑞华译,北京:商务印书馆 2005 年版;(南)马尔科维奇、(南)彼德洛维奇编:《南斯拉夫"实践派"的历史和理论》,郑一明、曲跃厚译,重庆:重庆出版社 1994 年版;(波)柯拉柯夫斯基:《形而上学的恐怖》,唐少杰等译,北京:三联书店 1999 年版;(波)柯拉柯夫斯基:《宗教:如果没有上帝……》,杨德友译,北京:三联书店 1997 年版等,以及黄继峰:《东欧新马克思主义》,北京:中央编译出版社 2002 年版;张一兵、刘怀玉、傅其林、潘宇鹏等关于科西克、赫勒等人的研究文章。

们通常所说的西方马克思主义,主要包括以卢卡奇、科尔施、葛兰西、布洛赫为代表的早期西方马克思主义,以霍克海默、阿多诺、马尔库塞、弗洛姆、哈贝马斯等为代表的法兰克福学派,以及萨特的存在主义马克思主义、阿尔都塞的结构主义马克思主义等;二是20世纪70年代之后的新马克思主义流派,主要包括分析的马克思主义、生态学马克思主义、女权主义马克思主义、文化的马克思主义、发展理论的马克思主义、后马克思主义等;三是以南斯拉夫实践派、匈牙利布达佩斯学派、波兰和捷克斯洛伐克等国的新马克思主义者为代表的东欧新马克思主义。就这一基本格局而言,由于学术视野和其他因素的局限,我国的国外马克思主义研究呈现出发展不平衡的状态:大多数研究集中于对卢卡奇、科尔施和葛兰西等人开创的西方马克思主义流派和以生态学马克思主义、女权主义马克思主义等为代表的20世纪70年代至80年代以后的欧美新马克思主义流派的研究,而对于同样具有重要地位的东欧新马克思主义以及其他一些国外新马克思主义流派则较少关注。由此,东欧新马克思主义研究已经成为我国学术界关于世界马克思主义研究中的一个比较严重的"短板"。有鉴于此,我以黑龙江大学文化哲学研究中心、马克思主义哲学专业和国外马克思主义研究专业的研究人员为主,广泛吸纳国内相关领域的专家学者,组织了一个翻译、研究东欧新马克思主义的学术团队,以期在东欧新马克思主义的译介、研究方面做一些开创性的工作,填补国内学界的这一空白。2010—2011年,"译丛"预计出版赫勒的《日常生活》和《卢卡奇再评价》,费赫尔主编的《法国大革命与现代性的诞生》,马尔库什的《马克思主义与人类学》,马尔科维奇与彼得洛维奇主编的《实践——南斯拉夫哲学和社会科学方法论文集》,马尔科维奇的《当代的马克思》等译著;"理论研究"将出版关于科西克、赫勒、马尔库什、马尔科维奇等人的研究著作5～6本。整个研究工程将在未来数年内完成。

　　以下,我根据多年来的学习、研究,就东欧新马克思主义的界

个性道德与理性秩序

定、历史沿革、理论建树、学术影响等作一简单介绍，以便丛书读者能对东欧新马克思主义有一个整体的了解。

二、东欧新马克思主义的界定

对东欧新马克思主义的范围和主要代表人物作一个基本划界，并非轻而易举的事情。与其他一些在某一国度形成的具体的哲学社会科学理论流派相比，东欧新马克思主义要显得更为复杂，范围更为广泛。西方学术界的一些研究者或理论家从20世纪60年代后期就已经开始关注东欧新马克思主义的一些流派或理论家，并陆续对"实践派"、"布达佩斯学派"，以及其他东欧新马克思主义代表人物作了不同的研究，分别出版了其中的某一流派、某一理论家的论文集或对他们进行专题研究。但是，在对东欧新马克思主义的总体梳理和划界上，西方学术界也没有形成公认的观点，而且在对东欧新马克思主义及其代表人物的界定上存在不少差异，在称谓上也各有不同，例如，"东欧的新马克思主义"、"人道主义马克思主义"、"改革主义者"、"异端理论家"、"左翼理论家"等。

近年来，我在使用"东欧新马克思主义"范畴时，特别强调其特定的内涵和规定性。我认为，不能用"东欧新马克思主义"来泛指第二次世界大战后东欧的各种马克思主义研究，我们在划定东欧新马克思主义的范围时，必须严格选取那些从基本理论取向到具体学术活动都基本符合20世纪"新马克思主义"范畴的流派和理论家。具体说来，我认为，最具代表性的东欧新马克思主义理论家应当是：南斯拉夫实践派的彼得洛维奇（Gajo Petrović，1927—1993）、马尔科维奇（Mihailo Marković，1923— ）、弗兰尼茨基（Predrag Vranickić，1922—2002）、坎格尔加（Milan Kangrga，1923— ）和斯托扬诺维奇（Svetozar Stojanović，1931— ）等；匈牙利布达佩斯学派的赫勒（Agnes Heller，1929— ）、费赫尔（Ferenc Feher，1933—1994）、马尔库什（György Markus，1934— ）和瓦伊达（Mihaly Vajda，1935— ）等；波兰的新马克思主义代表人物沙夫(Adam Schaff,1913—2006)、科拉科夫斯基(Leszak Kolakowski,1927—2009)等;捷克斯洛伐克的科西克(Karel Kosik, 1926—2003)、斯维塔克(Ivan Svitak, 1925—1994)等。应当说,我们可以通过上述理论家的主要理论建树,大体上建立起东欧新马克思主义的研究领域。此外,还有一些理论家,例如,匈牙利布达佩斯学派的安德拉斯·赫格居什(Andras Hegedüs),捷克斯洛伐克哲学家普鲁查(Milan Prúcha),南斯拉夫实践派的考拉奇(Veljko Korać)、日沃基奇(Miladin Životić)、哥鲁波维奇(Zagorka Golubović)、达迪奇(Ljubomir Tadić)、波什尼亚克(Branko Bosnjak)、苏佩克(Rudi Supek)、格尔里奇(Danko Grlić)、苏特里奇(Vanja Sutlić)、别约维奇(Danilo Pejović)等,也是东欧新马克思主义的重要理论家,但是,考虑到其理论活跃度、国际学术影响力和参与度等因素,我们一般没有把他们列为东欧新马克思主义的主要研究对象。

这些哲学家分属不同的国度,各有不同的研究领域,但是,共同的历史背景、共同的理论渊源、共同的文化境遇以及共同的学术活动形成了他们共同的学术追求和理论定位,使他们形成了一个以人道主义批判理论为基本特征的新马克思主义学术群体。

首先,东欧新马克思主义产生于第二次世界大战后东欧各国的社会主义改革进程中,他们在某种意义上都是改革的理论家和积极支持者。众所周知,第二次世界大战后,东欧各国普遍经历了"斯大林化"进程,普遍确立了以高度的计划经济和中央集权体制为特征的苏联社会主义模式或斯大林的社会主义模式,而20世纪五六十年代东欧一些国家的社会主义改革从根本上都是要冲破苏联社会主义模式的束缚,强调社会主义的人道主义和民主的特征,以及工人自治的要求。在这种意义上,东欧新马克思主义主要产生于南斯拉夫、匈牙利、波兰和捷克斯洛伐克四国,就不是偶然的事情了。因为,1948年至1968年的20年间,标志着东欧社会主义改革艰巨历程的苏南冲突、波兹南事件、匈牙利事件、"布拉格之

个性道德与理性秩序

春"几个重大的世界性历史事件刚好在这四个国家中发生,上述东欧新马克思主义者都是这一改革进程中的重要理论家,他们从青年马克思的人道主义实践哲学立场出发,反思和批判苏联高度集权的社会主义模式,强调社会主义改革的必要性。

其次,东欧新马克思主义都具有比较深厚的马克思思想理论传统和开阔的现时代的批判视野。通常我们在使用"东欧新马克思主义"的范畴时是有严格限定条件的,只有那些既具有马克思的思想理论传统,在新的历史条件下对马克思关于人和世界的理论进行新的解释和拓展,同时又具有马克思理论的实践本性和批判维度,对当代社会进程进行深刻反思和批判的理论流派或学说,才能冠之以"新马克思主义"。可以肯定地说,我们上述开列的南斯拉夫、匈牙利、波兰和捷克斯洛伐克四国的十几位著名理论家符合这两个方面的要件。一方面,这些理论家都具有深厚的马克思主义思想传统,特别是青年马克思的实践哲学或者批判的人本主义思想对他们影响很大,例如,实践派的兴起与马克思《1844年经济学哲学手稿》的塞尔维亚文版1953年在南斯拉夫出版有直接的关系。另一方面,绝大多数东欧新马克思主义理论家都直接或间接地受卢卡奇、布洛赫、列菲伏尔、马尔库塞、弗洛姆、哥德曼等人带有人道主义特征的马克思主义理解的影响,其中,布达佩斯学派的主要成员就是由卢卡奇的学生组成的。东欧新马克思主义代表人物像西方马克思主义代表人物一样,高度关注技术理性批判、意识形态批判、大众文化批判、现代性批判等当代重大理论问题和实践问题。

再次,东欧新马克思主义主要代表人物曾经组织了一系列国际性学术活动,这些由东欧新马克思主义代表人物、西方马克思主义代表人物,以及其他一些马克思主义者参加的活动进一步形成了东欧新马克思主义的共同的人道主义理论定向,提升了他们的国际影响力。上述我们划定的十几位理论家分属四个国度,而且所面临的具体处境和社会问题也不尽相同,但是,他们并非彼此孤立、各自独立活动的专家学者。实际上,他们不仅具有相同的或相近的理论立场,而且在相当一段时间内或者在很多场合内共同发起、组织和参与了 20 世纪六七十年代一些重要的世界性马克思主义研究活动。这里特别要提到的是南斯拉夫实践派在组织东欧新马克思主义和西方马克思主义交流和对话中的独特作用。从 20 世纪 60 年代中期到 70 年代中期,南斯拉夫实践派哲学家创办了著名的《实践》杂志(PRAXIS,1964—1974)和科尔丘拉夏令学园(Korčulavska ljetnja Škola,1963—1973)。10 年间他们举办了 10 次国际讨论会,围绕着国家、政党、官僚制、分工、商品生产、技术理性、文化、当代世界的异化、社会主义的民主与自治等一系列重大的现实问题进行深入探讨,百余名东欧新马克思主义者、西方马克思主义理论家和其他东西方马克思主义研究者参加了讨论。特别要提到的是,布洛赫、列菲伏尔、马尔库塞、弗洛姆、哥德曼、马勒、哈贝马斯等西方著名马克思主义者和赫勒、马尔库什、科拉科夫斯基、科西克、实践派哲学家以及其他东欧新马克思主义者成为《实践》杂志国际编委会成员和科尔丘拉夏令学园的国际学术讨论会的积极参加者。卢卡奇未能参加讨论会,但他生前也曾担任《实践》杂志国际编委会成员。20 世纪后期,由于各种原因东欧新马克思主义的主要代表人物或是直接移居西方或是辗转进入国际学术或教学领域,即使在这种情况下,东欧新马克思主义主要流派依旧进行许多合作性的学术活动或学术研究。例如,在《实践》杂志被迫停刊的情况下,以马尔科维奇为代表的一部分实践派代表人物于 1981 年在英国牛津创办了《实践(国际)》(PRAXIS INTERNATIONAL)杂志,布达佩斯学派的主要成员则多次合作推出一些共同的研究成果。① 相近的理论立场和共同活动的开展,使东欧新马克思主义

---

① 例如,Agnes Heller, *Lukács Revalued*, Oxford:Basil Blackwell Publisher, 1983;Ferenc Feher, Agnes Heller and György Markus, *Dictatorship over Needs*, New York:St. Martin's Press, 1983;Agnes Heller and Ferenc Feher, *Reconstructing Aesthetics – Writings of the Budapest School*, New York:Blackwell, 1986;J. Grumley, P. Crittenden and P Johnson eds., *Culture and Enlightenment*:*Essays for György Markus*, Hampshire:Ashgate Publishing Limited,2002 等。

成为一种有机的、类型化的新马克思主义。

三、东欧新马克思主义的历史沿革

我们可以粗略地以 20 世纪 70 年代中期为时间点,将东欧新马克思主义的发展历程划分为两大阶段:第一个阶段是东欧新马克思主义主要流派和主要代表人物在东欧各国从事理论活动的时期,第二个阶段是许多东欧新马克思主义者在西欧和英美直接参加国际学术活动的时期。具体情况如下:

20 世纪 50 年代到 70 年代中期,是东欧新马克思主义主要流派和主要代表人物在东欧各国从事理论活动的时期,也是他们比较集中、比较自觉地建构人道主义的马克思主义的时期。可以说,这一时期的成果相应地构成了东欧新马克思主义的典型的或代表性的理论观点。这一时期的突出特点是东欧新马克思主义主要代表人物的理论活动直接同东欧的社会主义实践交织在一起。他们批判自然辩证法、反映论和经济决定论等观点,打破在社会主义国家中占统治地位的斯大林主义的理论模式,同时,也批判现存的官僚社会主义或国家社会主义关系,以及封闭的和落后的文化,力图在现存社会主义条件下,努力发展自由的创造性的个体,建立民主的、人道的、自治的社会主义。以此为基础,东欧新马克思主义积极发展和弘扬革命的和批判的人道主义马克思主义,他们一方面以独特的方式确立了人本主义马克思主义的立场,如实践派的"实践哲学"或"革命思想"、科西克的"具体辩证法"、布达佩斯学派的需要革命理论等等;另一方面以异化理论为依据,密切关注人类的普遍困境,像西方人本主义思想家一样,对于官僚政治、意识形态、技术理性、大众文化等异化的社会力量进行了深刻的批判。这一时期,东欧新马克思主义代表人物展示出比较强的理论创造力,推出了一批有影响的理论著作,例如,科西克的《具体的辩证法》、沙夫的《人的哲学》和《马克思主义与人类个体》、科拉科夫斯基的

《走向马克思主义的人道主义》、赫勒的《日常生活》和《马克思的需要理论》、马尔库什的《马克思主义与人类学》、彼得洛维奇的《哲学与马克思主义》和《哲学与革命》、马尔科维奇的《人道主义和辩证法》、弗兰尼茨基的《马克思主义和社会主义》等。

20世纪70年代中后期以来，东欧新马克思主义的基本特点是不再作为自觉的学术流派围绕共同的话题而开展学术研究，而是逐步超出东欧的范围，通过移民或学术交流的方式分散在英美、澳大利亚、德国等地，汇入到西方各种新马克思主义流派或左翼激进主义思潮之中，他们作为个体，在不同的国家和地区分别参与国际范围内的学术研究和社会批判，并直接以英文、德文、法文等发表学术著作。大体说来，这一时期，东欧新马克思主义的主要代表人物的理论热点，主要体现在两个大的方面：从一个方面来看，马克思主义和社会主义依旧是东欧新马克思主义理论家关注的重要主题之一。他们在新的语境中继续研究和反思传统马克思主义和苏联模式的社会主义实践，并且陆续出版了一些有影响的学术著作，例如，科拉科夫斯基的三卷本《马克思主义的主要流派》、沙夫的《处在十字路口的共产主义运动》①、斯托扬诺维奇的《南斯拉夫的垮台：为什么共产主义会失败》、马尔科维奇的《民主社会主义：理论与实践》、瓦伊达的《国家和社会主义：政治学论文集》、马尔库什的《困难的过渡：中欧和东欧的社会民主》、费赫尔的《东欧的危机和改革》等。但是，从另一方面看，东欧新马克思主义理论家，特别是以赫勒为代表的布达佩斯学派成员，以及沙夫和科拉科夫斯基等人，把主要注意力越来越多地投向20世纪70年代以来西方其他新马克思主义流派和左翼激进思想家所关注的文化批判和社会批判主题，特别是政治哲学的主题，例如，启蒙与现代性批判、后现代政治状况、生态问题、文化批判、激进哲学等。他们的一些著作具

---

① 参见该书的中文译本——（波）沙夫：《共产主义运动的若干问题》，奚戚等译，北京：人民出版社1983年版。

有重要的学术影响,例如,沙夫作为罗马俱乐部成员同他人一起主编的《微电子学与社会》和《全球人道主义》、科拉科夫斯基的《经受无穷拷问的现代性》等。这里特别要突出强调的是布达佩斯学派的主要成员,他们的研究已经构成了过去几十年西方左翼激进主义批判理论思潮的重要组成部分,例如,赫勒独自撰写或与他人合写的《现代性理论》、《激进哲学》、《后现代政治状况》、《现代性能够幸存吗?》等,费赫尔主编或撰写的《法国大革命与现代性的诞生》、《生态政治学:公共政策和社会福利》等,马尔库什的《语言与生产——范式批判》等。

四、东欧新马克思主义的理论建树

通过上述历史沿革的描述,我们可以发现一个很有趣的现象:东欧新马克思主义发展的第一个阶段大体上是与典型的西方马克思主义处在同一个时期;而第二个阶段又是与20世纪70年代以后的各种新马克思主义相互交织的时期。这样,东欧新马克思主义就同另外两种主要的新马克思主义构成奇特的交互关系,形成了相互影响的关系。关于东欧新马克思主义的学术建树和理论贡献,不同的研究者有不同的评价,其中有些偶尔从某一个侧面涉猎东欧新马克思主义的研究者,由于无法了解东欧新马克思主义的全貌和理论独特性,片面地断言:东欧新马克思主义不过是以卢卡奇等人为代表的西方马克思主义的一个简单的附属物、衍生产品或边缘性、枝节性的延伸,没有什么独特的理论创造和理论地位。这显然是一种表面化的理论误解,需要加以澄清。

在这里,我想把东欧新马克思主义置于20世纪的新马克思主义的大格局中加以比较研究,主要是将其与西方马克思主义和20世纪70年代之后的新马克思主义流派加以比较,以把握其独特的理论贡献和理论特色。从总体上看,东欧新马克思主义的理论旨趣和实践关怀与其他新马克思主义在基本方向上大体一致,然而,东欧新马克思主义具有东欧社会主义进程和世界历史进程的双重背景,这种历史体验的独特性使他们在理论层面上既有比较坚实的马克思思想传统,又有对当今世界和人的生存的现实思考,在实践层面上,既有对社会主义建立及其改革进程的亲历,又有对现代性语境中的社会文化问题的批判分析。基于这种定位,我认为,研究东欧新马克思主义,在总体上要特别关注其三个理论特色。

其一,对马克思思想独特的、深刻的阐述。虽然所有新马克思主义都不可否认具有马克思的思想传统,但是,如果我们细分析,就会发现,除了卢卡奇的主客体统一的辩证法、葛兰西的实践哲学等,大多数西方马克思主义者并没有对马克思的思想、更不要说20世纪70年代以后的新马克思主义流派作出集中的、系统的和独特的阐述。他们的主要兴奋点是结合当今世界的问题和人的生存困境去补充、修正或重新解释马克思的某些论点。相比之下,东欧新马克思主义理论家对马克思思想的阐述最为系统和集中,这一方面得益于这些理论家的马克思主义理论基础,包括早期的传统马克思主义的知识积累和20世纪50年代之后对青年马克思思想的系统研究,另一方面得益于东欧理论家和思想家特有的理论思维能力和悟性。关于东欧新马克思主义理论家在马克思思想及马克思主义理论方面的功底和功力,我们可以提及两套尽管引起很大争议,但是产生了很大影响的研究马克思主义历史的著作,一是弗兰尼茨基的三卷本《马克思主义史》①,二是科拉科夫斯基的三卷本《马克思主义的主要流派》②。甚至当科拉科夫斯基在晚年宣布"放弃了马克思"后,我们依旧不难在他的理论中看到马克思思想的深刻影响。

① Predrag Vranicki, *Historija Marksizma*, I、II、III, Zagreb: Naprijed, 1978. 参见(南)普雷德拉格·弗兰尼茨基:《马克思主义史》(I、II、III),李嘉恩等译,北京:人民出版社1986、1988、1992年版。

② Leszek Kolakowski, *Main Currents of Marxism*, 3 vols., Oxford: Clarendon Press, 1978.

个性道德与理性秩序

在这一点上,可以说,差不多大多数东欧新马克思主义理论家都曾集中精力对马克思的思想作系统的研究和新的阐释。其中特别要提到的应当是如下几种关于马克思思想的独特阐述:一是科西克在《具体的辩证法》中对马克思实践哲学的独特解读和理论建构,其理论深度和哲学视野在 20 世纪关于实践哲学的各种理论建构中毫无疑问应当占有重要的地位;二是沙夫在《人的哲学》、《马克思主义与人类个体》和《作为社会现象的异化》几部著作中通过对异化、物化和对象化问题的细致分析,建立起一种以人的问题为核心的人道主义马克思主义理解;三是南斯拉夫实践派关于马克思实践哲学的阐述,尤其是彼得洛维奇的《哲学与马克思主义》、《哲学与革命》和《革命思想》,马尔科维奇的《人道主义和辩证法》,坎格尔加的《卡尔·马克思著作中的伦理学问题》等著作从不同侧面提供了当代关于马克思实践哲学最为系统的建构与表述;四是赫勒的《马克思的需要理论》、《日常生活》和马尔库什的《马克思主义与人类学》在宏观视角与微观视角相结合的视域中,围绕着人类学生存结构、需要的革命和日常生活的人道化,对马克思关于人的问题作了深刻而独特的阐述,并探讨了关于人的解放的独特思路。正如赫勒所言:"社会变革无法仅仅在宏观尺度上得以实现,进而,人的态度上的改变无论好坏都是所有变革的内在组成部分。"①

其二,对社会主义理论和实践、历史和命运的反思,特别是对社会主义改革的理论设计。社会主义理论与实践是所有新马克思主义以不同方式共同关注的课题,因为它代表了马克思思想的最重要的实践维度。但坦率地讲,西方马克思主义理论家和 20 世纪 70 年代之后的新马克思主义流派在社会主义问题上并不具有最有说服力的发言权,他们对以苏联为代表的现存社会主义体制的批

---

① Agnes Heller, *Everyday Life*, London and New York: Routledge and Kegan Paul, 1984, p. x.

判往往表现为外在的观照和反思,而他们所设想的民主社会主义、生态社会主义等模式,也主要局限于西方发达社会中的某些社会历史现象。毫无疑问,探讨社会主义的理论和实践问题,如果不把几乎贯穿于整个 20 世纪的社会主义实践纳入视野,加以深刻分析,是很难形成有说服力的见解的。在这方面,东欧新马克思主义理论家具有独特的优势,他们大多是苏南冲突、波兹南事件、匈牙利事件、"布拉格之春"这些重大历史事件的亲历者,也是社会主义自治实践、"具有人道特征的社会主义"等改革实践的直接参与者,甚至在某种意义上是理论设计者。东欧新马克思主义理论家对社会主义的理论探讨是多方面的,首先值得特别关注的是他们结合社会主义的改革实践,对社会主义的本质特征的阐述。从总体上看,他们大多致力于批判当时东欧国家的官僚社会主义或国家社会主义,以及封闭的和落后的文化,力图在当时的社会主义条件下,努力发展自由的创造性的个体,建立民主的、人道的、自治的社会主义。在这方面,弗兰尼茨基的理论建树最具影响力,在《马克思主义和社会主义》和《作为不断革命的自治》两部代表作中,他从一般到个别、从理论到实践,深刻地批判了国家社会主义模式,表述了社会主义异化论思想,揭示了社会主义的人道主义性质。他认为,以生产者自治为特征的社会主义"本质上是一种历史的、新型民主的发展和加深"①。此外,从 20 世纪 80 年代起,特别是在 20 世纪 90 年代后,很多东欧新马克思主义理论家对苏联解体和东欧剧变作了多视角的、近距离的反思,例如,沙夫的《处在十字路口的共产主义运动》,费赫尔的《戈尔巴乔夫时期苏联体制的危机和危机的解决》,马尔库什的《困难的过渡:中欧和东欧的社会民主》,斯托扬诺维奇的《南斯拉夫的垮台:为什么共产主义会失败》、《塞尔维亚:民主的革命》等。

---

① Predrag Vranicki, Socijalistička revolucija——Oĉemu je riječ? *Kulturni radnik*, No. 1, 1987, p. 19.

其三,对于现代性的独特的理论反思。如前所述,20世纪80年代以来,东欧新马克思主义理论家把主要注意力越来越多地投向20世纪70年代以来西方其他新马克思主义流派和左翼激进思想家所关注的文化批判和社会批判主题。在这一研究领域中,东欧新马克思主义理论家的独特性在于,他们在阐释马克思思想时所形成的理论视野,以及对社会主义历史命运和发达工业社会进行综合思考时所形成的社会批判视野,构成了特有的深刻的理论内涵。例如,赫勒在《激进哲学》,以及她与费赫尔、马尔库什等合写的《对需要的专政》等著作中,用他们对马克思的需要理论的理解为背景,以需要结构贯穿对发达工业社会和现存社会主义社会的分析,形成了以激进需要为核心的政治哲学视野。赫勒在《历史理论》、《现代性理论》、《现代性能够幸存吗?》以及她与费赫尔合著的《后现代政治状况》等著作中,建立了一种独特的现代性理论。同一般的后现代理论的现代性批判相比,这一现代性理论具有比较厚重的理论内涵,用赫勒的话来说,它既包含对各种关于现代性的理论的反思维度,也包括作者个人以及其他现代人关于"大屠杀"、"极权主义独裁"等事件的体验和其他"现代性经验"①,在我看来,其理论厚度和深刻性只有像哈贝马斯这样的少数理论家才能达到。

从上述理论特色的分析可以看出,无论从对马克思思想的当代阐发、对社会主义改革的理论探索,还是对当代社会的全方位批判等方面来看,东欧新马克思主义都是20世纪一种典型意义上的新马克思主义,在某种意义上可以断言,它是西方马克思主义之外一种最有影响力的新马克思主义类型。相比之下,20世纪许多与马克思思想或马克思主义有某种关联的理论流派或实践方案都不具备像东欧新马克思主义这样的学术地位和理论影响力,它们甚

---

① 参见(匈)阿格尼丝·赫勒:《现代性理论》,李瑞华译,北京:商务印书馆2005年版,第1、3、4页。

至构不成一种典型的"新马克思主义"。例如,欧洲共产主义等社会主义探索,它们主要涉及实践层面的具体操作,而缺少比较系统的马克思主义理论传统;再如,一些偶尔涉猎马克思思想或对马克思表达敬意的理论家,他们只是把马克思思想作为自己的某一方面的理论资源,而不是马克思理论的传人;甚至包括日本、美国等一些国家的学院派学者,他们对马克思的文本进行了细微的解读,虽然人们也常常在宽泛的意义上称他们为"新马克思主义者",但是,同具有理论和实践双重维度的马克思主义传统的理论流派相比,他们还不能称做严格意义上的"新马克思主义者"。

五、东欧新马克思主义的学术影响

在分析了东欧新马克思主义的理论建树和理论特色之后,我们还可以从一些重要思想家对东欧新马克思主义的关注和评价的视角把握它的学术影响力。在这里,我们不准备作有关东欧新马克思主义研究的详细文献分析,而只是简要地提及一下弗洛姆、哈贝马斯等重要思想家对东欧新马克思主义的重视。

应该说,大约在20世纪60年代中期,即东欧新马克思主义形成并产生影响的时期,其理论已经开始受到国际学术界的关注。20世纪70年代之前东欧新马克思主义者主要在本国从事学术研究,他们深受卢卡奇、布洛赫、马尔库塞、弗洛姆、哥德曼等西方马克思主义者的影响。然而,即使在这一时期,东欧新马克思主义同西方马克思主义,特别是同法兰克福学派的关系也带有明显的交互性。如上所述,从20世纪60年代中期到70年代中期,由《实践》杂志和科尔丘拉夏令学园所搭建的学术论坛是当时世界上最大的、最有影响力的东欧新马克思主义和西方马克思主义的学术活动平台。这个平台改变了东欧新马克思主义者单纯受西方人本主义马克思主义者影响的局面,推动了东欧新马克思主义和西方马克思主义者的相互影响与合作。布洛赫、列菲伏尔、马尔库塞、弗洛姆、哥德曼等一些著名西方马克思主义者不仅参加了实践派所组织的重要学术活动,而且开始高度重视实践派等东欧新马克思主义理论家。这里特别要提到的是弗洛姆,他对东欧新马克思主义给予高度重视和评价。1965 年弗洛姆主编出版了哲学论文集《社会主义的人道主义》,在所收录的包括布洛赫、马尔库塞、弗洛姆、哥德曼、德拉·沃尔佩等著名西方马克思主义代表人物文章在内的共 35 篇论文中,东欧新马克思主义理论家的文章就占了 10 篇——包括波兰的沙夫,捷克斯洛伐克的科西克、斯维塔克、普鲁查,南斯拉夫的考拉奇、马尔科维奇、别约维奇、彼得洛维奇、苏佩克和弗兰尼茨基等哲学家的论文。① 1970 年,弗洛姆为沙夫的《马克思主义与人类个体》作序,他指出,沙夫在这本书中,探讨了人、个体主义、生存的意义、生活规范等被传统马克思主义忽略的问题,因此,这本书的问世无论对于波兰还是对于西方学术界正确理解马克思的思想,都是"一件重大的事情"②。1974 年,弗洛姆为马尔科维奇关于哲学和社会批判的论文集写了序言,他特别肯定和赞扬了马尔科维奇和南斯拉夫实践派其他成员在反对教条主义、"回到真正的马克思"方面所作的努力和贡献。弗洛姆强调,在南斯拉夫、波兰、匈牙利和捷克斯洛伐克都有一些人道主义马克思主义理论家,而南斯拉夫的突出特点在于:"对真正的马克思主义的重建和发展不只是个别的哲学家的关注点,而且已经成为由南斯拉夫不同大学的教授所形成的一个比较大的学术团体的关切和一生的工作。"③

20 世纪 70 年代后期以来,汇入国际学术研究之中的东欧新马克思主义代表人物(包括继续留在本国的科西克和一部分实践派

---

① Erich Fromm, ed., *Socialist Humanism: An International Symposium*, New York: Doubleday, 1965.

② Adam Schaff, *Marxism and the Human Individual*, New York: McGraw-Hill Book Company, 1970, p. ix.

③ Mihailo Marković, *From Affluence to Praxis: Philosophy and Social Criticism*, Ann Arbor: The University of Michigan Press, 1974, p. vi.

哲学家),在国际学术领域,特别是国际马克思主义研究中,具有越来越大的影响,占据独特的地位。他们于 20 世纪 60 年代至 70 年代创作的一些重要著作陆续翻译成西方文字出版,有些著作,如科西克的《具体的辩证法》等,甚至被翻译成十几国语言。一些研究者还通过编撰论文集等方式集中推介东欧新马克思主义的研究成果。例如,美国学者谢尔 1978 年翻译和编辑出版了《马克思主义人道主义和实践》,这是精选的南斯拉夫实践派哲学家的论文集,收录了彼得洛维奇、马尔科维奇、弗兰尼茨基、斯托扬诺维奇、达迪奇、苏佩克、格尔里奇、坎格尔加、日沃基奇、哥鲁波维奇等 10 名实践派代表人物的论文。① 英国著名马克思主义社会学家波塔默 1988 年主编了《对马克思的解释》一书,其中收录了卢卡奇、葛兰西、阿尔都塞、哥德曼、哈贝马斯等西方马克思主义著名代表人物的论文,同时收录了彼得洛维奇、斯托扬诺维奇、赫勒、赫格居什、科拉科夫斯基等 5 位东欧新马克思主义著名代表人物的论文。② 此外,一些专门研究东欧新马克思主义某一代表人物的专著也陆续出版。③ 同时,东欧新马克思主义代表人物陆续发表了许多在国际学术领域产生重大影响的学术著作,例如,科拉科夫斯基的三卷本《马克思主义的主要流派》④于 20 世纪 70 年代末在英国发表后,很快就被翻译成多种语言,在国际学术界产生很大反响,迅速成为最有影响的马克思主义哲学史研究成果之一。布达佩斯学派的赫勒、费赫尔、马尔库什和瓦伊达,实践派的马尔科维奇、斯托扬诺维奇等人,都与科拉科夫斯基、沙夫等人一样,是 20 世纪 80 年代以后

---

① Gerson S. Sher, ed., *Marxist Humanism and Praxis*, New York: Prometheus Books, 1978.

② Tom Bottomore, ed., *Interpretations of Marx*, Oxford UK, New York USA: Basil Blackwell, 1988.

③ 例如,John Burnheim, *The Social Philosophy of Agnes Heller*, Amsterdam-Atlanta: Rodopi B. V., 1994; John Grumley, *Agnes Heller: A Moralist in the Vortex of History*, London: Pluto Press, 2005,等等。

④ Leszek Kolakowski, *Main Currents of Marxism*, 3 vols., Oxford: Clarendon Press, 1978.

国际学术界十分有影响的新马克思主义理论家,而且一直活跃到目前。① 其中,赫勒尤其活跃,20 世纪 80 年代后陆续发表了关于历史哲学、道德哲学、审美哲学、政治哲学、现代性和后现代性问题等方面的著作十余部,于 1981 年在联邦德国获莱辛奖,1995 年在不莱梅获汉娜·阿伦特政治哲学奖(Hannah Arendt Prize for Political Philosophy),2006 年在丹麦哥本哈根大学获松宁奖(Sonning Prize)。

　　应当说,过去 30 多年,一些东欧新马克思主义主要代表人物已经得到国际学术界的广泛承认。限于篇幅,我们在这里无法一一梳理关于东欧新马克思主义的研究状况,可以举一个例子加以说明:从 20 世纪 60 年代末起,哈贝马斯就在自己的多部著作中引用东欧新马克思主义理论家的观点,例如,他在《认识与兴趣》中提到了科西克、彼得洛维奇等人所代表的东欧社会主义国家中的"马克思主义的现象学"倾向②,在《交往行动理论》中引用了赫勒和马尔库什的观点③,在《现代性的哲学话语》中讨论了赫勒的日常生活批判思想和马尔库什关于人的对象世界的论述④,在《后形而上学思想》中提到了科拉科夫斯基关于哲学的理解⑤,等等。这些都说明东欧新马克思主义的理论建树已经真正进入到 20 世纪(包括新世纪)国际学术研究和学术交流领域。

---

①　其中,沙夫于 2006 年去世,科拉科夫斯基刚刚于 2009 年去世。

②　参见(德)哈贝马斯:《认识与兴趣》,郭官义、李黎译,上海:学林出版社 1999 年版,第 24、59 页。

③　参见(德)哈贝马斯:《交往行动理论》第 2 卷,洪佩郁、蔺青译,重庆:重庆出版社 1994 年版,第 545、552 页,即"人名索引"中的信息,其中马尔库什被译作"马尔库斯"(按照匈牙利语的发音,译作"马尔库什"更为准确)。

④　参见(德)哈贝马斯:《现代性的哲学话语》,曹卫东等译,南京:译林出版社 2004 年版,第 88、90～95页,这里马尔库什同样被译作"马尔库斯"。

⑤　参见(德)哈贝马斯:《后形而上学思想》,曹卫东、付德根译,南京:译林出版社 2001 年版,第36～37页。

六、东欧新马克思主义研究的思路

通过上述关于东欧新马克思主义的多维度分析,不难看出,在我国学术界全面开启东欧新马克思主义研究领域的意义已经不言自明了。应当看到,在全球一体化的进程中,中国的综合实力和国际地位不断提升,但所面临的发展压力和困难也越来越大。在此背景下,中国的马克思主义理论研究者进一步丰富和发展马克思主义的任务越来越重,情况也越来越复杂。无论是发展中国特色、中国风格、中国气派的马克思主义,还是"大力推进马克思主义中国化、时代化、大众化",都不能停留于中国的语境中,不能停留于一般地坚持马克思主义立场,而必须学会在纷繁复杂的国际形势中,在应对人类所面临的日益复杂的理论问题和实践问题中,坚持和发展具有世界眼光和时代特色的马克思主义,以争得理论和学术上的制高点和话语权。

在丰富和发展马克思主义的过程中,世界眼光和时代特色的形成不仅需要我们对人类所面临的各种重大问题进行深刻分析,还需要我们自觉地、勇敢地、主动地同国际上各种有影响的学术观点和理论思想展开积极的对话、交流和交锋。这其中,要特别重视各种新马克思主义流派所提供的重要的理论资源和思想资源。我们知道,马克思主义诞生后的一百多年来,人类社会经历了两次世界大战的浩劫,经历了资本主义和社会主义跌宕起伏的发展历程,经历了科学技术日新月异的进步。但是,无论人类历史经历了怎样的变化,马克思主义始终是世界思想界难以回避的强大"磁场"。当代各种新马克思主义流派的不断涌现,从一个重要的方面证明了马克思主义的生命力和创造力。尽管这些新马克思主义的理论存在很多局限性,甚至存在着偏离马克思主义的失误和错误,需要我们去认真甄别和批判,但是,同其他各种哲学社会科学思潮相比,各种新马克思主义对发达资本主义的批判,对当代人类的生存困境和发展难题的揭示最为深刻、最为全面、最为彻底,这些理论资源和思想资源对于我们的借鉴意义和价值也最大。其中,我们应该特别关注东欧新马克思主义。众所周知,中国曾照搬苏联的社会主义模式,接受苏联哲学教科书的马克思主义理论体系;在社会主义的改革实践中,也曾经与东欧各国有着共同的或者相关的经历,因此,从东欧新马克思主义的理论探索中我们可以吸收的理论资源、可以借鉴的经验教训会更多。

鉴于我们所推出的"东欧新马克思主义译丛"和"东欧新马克思主义理论研究"尚属于这一研究领域的基础性工作,因此,我们的基本研究思路,或者说,我们坚持的研究原则主要有两点。一是坚持全面准确地了解的原则,即是说,通过这两套丛书,要尽可能准确地展示东欧新马克思主义的全貌。具体说来,由于东欧新马克思主义理论家人数众多,著述十分丰富,"译丛"不可能全部翻译,只能集中于上述所划定的十几位主要代表人物的代表作。在这里,要确保东欧新马克思主义主要代表人物最有影响的著作不被遗漏,不仅要包括与我们的观点接近的著作,也要包括那些与我们的观点相左的著作。以科拉科夫斯基《马克思主义的主要流派》为例,他在这部著作中对不同阶段的马克思主义发展进行了很多批评和批判,其中有一些观点是我们所不能接受的,必须加以分析批判。尽管如此,它是东欧新马克思主义影响最为广泛的著作之一,如果不把这样的著作纳入"译丛"之中,如果不直接同这样有影响的理论成果进行对话和交锋,那么我们对东欧新马克思主义的理解将会有很大的片面性。二是坚持分析、批判、借鉴的原则,即是说,要把东欧新马克思主义的理论观点置于马克思主义的理论发展进程中,置于社会主义实践探索中,置于 20 世纪人类所面临的重大问题中,置于同其他新马克思主义和其他哲学社会科学理论的比较中,加以理解、把握、分析、批判和借鉴。因此,我们将在每一本译著的译序中尽量引入理论分析的视野,而在"理论研究"中,更要引入批判性分析的视野。只有这种积极对话的态度,才能使我们对东欧新马克思主义的研究不是为了研究而研究、为了翻译而翻译,而是真正成为我国在新世纪实施的马克思主义理论研究和建设工程的有机组成部分。

在结束这篇略显冗长的"总序"时,我非但没有一种释然和轻松,反而平添了更多的沉重和压力。开辟东欧新马克思主义研究这样一个全新的学术领域,对我本人有限的能力和精力来说是一个前所未有的考验,而我组织的翻译队伍和研究队伍,虽然包括一些有经验的翻译人才,但主要是依托黑龙江大学文化哲学研究中心、马克思主义哲学专业和国外马克思主义研究专业博士学位点等学术平台而形成的一支年轻的队伍,带领这样一支队伍去打一场学术研究和理论探索的硬仗,我感到一种悲壮和痛苦。我深知,随着这两套丛书的陆续问世,我们将面对的不会是掌声,可能是批评和质疑,因为,无论是"译丛"还是"理论研究",错误和局限都在所难免。好在我从一开始就把对这两套丛书的学术期待定位于一种"开端"(开始)而不是"结果"(结束)——我始终相信,一旦东欧新马克思主义研究领域被自觉地开启,肯定会有更多更具才华更有实力的研究者进入这个领域;好在我一直坚信,哲学总在途中,是一条永走不尽的生存之路,哲学之路是一条充盈着生命冲动的创新之路,也是一条上下求索的艰辛之路,踏上哲学之路的人们不仅要挑战智慧的极限,而且要有执著的、痛苦的生命意识,要有对生命的挚爱和勇于奉献的热忱。因此,既然选择了理论,选择了精神,无论是万水千山,还是千难万险,在哲学之路上我们都将义无反顾地跋涉……

导论　理性化进程中的
道德"乌托邦"构想①

　　有多少人选择道德义务高于自我保全的理性并不重要——重要的是确实有人这样做了。邪恶不是全能的。它能够被拒于千里之外。少数抵抗的人的事例粉碎了自我保全的逻辑的权威，它表明了它归根结底才是——一个选择。

——齐格蒙特·鲍曼:《现代性与大屠杀》

　　马克思提出的人类"历史走入世界历史"的理论明确宣告了现代社会的到来,这意味着无论人们愿意与否,所有的民族、国家都必将汇入以西方文化为主导的理性化进程当中,所有的人将首先作为单独的个人而存在,所有的人类活动将被卷入无休止的选择之中。无疑,现代人比以往任何时候的人都享有更多的自由,具有更大的能动性、自主性,但与之相伴的却是他们比以往任何时候的人都将面临更多的问题:我将成为一个什么样的人? 脱离了束缚的我能否为所欲为? 我的行为和行动将以什么为标准? 面临着具

---

　　① 本书中提到道德时,如果没有特别标注,往往指伦理道德(morals),如果指主观意义或者个人意义上的道德(morality),则在"道德"一词之后给出英文标注或者翻译为个人道德。两种道德在赫勒的道德理论中既密切相关,又存在区别。两者的区别主要表现为:个人道德(morality)主要是指随着个人主体性意识的觉醒,不同的个人通过自己独特的方式与各种伦理规则之间形成的实践关系,更加强调主观方面;而伦理道德(morals)则既包括主观的个人道德(morality),又包括客观的伦理(Sittlichkeit),是主客观的有机统一。换句话说,两者的侧重点不同,在某种意义上也可以说,morality 的范围小于 morals。

有同等价值的事情,我将作何选择? 单纯地追求物质利益能否实现人生价值? 作为个体的我和同样是作为个体的"他者"如何共存? 我如何获取已失去的安全感? ……这一系列问题都与现代人的生存意义息息相关,其实这些都是对人来说极其重要的,但在现代社会中已被边缘化的道德问题。

一、文化危机与道德问题的凸显

总体说来,自 17—18 世纪的工业革命和启蒙运动以来,人们便不自觉地进入到了与资本主义精神密切相关的现代社会生活当中,其基本特征是对主体自由与理性法则的高扬。无疑,在西方占主导地位的理性文化模式有效地推动了人们物质生活的发展,所以,长期以来这一文化模式并未引起太多人的质疑和批判。特别是随着科学技术的突飞猛进发展,人们一直沉浸在生活条件愈来愈便利化的喜悦中。但当人们经历了 20 世纪两次世界大战的洗礼之后,尤其是面对"奥斯维辛集中营"、"古拉格群岛"的残酷现实时,人们再也欢乐不起来,于是一些敏感的思想家纷纷开始反思人们习以为常的西方理性文化模式是否真的出现了问题,如果真的出现了问题,那么问题的根源在哪里。与此同时,当我们把目光转向国内时,面临的境况也不容乐观,在西方理性化进程逐渐推进中,我们先是被迫后是主动地参与了进去。通过与西方社会全方位的对比,曾经引以为傲的传统文化模式开始遭到质疑。众所周知,如果作为"历史地凝结成的稳定的生存方式"①的文化出现了危机,那必然涉及人们日常生活的方方面面。道德这一在今天尤为重要,却一直被现代人驱逐和回避的问题也不可避免地遭遇危机。总而言之,今天无论东、西方社会的经济发展状况如何,他们都普遍面临着同一个严竣问题,即文化模式对人们的引导和规范正在慢慢失去效力,文化危机进而引发了社会的道德失范。

实质上,道德危机不仅仅表现为其依托的文化出现了问题,在社会中形成了狂热追求金钱、财富而漠视道德的现实情形,而且表现为由此导致的道德规则和内部语言也处于严重的无序状态,它们亟须被重新思考。众所周知,西方哲学自柏拉图"善的理念"开

个性道德与理性秩序

---

① 衣俊卿:《文化哲学》,昆明:云南人民出版社 2001 年版,第 10 页。

始,至康德的"绝对律令",都是以古希腊以来的理性主义为基础的,这种传统试图追求一种理想而完美的道德生存方式,先验地为人性的完美确立普遍的道德法则。然而,普遍理性的道德真理在现实的运行过程中却因忽略真实的个人生命存在、抑制个性的自由,导致其在现代社会中无法完全运行。这一点在时代背景发生转换、个体意识觉醒、价值多样化深入发展的今天已经愈发明显,因而,原来的道德语言和规则已经不能够完全适用。对此,著名伦理学家麦金太尔(Alasdair MacInyre)在《追寻美德》的开篇中就向我们展示了一幅令人忧虑的场景,并进而指出:"如果这个看法是正确的,那么我们所拥有的就只是一个概念框架的诸片断,并且很多已缺乏那些它们从中获取其意义的语境。我们诚然还拥有道德的幻象,我们也继续运用许多关键性的语汇,但是无论理论上还是实践上我们都已极大地(如果不是完全地)丧失了我们对于道德的把握力。"①幸运的是,当人们面临文化危机和道德失范冲击的时候,并没有听之任之,而是积极地在寻求道德重建之路,自康德之后很多思想家都从不同的方向进行了这一努力。

首先,克尔恺郭尔(kierkegaard)、尼采(Nietzsche)、密尔(Mill)等哲学家立足于个人与个性自由,走上了与普遍理性主义抗争的道路。克尔恺郭尔认为,只有单独的个人通过生存的选择才能走向存在、走向道德真理;尼采则首先宣称了上帝的死亡,并以"强力意志"、"重估一切价值"的超人颠覆了理性主义的传统,开创了"非道德主义"的道德之路。除此之外,英国功利主义主要代表人物密尔也强调了个性自由的重要性,他对自由重要性的阐述主要集中在《论自由》一书中,密尔指出全书的要义就是两条格言:"第一,个人的行动只要不涉及自身以外什么人的利害,个人就不必向社会负责交代。他人若为着自己的好处而认为有必要时,可以对他忠告、指教、劝说以至远而避之,这些就是社会要对他的行为表示不喜或非难时所仅能采取的正当步骤。第二,关于对他人利益有害的行动,个人则应当负责交代,并且还应当承受或是社会的或是法律的惩罚,假如社会的意见认为需要用这种或那种惩罚来保护它

① (美)阿拉斯戴尔·麦金太尔:《追寻美德:道德理论研究》,宋继杰译,南京:译林出版社2003年版,第2页。

自己的话。"①另外,密尔更加关注个性自由,他认为个性自由不仅是社会进步的重要要素,而且是人性的本质要求,需要按照其内在活的力量发展起来。显然,密尔在道德的重建中不仅仅给予了个性自由的优先性,更重要的是强调"为了避免社会对个人的侵犯和暴政,要明确区分个人与社会之间的权限"这一重要观点。

其次,作为对第二次世界大战的反思和批判,汉娜·阿伦特(Hannah Arendt)从人们拥有的道德判断力角度对现代社会的运行及其邪恶进行了深入的分析。这些思想主要体现在其著名的《极权主义的起源》和《耶路撒冷的艾希曼:伦理的现代困境》等著作中,前者从历史的角度先后梳理了反犹主义、帝国主义和极权主义这三种力量,通过深入分析作为极权统治主要手段的"集中营",反思和批判了现代社会中的必然性法则,进而提出了"根本的邪恶"的思想;后者则分析了二战中的阿道夫·艾希曼(Adolf Eichmann)这一人物,提出了"平庸的邪恶"的思想。艾希曼所体现的邪恶之所以被冠以平庸的特征,是因为他是无思想甚至无动机地按罪恶统治的法规办事,并心安理得地逃避一切道德责任。因而,阿伦特在这里不仅区分了两种邪恶,而且更强调现代社会道德内涵中"判断"的重要作用。阿伦特亲身经历了纳粹对犹太人的迫害,重点思考了与人类"判断"有关的道德问题。针对那些对判断的责任持否定态度的观点,阿伦特始终强调人类应该履行"判断"的职责,如果人们回避这一责任,就容易形成类似罪犯艾希曼所特有的精神结构。后来阿伦特在1971年发表的《思想和道德关怀》一文中,再次提出了"极为浅薄的邪恶"问题,继续用疑问的方式强调了"判断力"的重要性。她提出了这样的问题:我们的判断能力,区分对错和美丑的能力是不是取决于我们的思想能力?不能思想和丧失良知,这二者同时发生,真的只是巧遇?总的说来,阿伦特通过批判现代社会进程中理性的必然性法则,指出了以纳粹为主导的西方社会道德体系的解体,因为这一法则造成了无思想、无判断力的个人的存在。所以,阿伦特通过对邪恶的区分和揭示,把良好的判断力、思考以及责任等问题联系起来,从而为道德重建提供了有益的

① (英)约翰·密尔:《论自由》,长春:吉林大学出版社、吉林音像出版社2004年版,第128~129页。

启示。

再次，当代社群主义者在与自由主义者的争论中，从重建共同体的角度重新思考了已经被遗忘的本真道德，麦金太尔提倡重新回到亚里士多德的德性伦理中方能寻找被遗忘的道德。麦金太尔认为，德性伦理的失落是启蒙运动以来，人的自我观念取代了传统以"德性－目的论"为特征的道德体系的结果。因为当人的目的或功能这一重要概念从道德中消失时，把道德判断视为事实陈述便开始显得不合理了。而现代情感主义及分析伦理学的伟大发现和学理基础正是在道德判断与事实陈述之间划了一道分界线，并由此否定道德判断的真实性和普遍性。同时麦金太尔也指出，现代道德学说认为伦理学的主要问题是规则问题：我们应当遵循什么规则？为什么应该服从这些规则？规则俨然是道德哲学中最基本的概念。至于"善的生活"这个目的问题，现代道德学说认为个人可以自由地表达赞成什么，反对什么。显然，现代道德学说继承了启蒙运动以来的思想，把亚里士多德的目的论从道德世界中驱逐了出去，认为德性的正当性取决于规则和原则的正当性。换言之，在现代道德哲学那里，规则先于德性，内在德性的重要性被忽略，即自进入现代性社会以来，"功利"和"规范"取代了"目的"和"德性"在伦理生活中的核心地位，德性伦理的存在意义和社会价值被消解。所以，在麦金太尔看来，西方道德重建的出路就在于回到亚里士多德，重新确立德性优于规则的地位，通过德性本身的力量重塑道德权威。

最后，后现代主义各代表人物也从全然不同的角度进行着道德重建的努力。其中勒维纳斯（Levinas）就是这样一位哲学家。他抓住了"同一"的反面"异"这一中心词汇，走上了反对西方"同一哲学"的道路。在勒维纳斯看来，"异"是"他者"，"他者"是绝对的"异"，是"无限"，"自我"不能同化"他者"。那些打着"理性"旗号的哲学，实际上都是一种"暴力"哲学，因而勒维纳斯主张"他者"大于、重于我，"他者"的自由大于"自我"的自由，"自我"不能消灭"他者"的自由，而只有奉献的责任，"自我"的自由在"他者"面前受到质疑和挑战，但这不意味着"自我"不自由。同时勒维纳斯认为，真正意义上的形而上学是伦理学，从而确立了"伦理学"高于"存在论－本体论"的至高无上的位置。所以说，勒维纳斯的绝对而无限的"他者"理论以及我对"他者"承担绝对责任理论的提出，为道德重建指出了另外一条道路。①

　　总体说来，尽管现代社会道德失范、道德框架断裂的现象依然存在，但自克尔恺郭尔、尼采之后却开启了另一条走出哲学困境的道路，中途经过法兰克福学派哲学家们对个性的关注，经过现代哲学家对极权主义的反思和批判，一直到后现代主义者勒维纳斯对绝对"他者"的强调、福柯对"被规训的个体"的揭示等，这些现象无不表明个体对整体的反抗和抗争，无不预示着当代哲学家们仍然从各种途径中寻求道德秩序和道德自由的努力和决心。尽管以上思想家在道德重建中阐发了很多值得人们借鉴的道德理论，但仍然有些问题值得我们进一步追问：以上思想家所作的种种努力真的能够全面涵盖道德哲学的各个方面吗？当今独立的个体为了实现自我是否会刻意选择邪恶？如果不选择邪恶，那么邪恶何以产生？完全自我创造的、具有个性的"超人"真的重建了非传统意义上的道德吗？现实生存的个人真的可以将"他者"放在绝对的首要位置吗？生存在多元选择的今天，个人如何去行动？在科技同化力量越来越强大的今天，个人如何突破科技的负面影响，成为"道德人"？……将以上道德理论以及道德问题研究推向新高度的思想家是不应该被人们遗忘的，其中一位很重要的哲学家就是阿格妮丝·赫勒(Agnes Heller)，她是东欧新马克思主义的代表人物之一，一位从大屠杀中幸存下来，至今仍活跃在哲学舞台上的女哲学家。她不仅看到了现代性发展的内在逻辑动力，而且深刻揭示了人们在生存中所面临的道德冲突问题。与此同时，她的特殊人生经历使她以一种全然不同的方式和视角来体验、关注、展示现代社会的道德图景，同时她也力图为走出现代社会的道德困境作着自己的努力。正是她特殊的政治生活经历，使得她能够对现代社会中的道德中心问题——"好人存在，但好人何以可能存在"进行全方位的反思，从而为道德重建问题提供了一个独特的思维视角，因此，赫勒是人们在探究道德理论时绝对不可绕过的一位思想家。

　　① 本处对勒维纳斯道德思想叙述主要参照杜小真：《勒维纳斯》，台北：远流出版事业股份有限公司1994年版。

二、赫勒道德思想概述

阿格妮丝·赫勒(1929—)出生于匈牙利首都布达佩斯的一个犹太中产阶级家庭,是匈牙利一位重要的女哲学家和社会学家,也是卢卡奇的学生和助手。二战期间全家被关进集中营,她和母亲得以幸存,但父亲没能幸存下来,这种人生经历对她后来的生活和哲学都产生了重要的影响。赫勒在18岁之前从未想过将来要从事哲学研究,直到1947年一个偶然的机会她听了卢卡奇讲授的文化哲学课,尽管当时她在课堂上并不能理解那些哲学术语,但是却感觉到其中包含了很重要的内容,所以在这之后她开始了她的哲学学术历程。由于二战期间经历了集中营生活,所以她一直在思考发生在自己身边的"大屠杀为什么发生"这一问题,正是对这一问题的思索加之心中对生活的美好愿望,赫勒于1947年加入了共产党,并开始对马克思主义产生浓厚兴趣,但1949年匈牙利形势严峻,她被第一次驱逐出党。1953年,斯大林逝世,匈牙利整体的斯大林化进程大大减缓,伊姆雷·纳吉(Imre Nagy)出任总理后政治气氛稍微宽松,赫勒才得以在卢卡奇的指导下相对安全地进行研究,也才开始阅读马克思的著作。1954年赫勒重新加入共产党,1955年,她开始在布达佩斯大学任教。1956年匈牙利事件爆发。这次事件对于赫勒来说是最重要的政治事件,因为在她心目中,这次事件在历史上是唯一一次真正的社会主义革命,其重要意义不亚于美国革命所体现出来的独立和解放,而且赫勒也确信马克思真正的思想在于让人们获得政治自由,但这次革命最终以苏联的武力镇压而告终,赫勒也因积极批判"斯大林主义"、拒绝谴责"修正主义",于1958年再次被驱逐出党,而且她在布达佩斯大学的任教资格也被终止。之后的五年里,她只是在一所中学讲授匈牙利语言,并且被禁止出版任何书籍。直到1963年,在朋友的帮助下,她才到匈牙利科学院社会学研究所重新从事研究工作。也是同年,后来被称为"布达佩斯学派"的一个哲学论坛在卢卡奇的周围逐渐形成,这一学派中的成员包括赫勒的丈夫费赫尔(Ferenc Fehér)、乔治·马尔库什(György Markus)、瓦伊达(M. Vajda)、吉什

（Janos Kis）、本斯（Georg Bence）等。① 1968 年"布拉格之春"事件之后，赫勒和她的同伴由于谴责苏联当时干涉捷克斯洛伐克内政的行为，而与官方论调不一致再次受到批评。1971 年，卢卡奇逝世之后，"布达佩斯学派"的成员成为政治迫害的牺牲品，他们大都被大学开除。赫勒也于 1977 年和她的丈夫流亡澳大利亚，1984 年由于她的丈夫在澳大利亚很难找到一份长期的工作，在 1986 年两人正式移居纽约，不久赫勒被纽约社会研究新学院授予汉娜·阿伦特哲学教授的头衔。1989 年东欧剧变之后，他们频繁地访问布达佩斯，被官方恢复名誉并被正式引入匈牙利科学院。在 1994 年，赫勒的丈夫逝世，应该说，赫勒之所以在学术上取得这么大的成就，虽然与她自己的勤勉密不可分，但是她的丈夫在其中也起到了很重要的作用，因为他们经常在一起讨论理论和现实问题，这种讨论无疑在很多时候激发了赫勒的灵感。他们合写了《后现代政治状况》、《激进普遍主义的辉煌与衰落》等多部著作，而且费赫尔也主编或撰写了《被冻结的法国大革命：论雅各宾主义》、《法国大革命与现代性的诞生》、《生态政治学：公共政策和社会福利》等著作。

赫勒的著作有很多，其代表作包括《人的本能》、《日常生活》、《超越正义》、《现代性能够幸存吗?》、《现代性理论》等。她在哲学、法学、伦理学、美学、社会学等方面均有建树，她的学术成就对整个西方学术界的发展产生了巨大的影响和推动作用，并且以其巨大的人格魅力和学术影响为自己赢得了很高的荣誉。1981 年获莱辛奖，1984 年被聘为纽约社会研究新学院政治学与社会科学研究生院的哲学教授，1995 年获阿伦特奖，2006 年获松宁奖，至今仍以其充沛的精力和对现实深刻的洞察力活跃在学术舞台上。

纵观她的学术思想，她对外部世界、物质和运动规律等本体论问题的论述较少，早期着重论述的是人道主义和异化问题，特别是社会主义的异化问题。这主要是因为赫勒从一开始就没有仅仅停留在纯粹理论研究中，而是时刻紧密地同匈牙利的社会主义实践结合在一起。她不仅批判斯大林主义的理论模式，而且也批判国家社会主义体系，其最终的宗旨都是力图在其所构建的"哲学人类

① 对"布达佩斯学派"更为详细的介绍和评述，请参照衣俊卿：《人道主义批判理论——东欧新马克思主义述评》，北京：中国人民大学出版社 2005 年版。

学"框架内实现民主的、人道的、自治的社会主义以及形成个性个体。但无论她的理论涉及的范围多么广泛,贯穿其中的始终是伦理道德问题。正如格鲁姆雷(John Grumley)所说:"从赫勒的哲学旅程一开始,伦理学一直是她思考的中心问题。"①虽然直到20世纪80年代末她才集中对伦理道德本身进行阐述,首先完成了道德三部曲中的第一部《一般伦理学》(General Ethics),但是在这之前道德问题就是她一直关注的中心。例如,赫勒在1972年写的论文《走向马克思主义的价值理论》(Towards a Marxist Theory of Values)、1973年的《个人与集体》(Individual and Community)、1981年的《民主政治的道德格言》(The Moral Maxims of Democratic Politics)、《今天的马克思主义伦理学的遗产》(The Legacy of Marxian Ethics Today)以及1985年发表的《羞愧的力量》、1987年发表的《超越正义》等等都贯穿着她的道德思想,为她今后系统地论述道德理论奠定了良好的基础。赫勒在1988年发表了第一部道德著作《一般伦理学》(General Ethics)之后,更加关注道德这一问题,同年发表了《现代性的道德情形》(The Moral Situation of Modernity),1990年写了《偶然性的人和生存的选择》(The Contingent Person and the Existential Choice)并且在同年发表了道德理论的第二部著作《道德哲学》(A Philosophy of Morals),而在1996年又发表了第三部著作《个性伦理学》(An Ethics of Personality)。不仅如此,伦理道德问题也贯穿着她的整个生活。

(一)赫勒道德理论的整体构架

一提到道德哲学,总是涉及三个方面:第一,解释的方面,试图回答道德是由什么构成的问题;第二,规范的方面,试图回答人们应该做什么的问题;第三,教育或者启示的方面,试图回答如何能够塑造人们的固有倾向,使其实现道德期望的问题,同时,试图回答与善的标准相一致的生活方式如何能够防止痛苦和不快乐威胁的问题。赫勒认为,传统的道德哲学通常能够同时处理这三个方面,例如,亚里士多德同等程度地关注了道德哲学的这三个方面。但是其他的学派或者哲学家则没有这样做,对此,赫勒对伦理学史

① John Grumley, *Agnes Heller: A Moralist in the Vortex of History*, London: Pluto Press, 2005, p. 177.

上的斯多葛主义、怀疑主义和近代以来的演绎－还原主义、人类学演绎主义、元伦理学以及康德、黑格尔、麦金太尔、科尔伯格（Lawrence Kohlberg）和哈贝马斯的伦理道德思想进行了简要的检视，分别指出这些理论或者是过分夸大道德哲学这三个方面中的一个或两个方面，而忽略其他方面；或者是试图以一种连贯的方式重新统一三者，如科尔伯格的理论，但是却失败了；或者是没有思考三个方面的内在统一，仅仅在一种固定的情形下思考某一问题。总体说来，以上做法将道德哲学推向了危险的境地，虽然这些理论都是追求道德哲学，但结果反而是将之消解。

赫勒在检视这些道德思想中，开辟了自己道德重建的道路。她力图将道德哲学的三个方面重新结合起来，给予三者同等的关注，并将这一研究称为"作为整体的**道德理论**"（as a whole a theory of morals）。这一理论三次提出了道德问题，每次从道德哲学三个方面（解释的方面、规范的方面、教育或者启示的方面）中的一个来提出道德问题。这三次其实与赫勒的道德三部曲《一般伦理学》、《道德哲学》和《个性伦理学》相对应，第一次（《一般伦理学》）主要运用解释的方式，从理论上阐述了道德的含义、道德结构的变化等问题；第二次（《道德哲学》）主要运用规范的方式，回答了现代社会中，立足于双重偶然性生存的现代人总会问到的一个问题，即"做什么事情对我来说是正确的"或者"我应该做什么"；第三次（《个性伦理学》）主要运用教育的方法，说明了个人如何成为道德的人的问题。这三部著作中的最后一部本身又分为三个部分，每一部分运用不同的方式来论述中心问题，分别运用讲课的方式、对话的方式、书信的方式来更好地展现赫勒的道德思想。总的说来，赫勒的每一部著作虽然重点关注道德哲学的不同方面，但是都全面地涉及了道德哲学的三个方面，道德问题的三个方面在每一部著作中都紧密相关。这三部书体现了"作为整体的道德理论"这同一个构想的三个密切相关的不同方面。其实赫勒的作为整体的道德理论，或者说这三部著作共同提出并指向道德理论中的一个基本问题："好人存在，但好人何以可能存在？"（good persons exist—how are they possible?）三部著作都从不同角度回答了这一问题，《一般伦理学》从参与到其中的观察者的角度来回答问题，即主要是从旁观者的角度解释好人何以可能的问题；《道德哲学》从同时代参与到其中的成员的角度来回答,即从好人本身对"好"的践行来回答这一问题;《个性伦理学》从寻求好生活的个人角度来探讨这一问题。当然,对这一基本问题的回答,为了防止无限地向前推演,赫勒设定了一个基本前提,即"好人存在"是真的,如果没有这一前提,那么任何的道德哲学都是不可能的。

（二）赫勒视野中的道德含义及其趋向

在对赫勒的道德理论作简要介绍之后,探寻其道德理论的诉求之前,我们有必要首先对赫勒所理解的现代社会中道德的含义加以说明。她在多部作品中都对这一含义进行了阐释。在《日常生活》中,她指出:"首先,我并未把道德视作一个分离的或独立的领域,而是内在于所有领域的人际关系。其次,不能把道德视作意识形态。我们将看到,道德包含意识形态要素,意识形态被投射到和勾勒到道德之上:首先是那些提供了关于道德的全面阐述——狭义上的伦理体系的融贯的理论;进而是成文的或口头留传的设计了给定社会的道德指导路线的道德戒律。正是后者在日常生活的组织中起着决定性作用,虽然,在个体那里,前者也不会没有影响。然而,道德首先是在行为中,在决策中和在发动行动的态度中表现出来的实践关系。"①"可以把道德定义为'个人'的态度和决策同价值和规范期望之间的实践关系。"②在《一般伦理学》中,赫勒又进一步地明确了这一含义:"道德(morals)在第一次结构变化之后,可以被描述为个人与**伦理**(sittlichkeit)③的关系,'个人的关系'代表着主观的道德(morality),**伦理**代表具体/抽象规范、具体/抽象价值(抽象规范和价值也包含着普遍的规范和价值)之间的同一性和非同一性的同一。"④

对道德内涵描述性的定义表明了赫勒所理解的道德含义具有与众不同的特点。

---

① （匈）阿格妮丝·赫勒:《日常生活》,衣俊卿译,重庆:重庆出版社1990年版,第76页。

② （匈）阿格妮丝·赫勒:《日常生活》,衣俊卿译,重庆:重庆出版社1990年版,第76页。

③ 尽管Sittlichkeit的本来含义是德行、美德、品德等,但本书将之翻译成伦理,以突出其客观性特征。因为赫勒是在黑格尔意义上使用这一词,而在黑格尔理论中,道德和伦理被区别开来。

④ Agnes Heller, *General Ethics*, Oxford: Basil Blackwell Ltd, 1988, p.48.

导论 理性化进程中的道德「乌托邦」构想

首先,道德具有普遍性,它贯穿于社会生活的各个领域。一提到道德,很多人立刻会想到它所属于的意识的或者狭义的文化领域,也会想到与之相对应的经济、政治等范畴,包括当前通行的很多教科书仍然进行着类似的划分方式,即这种想法将道德含义误解为一种单独的意识形态或者单独的领域。但实际上,个人活动于社会生活的各个领域,作为个人与各种伦理规则之间关系的道德也贯穿于社会生活的各个领域,一旦将之误解为只存在于单独的领域,很容易在某一阶段把道德当做可有可无的东西,导致人们可以为了某种外在的目的,将道德驱逐到边缘的地域,所以,赫勒首先强调了道德是内在于所有领域的一种关系,它具有普遍性的特征。

其次,道德更具有实践性。在很多人心中还存在另外一种误解,道德仅仅是一种理论,它不过是规范人们行为的各种伦理规则的总和,它静止地"在"那里,规定着我们的行为。正是针对这一问题,赫勒强调了道德并不仅仅是静态的各种规则的总和,同时它还体现为一种动态的实践活动,是生活在社会中单个的个人与各种伦理规则之间趋近以及如何趋近的活动。

最后,与上面表述相联系,道德更加注重个人的作用。在赫勒看来,道德主要由两部分构成:一方面是从客观来说,包括各项具体和抽象的规范和规则、原则、格言等,它们可以对个人的行为进行规范,这是外在权威;另一方面从主观来说,强调了人们主体意识的觉醒,现代人可以通过反思和自我反思,也可以用自认为道德的理由来违背现实生活中他们认为已经无效的各项规则,这意味着主体在一定框架内,自由、良心、内在权威的出现。伦理(sittlich-keit)与个人道德(morality)二者之间相互依赖,密不可分。

总的说来,赫勒所理解的道德具有普遍性、动态性、实践性特征,这些特征既是社会发展的产物,也是道德本身发展的必然结果。行文至此,我们基本上阐明了赫勒所理解的道德的含义,赫勒在进行道德哲学重建、从三个不同的角度阐述道德中心问题——"好人存在,但好人何以可能存在"时,其实也阐明了另外一个问题,即现代社会的道德正朝着个性道德的方向发展。

一提到个性道德,很多人自然而然地会想到当今社会价值多元化、标准多样化的趋势正在向社会各个层面深入,根本就不存在统一而正确的伦理标准,每个人都可以随心所欲地按照自己认为正确的标准或方式去做事和行动。的确,不可否认的是,传统社会中通行的很多伦理规则在今天已经失去了往日的权威,而且很多原有的规则随着时代的变迁也已经失去了效力,这从当前社会中已经出现的"拒绝道德、无视规则"的迹象中可以明显察觉出来。但同样不可否认的是,即便是现代人比以往任何时候的人都拥有更多的选择,也能更自由地行动,但仍然存在着可以约束人们行动的各种与正确价值相关的伦理规则。一旦逾越这些规则,人们就会要么受到法律的制裁而成为罪犯,要么受到舆论的声讨,要么受到良心的谴责而成为不道德、不自由的人。因此,现代社会一方面提升了个人的主体性和能动性,使个人可以自由选择自己的言行方式,然而,另一方面并不表明个人可以为所欲为,无视伦理规则,无视传统,个人仍然受着通行的有效的伦理规则的限制。否则,所谓的个人自由、个人的能动性都将走入相反的境地,所谓的社会正常秩序也将无法维持。

事实表明,大多数现代人虽然自由但不散漫,从整体上看现代社会虽然多样却不失秩序,这证明了在我们这个时代的社会中仍然存在着一些有效的伦理规则约束着人们的行为,与此同时,大多数的现代人也能够自觉遵守这些伦理规则,进而维持整个社会秩序的正常运转。沿着赫勒的总体道德理论框架,我们可以得出"其道德理论诉求于个性道德"这一结论,具体原因如下:

第一,现代理性发展的内部矛盾和冲突必然要求个性道德的出场。众所周知,著名的社会学家马克斯·韦伯提出,随着社会理性化进程的发展,理性中的工具理性压倒了价值理性。加之现代科技的推波助澜,使得本来是异质性的社会向着同一性的方向趋近,这不仅导致了道德被边缘化的境况,而且导致了大写的"人"淹没了有个性的人、宏大叙事的整体道德压倒了个体道德。赫勒恰恰经历和体验了这一历史进程中出现的真实事件——第二次世界大战、"奥斯威辛集中营"、斯大林主义极端专制时期、卡达尔时期的匈牙利和"政治驱逐"等,20世纪90年代发生的"9·11"事件更是触动了赫勒,使她意识到这意味着一种"新的恐怖"的到来。无疑,对这一系列历史事件的体验是痛苦的,但也正是这一系列令人痛苦和悚然的事件,才使得在集中营中幸存下来的赫勒决定放弃宏大叙事,放弃大写的"人",开始在一系列的著作中严肃思考我们所处的时代问题,并转向反思现代社会中双重偶然性存在的个人,思考个人能够以什么方式践行"好人"的问题。正如她在与波兰尼(Csaba Polony, Editor of the Left Curve Journal)的一则访谈录"本质是好的,但所有的表象却是邪恶的"(The essence is Good but all the Appearance is Evil)中说道:"我的著作是我的整个生活,我是以我的'大屠杀'经历开始的,我的父亲和我孩童时期的很多朋友都被杀害了,因此,这种经历对我的整个生命产生了巨大的影响,特别是我的工作。我一直对以下问题感兴趣:'这一切如何可能发生?我如何去理解这样的事情?'在极权主义专政时期,又让我想起了'大屠杀'的经历,在灵魂深处,我便探寻'这如何发生?人们怎么会像这样行事?'因此,我全面探寻了道德问题:什么是善恶的本质?关于罪行我能够做什么?我能够分辨出道德和邪恶的源泉吗?这都是我首先要探寻的问题。"①正是对现代社会所出现的一系列真实问题的思考,才使赫勒回到了伦理道德这一哲学的中心问题,并力图从个性道德以及无数存在的好人角度,恢复道德在充满悖论的现代性中的中心位置,从而为人们如何行为提供有益的建议。

第二,道德本身结构的变化体现了个性道德这一发展趋向。赫勒在对道德的内涵进行阐释时,以敏锐的眼光洞察到道德结构已经经历了第一次变化,现在正在进行的是道德结构的第二次变化。道德结构的这两次变化都是现实发展的体现,正如她指出:"随着**个人道德**的出现,随着作为调节行动和判断的内部道德权威的实践理性和良心的出现,第一次结构的变化发生。(现代)随着沿层级界限进行道德划分的衰竭,以及随后出现的**伦理沿领域的**道德划分后,日常生活领域中的某一价值的普遍性和具体道德规范的多重化,第二次结构的变化发生。"②也就是说,赫勒所描述的道德结构的第一次变化体现了个人道德出现,即体现了个人意识逐渐觉醒的现实,这意味着个人不必像以往那样无条件地遵从已经存在的各种静态伦理规则,他们完全可以思考和质疑现行规则

个性道德与理性秩序

---

① Csaba polony, The essence is good but all the appearce is evil—An Interview with Agnes Heller by Csaba Polony , http://www. leftcurve. org/LC22 WebPages/heller. html.

② Agnes Heller, *General Ethics*, Oxford:Basil Blackwell Ltd,1988,p.167.

的合理性和正当性。同时，一旦现行的各种规则被认为是正当合理的，那么个人就会主动选择这些规则，从而将外在的约束转化成内在的自由。如今，伴随着道德本身结构的第二次变化和发展，伦理内在包含的规则本身将会发生很大的变化。与此同时，人们将面临着更多的选择，并向个体化、多样化的方向发展，所以每个人都会以自己的方式来理解并转化各种伦理规则，使伦理规则既不会在公共领域也不会在私人领域，以集体道德的名义来吞噬和压迫每个个人的选择，从而使个人能够以自己特殊的方式成为"好人"。所以说道德本身结构的两次变化内在包含着道德向个性道德发展的趋势。

除此之外，赫勒对道德哲学的重建所进行的种种尝试既不同于我们前面所提到的那些思想家的努力，也不同于马克思以及卢卡奇等思想家理论中所包含的道德思想，而是从"单独的个人如何与伦理形成实践关系"这一完全不同的角度来探讨道德的重建，从而以好人的行动和自己的行动诠释了个性伦理道德这一趋向。因此，赫勒的整个道德理论及其最终诉求的个性道德是从尊重多元性、差异性的后现代视角构想的一幅"道德乌托邦"场景，尽管这一道德场景并不完全是实然存在的，但却已显露出某些存在的迹象，而且它是人们努力追求的应然道德图景。

在前面的行文中，我们基本概括和阐明了赫勒的道德理论构架、道德内涵及其道德趋向，因此，对赫勒道德理论的介绍和分析无论从理论上还是从实践上都有很重要的意义。理论上，目前在我国谈论和研究道德问题的学者不计其数，但很多仍然停留在对道德静态的理解上，并没有真正意识到问题之所在，所以，本书对赫勒的道德理论进行介绍，意图揭示出赫勒是从一种非正统马克思主义的立场和角度来理解道德的，或者说赫勒的道德理论从另一条路径回到并拓展了马克思的道德思想。在我国，一提到马克思主义，很多人自然会想起辩证唯物主义、历史唯物主义等，而且会想到马克思并没有专门论述道德或伦理学的书籍，因此很多人都认为马克思理论中没有道德学说。但实质上，虽然马克思本人没有明确阐明道德理论，但其理论本身已经蕴涵着诸多道德思想，而且马克思一生都在以自己的方式实现着个性道德，所以说赫勒的道德理论在某种意义上是对马克思理论中内蕴的道德思想的进一步延伸,这也是赫勒认为自己是一个真正的马克思主义者的原因。实践上,赫勒的道德理论实质上一方面在告诉我们如何才能实现自己的个性,如何才能寻求到生命的意义……而这一切对于所有生活在现代社会中的偶然个人,特别是对于很多正生活在社会文化转型过程中迷茫的中国人来说更具有重大的实践意义。社会文化转型本身是一个传统与现代交织碰撞的急剧变化过程,在这一过程中的人们更容易感到无所适从、飘忽不定,而赫勒对"好人何以可能存在"这一问题的论述中包含着很多有建设性的、值得借鉴的思想,例如:关于普遍性范畴下生存的选择思想。另一方面,其道德理论对于理性秩序的恢复具有重要的现实指引意义。正是基于以上原因,我们才更要了解赫勒的道德理论,明确其道德理论的方向,为人们在变动不居的现代社会中实现确定性的生存以及社会秩序的恢复提供一种理论上的支撑。

三、国内外阿格妮丝·赫勒道德思想研究现状

(一)国外研究概况

从目前所能搜集到的文献来看,国外对赫勒道德思想的研究,主要是包含在对她的整个理论的翻译、梳理或编辑评论的文章和论文集中,其中有一部分涉及到赫勒道德理论的某一方面或道德的全方位问题。

这些资料包括的专著主要有:1. 伯恩海姆(John Burnheim)在1994年编辑的由16篇论文组成的英文版论文集《阿格妮丝·赫勒的社会哲学》(*The Social Philosophy of Agnes Heller*),其中15篇论文是其他的哲学家从哲学价值的可能性、道德、实践、现代性、日常生活理论、历史理论、政治等各个不同的角度评述赫勒哲学中的某一方面,其中涉及关于赫勒道德理论的论文主要有约翰·阿纳森(Johann P. Arnason)的《人类条件和现代困境》(The Human Condition and the Modern Predicament)、维多利亚·甘布斯(Victoria Camps)的《好的生活:一种道德姿态》(The Good Life: A Moral Gesture)和乔治·马尔库什(György Markus)的《道德政治》(The Politics of Morals)这三篇文章。论文集中的最后一篇是赫勒本人针对其他人的评述给出的一个回复。2. 2001年西门·托梅(Simon Tormey)的专著《阿格妮丝·赫勒:社会主义、自律与后现代》(*Agnes Heller*:

个
性
道
德
与
理
性
秩
序

Socialism, Autonomy and the Postmodern)中对赫勒的政治思想作了一个历史性评述。3. 2005 年约翰·格鲁姆雷(John Grumley)在伦敦出版的专著《阿格妮丝·赫勒:处在历史旋涡中的道德家》(*Agnes Heller:A Moralist in the Vortex of History*)中,从三个部分——马克思主义的复兴、朝向后马克思激进主义、反思后现代性——全方位地解读了赫勒的理论。在这本专著的第 9 章和第 13 章分别用"伦理律令"和"自律、反语和伦理学"两个标题概括了赫勒的道德理论。

其中涉及到的论文(包括在网上检索到可以看到内容的)主要如下:除了上文提到的格鲁姆雷在 1994 年编辑的英文版论文集《阿格妮丝·赫勒的社会哲学》中的 15 篇论文外,还有布里拉(Waldemar Bulira)《好人和好市民,公共领域的道德问题》(A Good Man and a Good Citizen. The Problem of Morality in the Public Sphere);与波兰尼的一则访谈录:《本质是好的,但是所有的表象都是邪恶的》(The Essence is Good but all the Appearance is Evil);托梅对赫勒的访谈,其中分为五个部分:布达佩斯学派早期的发展和起源、马克思主义的命运、最近的学术上的发展(1980—)、当代问题和传记作者的注脚等;瓦伊达的《道德哲学究竟可能吗?》(Is Moral Philosophy Possible at All?)(1999)等。

(二)国内研究概况

从目前所能搜集到的文献来看,国内对赫勒的思想研究,主要集中在她的需要理论、日常生活批判、美学思想和现代性批判方面,而对其道德理论的研究被包含在以上的研究之中,主要如下:

1. 翻译赫勒的著作。1988 年辽宁大学出版了邵晓光、孙文喜通过英文版翻译成中文的著作《人的本能》,1990 年由重庆出版社出版的衣俊卿教授通过英文版翻译的著作《日常生活》,2005 年由商务印书馆出版的李瑞华翻译的《现代性理论》。

2. 立足于赫勒理论的某一角度或一个方面来研究的专著和论文。其中包括:衣俊卿教授的论文《人的需要及其革命——布达佩斯学派的"人类需要论"述评》(载《现代哲学》1990 年第 4 期);2001 年由中央编译出版社出版的衣俊卿教授、丁立群教授、李小娟编审、王晓东教授的专著《20 世纪的新马克思主义》中,列出了专章解读赫勒的激进哲学和激进需要理论、政治哲学理论,而衣俊卿教授在其后的著作《人道主义批判理论——东欧新马克思主义述评》、《现代化与日常生活批判》、《现代化与文化阻滞力》中对赫勒的日常生活理论进行了评析;张政文、杜桂萍教授的《艺术:日常与非日常的对话》(载《文艺研究》1997 年第 6 期);2004 年四川大学学者傅其林完成的博士论文《阿格妮丝·赫勒审美现代性思想研究》中则专门立足于赫勒对纷繁复杂的现代性理论批判基础,从审美现代性的角度来研究赫勒的现代性思想,之后,傅其林又围绕着赫勒的美学理论写了一系列的文章,这包括:《阿格妮丝·赫勒的美学现代性思想》(载《中国图书评论》2007 年第 3 期)、《布达佩斯学派美学——阿格妮丝·赫勒访谈录》(载《东方丛刊》2007 年第 4 期)、《赫勒论市场体制对文化传播的影响》(载《廊坊师范学院学报》2007 年第 4 期)、《论阿格妮丝·赫勒的现代性想象制度理论》(载《淮阴师范学院学报》2008 年第 4 期)、《艺术概念的重构及其对后现代艺术现象的阐释》(载《现代哲学》2008 年第 4 期);李伟的《阿格尼斯·赫勒的理论追求》(载《国外理论动态》2007 年第 8 期),以及《赫勒历史哲学思想的发展历程》(载《北京政法职业学院学报》2009 年第 1 期);赵司空、谢静的《阿格妮丝·赫勒的后现代乌托邦》(载《中外文化与文论》2009 年第 2 期);颜岩的《探寻日常生活人道化的路径》(载《中外文化与文论》2009 年第 2 期)、《激进需要与激进乌托邦》(载《哲学动态》2009 年第 9 期)以及《走出历史哲学的幻象》(载《马克思主义研究》2009 年第 11 期);王民康的《日常生活和个人》(载《毛泽东思想研究》1998 增刊);闫方洁、宋德孝的《关于日常生活的知识及其人道化目标》(载《柳州师专学报》2008 年第 1 期);汪丁丁的《哈耶克"扩展秩序"思想初论(三)》在谈到哈耶克的道德哲学时,具体谈到道德如何从知到行时,借用了赫勒的"人类条件",同时谈到并评价了作为赫勒道德理论的出发点自我意识的形成过程,即探讨了"知"的形成过程是在人类条件中形成的。

总体来说,从以上所掌握的国内外对赫勒道德理论研究的资料来看,主要有以下几个特点:

第一,大都注意到了赫勒道德理论实际上是她所生活的时代和她特殊经历的写照。国外研究者,伯恩海姆在论文中敏锐地认识到了赫勒道德理论在 1968 年之后的目的是试图展示"成为一个好人是一种现实可能的自由选择",一些人实际上已经成功地选择了这个目标。赫勒道德哲学的任务就是对进行了道德选择的人作一个清晰的概括。因此,她的道德哲学理论几乎在所有的方面都涉及概念的、经验的、评价性的理论考虑,所有的都集中在现实的道德经历中。同时伯恩海姆也说明了赫勒道德理论中人类条件对于成为个人的重要意义。托梅也认为,1968 年之后赫勒从此停止了以前那种"人道主义"马克思主义的分析和批判,由一种宏大叙事转入了对个人伦理、道德、责任、价值的"个体思考"。托梅认为,革命不再是关于历史必然性或社会阶级的事情,而是关于以道德方式行为的个人的事情,并且试图通过对个人日常生活的思考来建立自己的政治理论立场。从此,赫勒以一种激进左翼的姿态就伦理价值、现代性、自治、历史等问题进行了深入的思考。国内研究者无论是衣俊卿教授等人在翻译赫勒的著作还是四川大学傅其林以及其他学者在写关于赫勒某一方面理论的论文时,也都介绍了赫勒的经历以及对其理论的深远影响。

第二,能够全方位阐释她的理论以及与其他哲学家的不同之处或者从一个角度切入并深化赫勒的道德理论。格鲁姆雷在《阿格妮丝·赫勒:处在历史旋涡中的道德家》中分两个部分"伦理律令"和"自律、反语和伦理学",对赫勒的伦理思想进行了全方位的概括,文中将赫勒的整个伦理学具体分为"从道德的历史性和新的偶然性,伦理学的工具主义,意义、规范和准则,差异、道德和责任,道德权威的危机,规范问题和生存的选择,新的美德,本真性、制度的选择和公民的勇气,良好的道德判断力和日常生活,作为命运的个性伦理学,个性伦理学的真理,道德美学的智慧,存在主义的个性伦理学成立吗"几个问题,揭示了赫勒的道德理论,进一步阐明了其对克尔恺郭尔、尼采、马克斯·韦伯等人"生存的个体"、现代性冲突等理论的继承和发展。同时,格鲁姆雷在书中也指出了韦伯错误地在不同的文化价值领域连接了日常生活和对更高文化品质的追求,从而指出了赫勒关于个人生存选择,即进行道德的选择是更加基本的选择的正确性。布里拉在论文"好人和好市民,公共领域的道德问题"中则从阿伦特和赫勒对"好人与好公民"理论之间的差别的角度深化了赫勒的理论,以引发读者的进一步思考。作者通过对汉娜·阿伦特和赫勒的"好人与好公民"理论之间的差别来试图回答"在公共领域,有一些空间留给好人吗"这一问题。作者认为,阿伦特区分了私人领域和公共领域,前者是必然领域,后者是自由领域,前者以道德为中心,后者以政治为中心,好人应该存在于前者之中,而好公民则存在于后者之中。在公共领域中,人们必须学会如何不成为好的,但这并不意味着他们必须学会邪恶,即好公民不需要成为一个好人,当然也并不一定要成为邪恶的人。而赫勒则恢复了亚里士多德的好人和好公民的范畴,认为现代社会对于二者的区分固然重要,但是二者也存在着真实的连接,即便是在公共领域也应有道德行为规则,尽管我们不需要纯粹化的道德。国内学者傅其林在博士论文最后一部分从道德的角度探索了赫勒的道德美学,指出审美现代性必须要保持道德的优先权。这一论文从全新的角度更好地理解了赫勒的现代性以及道德理论。衣俊卿教授则从日常生活理论的角度入手来谈赫勒的道德理论。

第三,还有一些学者通过和赫勒直接对话和追问,深化了赫勒本人的道德思想。例如西门·托梅在与赫勒的访谈录中,赫勒就"解放"(liberation)和"解脱"(emancipation)之间作了区分,赫勒认为前者并不是一种单独个人的行动,它需要集体的姿态和行动,而后者可以是单独个人的行为和姿态;同时,赫勒又强调了用"劳动的功能划分"代替了资本主义或社会主义的表述,这是为了将苏联模式包括进来,从而说明苏联模式的社会和西方资本主义社会都是现代技术或理性化发展的产物;区分了个人与个人主义;还有赫勒从后现代的视角来看现代性;等等。在波兰尼与赫勒的访谈录中,赫勒深化了其道德理论的立足点——现代性的阐述,她认为现代性是成功的而不是失败的。

尽管如上所述,国内外研究赫勒道德理论的学者大多是从赫勒的道德理论和政治相关联的角度来谈的,也注意到了赫勒以偶然性的个人为起点,整个理论都贯穿着自由开放的特征,即主要从个性道德这一角度来展开其道德理论论述,但对其个性道德诉求的重视程度依然不是很充分。换句话说,虽然国内外的研究者对赫勒的研究取得了很大进展,但仍然存在着不足。

首先,从国内对赫勒思想研究的概况来看,赫勒作为 20 世纪具有很大影响的、在二战的大屠杀中幸存下来的哲学家,她的很多

个性道德与理性秩序

思想和理论都特别深刻,而且她的理论无论对于学术界还是对于我们的实际生活都有很深刻的启示和指导意义,但遗憾的是我们对此重视的程度还不够,到目前为止,我国学者对赫勒理论的关注程度不是很高,其中中文译著仅有三本,专门从某一个角度来关注她的思想和理论的也不是很多,而对赫勒道德理论关注的著作和文章更是少之又少。

　　其次,国内外学者对赫勒道德理论与马克思学说的道德思想之间的真正继承关系研究得不够充分。尽管赫勒本人曾在访谈录和著作中多次说过,她自认为是一个真正的马克思主义者,但很多人却不这样认为。实质上,赫勒作为东欧新马克思主义代表人物之一的确发展和深化了马克思的学说,从而也拓展了马克思的道德思想。就马克思来说,他的一生就是独特个性道德的体现,他在中学毕业作文"青年在选择职业时的考虑"中就树立了崇高的道德理想,要选择最能为人类幸福而工作的职业。事实证明,终其一生,马克思都以自己独特的方式践行了他的道德信条,一生都在为"自由全面发展的人"这一目标而努力,这不能不说是个性道德的体现。另外,他在《莱茵报》时期撰写的"评普鲁士最近的书报检查令"一文中提出了"道德的基础是人类精神的自律"这个命题以及在《共产党宣言》中的一句经典话语"一切坚固的东西都烟消云散了"等论述都集中体现了马克思对现代社会中隐含的道德思想所作的阐释。所以说走进马克思本人的著作,我们发现他的道德思想立足于生活在现实社会关系中的异化的个人,我们也发现了他对资本主义社会中商品拜物教以及社会关系的深刻批判等理论。正是从这些影响深远的理论中,我们可以看到赫勒道德理论与马克思理论所包含的道德思想是一脉相承的,然而,二者之间的传承关系却一直没有真正被阐述过。当然,不容否认的是赫勒同时也吸取了尼采、克尔恺郭尔、陀思妥耶夫斯基等思想家的思想,但赫勒的道德理论对马克思的道德理论的继承关系则是本书要说明的内容。

　　最后,赫勒的道德理论为本真利益含义的澄明开拓了一个新的视野,进而为人们追求正确的利益提供了良好的启示。马克思曾经明确指出:"人们为之奋斗的一切,都同他们的利益有关。"①那么,真正利益的内涵是什么?我们日常生活中所追求的金钱、权力、荣誉等属于本真利益吗?怎样才是对本真利益的追求?这些问题其实都是赫勒道德理论中暗含的问题,赫勒对道德理论的中心问题"好人何以可能存在"的追问实质上就是对"何以追求利益,应该追求什么样的利益"的深层追问。所以,本书最后试图从个性道德的角度引出"利益"这一人们熟知而非真知的问题。

四、本书的研究思路和框架

本书并不打算亦步亦趋地跟随赫勒道德三部曲的路径,从同一理论的三个不同方面来探讨道德哲学是如何重建的问题,而是以现代化进程中文化危机和道德失范的现象和问题作为切入点,立足于赫勒的现代性理论、道德理论等,着重研究和论证其道德理论的关注点及其诉求。总体来看,赫勒从解释的、规范的和教育的三个方面来阐明如何重建道德这个问题,或者说是阐述"好人存在,但好人何以可能存在"这一道德中心问题。这在很大程度上是力图为现代社会中的"好人存在"这一前提寻求合法性基础,从而为恢复社会理性秩序而进行有益的尝试。同时也是为道德理论所诉求的个性道德寻求合法性基础。因此,本书将主要从现代社会伦理中多样性的规则、双重性质的自我反思以及内在的自由和责任等三个大的方面来详细论述这一基础与尝试,与此同时,本书也将细致地厘清个性道德的发展趋势、含义以及与之相关的特性道德等一系列哲学范畴。

据此,本书共分五章。第一章为总括内容,从人类条件这一道德发生和演进的本体论背景出发,阐明人类条件的含义,追溯个性道德发展的逻辑演变过程,指出道德发展到今天,经历了作为整体的个人道德、正在经历的特性道德以及正在萌发和孕育的个性道德,这种演变过程与道德结构经历的两次变化密切相关。第二章、第三章和第四章是论文的主体部分,从三个大的方面来论述个性道德的合法性基础。具体说来,第二章通过重提萨特的不安,说明现代人在行动前或行动中正面临着多样化规则的选择问题,面对

① 《马克思恩格斯全集》第 1 卷,北京:人民出版社 1995 年版,第 187 页。

人们经常处于的无所适从的境地,强调了现代社会伦理中包含的各种规则对于人们,特别是"好人"具有更加重要的指导和支撑作用,同时重新阐述了这些规则的划分方式、作用等;第三章从双重性质的自我反思入手,分析自我反思与良好的判断力、个性意识觉醒之间的关系,从而从个体角度为"好人存在"寻求前提基础;第四章通过对个性道德所蕴涵的自由和责任基础进行详细阐述,论述了以自己的方式展现"好"的现代人如何将自己的偶然性生存转化成确定性生存,如何对他人和社会履行承诺,特别是在对责任类型的划分中,赫勒分析了"集体罪行"中个人要承担的责任问题,总之,表明了自由和责任是个性道德内在的合法性基础。第二、三、四章从不同角度对现代社会"好人存在"这一问题的合法性进行分析和论述之后,第五章对赫勒的个性道德进行了理论和现实的反思,理论上寻求其与马克思理论中内蕴的道德思想,与克尔恺郭尔、尼采等思想家以及犹太教中蕴涵的伦理要素的关系,实践上表明赫勒的道德理论对于我国社会转型中道德重建的方向、社会秩序的恢复以及人的发展都有很重要的指导和借鉴意义。

本书主要的理论观点有三个:第一,针对现代社会普遍存在的道德失范问题,充分梳理、挖掘赫勒的道德理论,从立足后现代视野观察的现代性及道德状况、道德的内在反思、道德所依靠的作为"拐杖"的外在规范和法则、道德蕴涵自由和责任等几个角度全面阐述了赫勒的道德理论,从而得出个性道德是赫勒在道德重建中所努力的方向这一结论。第二,通过对马克思和恩格斯的一些主要著作的解读,将其中所蕴涵的道德思想区分为"理论的道德"和"实践的道德",指出赫勒的道德理论实质上是继承并发展了真正的马克思和恩格斯思想中所蕴涵的"实践的道德"理论。第三,在分析赫勒的道德理论走向及其现实意义的过程中,我们也厘清了"利益"这一长期以来人们熟知但并不真知的问题的含义,表明真正的利益是与个性道德相连的内在利益。

第一章　历史演进中道德的
变化及个性道德的生成

> 西西弗无声的全部快乐就在于此,他的命运是属于他的。他的岩石是他的事业。同样,当荒谬的人深思他的痛苦时,他就使一切偶像哑然失笑。
>
> ——加缪:《西西弗的神话》

> 荒谬的人说"是",但他的努力永不停息。如果有一种个人的命运,就不会有更高的命运,或至少可以说,只有一种被人看作是宿命的和应受到蔑视的命运。此外,荒谬的人知道,他是自己生活的主人。
>
> ——加缪:《西西弗的神话》

日常生活中人们经常会思考并谈论到与道德相关的问题,一旦涉及"人的善恶何以产生"这个千百年来一直争论不休的话题,人们就会要么单纯地从人内在固有的本性,要么仅仅从人外在的生存环境来寻求答案。赫勒则反对用这种非此即彼的两分法看待问题,反对将人之善恶的根源仅仅归结为人固有的内在本性或单纯的外在的生存环境的作用,她认为从人的本性出发根本不能真正解释"好人存在,但好人何以可能存在"这一道德中心问题,也不能解释"为什么本性恶的人后来能够转变成好人"以及相反的问题,等等。因为"好人的存在"这一命题的确是真的,但是"好人"本身并不是生来就是好的、善的,而是一个不断对象化的、实现潜能的动态过程,恶人亦是如此。因此,赫勒将目光停留在"社会人类学"的领地中,将理论关注点放在了人的潜能实现、人的对象化等动态过程中。据此,她首先提出了"人类条件"(the human condition)这一概念,并且将之作为道德理论的本体论背景。人类条件主要是由人的实践活动构成,具有历史性的特征,正是在其中,道德中的伦理规范不断地发生变化,个人与集体、个人与伦理内含的规则也在不断地发生着变化,因此,不同时代的道德图景是不一样的。也正是在人类条件的不断发展中,与社会伦理规则具有一定实践关系的好人才成为可能,同样,以自己独特方式选择道德的个性道德也才得以生成。

第一节　人类条件:道德发生和演进的本体论背景

赫勒所谓的人类条件相当于马克思提出的"类本质"(generic essence),或者相当于海德格尔所提出的"此在"(dasein)的展开过程,实质上,人类条件相当于人类不断对象化的历史进程。这一概念也蕴涵着人类与拥有野蛮本能的动物、野人相比较而言所表现的特殊性:人具有"未特定化"的特征。但这一特征也恰恰体现了人的优越之处,正如兰德曼所说:"缺乏特定化被证明是十分积极的能力的消极关联物,因为人的器官并非专门为某几种生命机能而制成,它们有适合于多种多样用途的能力;由于人不为本能所控制,他本身就能思考和发明。所以,人具有别的能力来代替缺乏的能力。他所缺乏的特定化,更多地得到了他多种多样的能力的补偿。他自己的首创精神,能使他适应变化着的外部条件,并通过创造发明和社会惯例,使他的生存更容易。因此,尽管动物似乎有适合于生存竞争的较优良的装备,但人却远胜过动物。"①因此,不再完全被本能控制的人在由各种关系组成的人类社会中,通过他们的对象化劳动和实践活动创造着自己的文化、生活和历史,并且在这一活动过程中创造了很多用来代替本能规则(instinct regulation)的社会规则(social regulation),以引导同代人或者后代人的行动。

---

① (德)M.兰德曼:《哲学人类学》,阎嘉译,贵阳:贵州人民出版社1988年版,第196页。

而道德也恰恰是在这些不断发展的社会规则历史中产生、变化和升华，正是基于以上原因，赫勒将道德内涵及其结构的变化放在人类条件这一背景中加以阐述。

一、人类条件的内涵阐释

（一）人类条件起始于人的"被抛"状态

人类条件其实既是一个人类生活在其中的较为复杂的背景，同时也是一个难以描述的问题。赫勒认为人类条件始于并表现为人类"被抛"的状态，即无论在传统社会还是在现代社会，每个特定的人出生都具有偶然性特征，而这一出生的偶然性特征则将人抛在了特定世界上。正如她所指出的：**"每一个人生来就被抛入一个特别的社会中。"**①特别是现代人不仅出生具有偶然性，而且以后成长历程中也处处充满了偶然性，即现代人一出生就意味着"被抛入"双重偶然性（出生的偶然性和成长的偶然性）的世界中。但人生存的这一状态恰恰是人类条件的起点，个人在今后的成长过程中，为了成为真正的社会的人，必然不断地进行着对象化的实践活动，并在这一活动中确证自己，将自己"被抛"的偶然性状态转化成确定性的存在状态，并且创造自己，寻求自己在世界中的位置，同时，人类的对象化实践活动展现了人的本质力量。

而这一过程也是赫勒所说的人将自己所独有的两种先验——遗传先验（genetic a prior）和社会 – 文化先验（socio – cultural a priori）——嵌接（dovetailing）的过程。之所以说它们是先验的，是因为它们先于单独个人而存在，在人们出生之前就已经客观存在着，它们可以制约和影响着现在的人。具体来说，每个人首先都无法摆脱遗传基因的作用，否则就没有生物学意义上的人，其次每个人都不能离开某种特定的社会 – 文化背景的熏陶，否则就没有社会意义上的人，所以说遗传和社会 – 文化对个人来说是先验性的存在。这一状况也使得每个人都是一般和特殊统一的存在：遗传先验是一般的，但每个人又都是特殊的，正如赫勒指出："每一个人是**一般的**遗传先验的例子。但是每一个人也是独一的；每一个婴儿出生于异质的、**个体的**遗传先验；并不存在两个完全相似的人，甚至同

① Agnes Heller, *General Ethics*, Oxford：Basil Blackwell Ltd, 1988, p. 20.

个
性
道
德
与
理
性
秩
序

一双胞胎亦如此。"①社会－文化先验是一般的,但生活在其中的每个人都会以自己的方式整合已存在的社会习俗、规则等,这体现了特殊性特征。总而言之,人类条件始于人的"被抛"状态,并通过人的实践活动,在遗传先验和社会－文化先验之间的嵌接过程中得以不断展开。

(二)人类条件展开于遗传先验和社会－文化先验之间嵌接的动态张力中

人类条件不仅始于人类被抛入社会的状态,而且是在每个人的遗传先验和社会－文化先验之间联结的过程中展开,正是这些无数的、有差别的联结总和构成了人类条件。具体来说,每个人身上体现的两种先验在其成长过程中并非总是一致,相反,二者经常会出现缝隙,进而不断产生张力。赫勒认为两种先验的缝隙包括两种情况:"第一,一般的遗传先验是不变的,但是社会先验就变量而言在实践上是**无限的**,并且是不断变化的。第二,尽管个人的遗传先验是异质的,但是个人的遗传先验**无限的**变量几乎都能够被**同一**社会先验包含和'融合'。"②换句话说,一方面,我们每个人的存在都首先是遗传基因的产物,如果没有这一先决条件,"自然人"根本不可能出现,在这种意义上,遗传先验是一般的,尽管如此,但是个人都会出生在不同的社会关系中,出生在不同的民族、国家和文化中,所以在个人出生后,决定每个人是"社会人"的社会文化具有无限可变性;另一方面,尽管每个人都是遗传基因的产物,但是每个人又都是不同的遗传基因的产物,这就表明个人的遗传先验也可以是不同的、有差别的,尽管如此,这些不同的"自然人"如果出生在同一个国家、民族或者社会文化氛围中,那么,他们几乎可以被同一种社会文化所融合。所以,以上两方面的情况表明,每个人在遗传先验和社会－文化先验的联结中,都是一般和特殊的统一体。同时,这两种先验在具体的联结过程中,经常会出现张力,其原因不仅仅在于独特性个人一直处于不断变化中,更是因为社会规则也在不断地变化和更新着。

赫勒进而也指出,个人在其成长过程中为了实现自由而全面

---

① Agnes Heller, *General Ethics*, Oxford: Basil Blackwell Ltd, 1988, p. 20.

② Agnes Heller, *General Ethics*, Oxford: Basil Blackwell Ltd, 1988, pp. 20－21.

的发展,虽然一直试图联结两种不同先验之间的间隙,但是这种联结却永远也不会完成,更不能达到完全嵌接。因为只有在以下三种情况相遇时,才能够实现两种先验之间的完全嵌接:第一,所有外在的社会规则完全内化;第二,这些规则已经转化成人们的本能;第三,在所有规则之间进行选择的缺席。但这三种情况同时出现的几率比较小,特别是在现代复杂的社会环境中,三者之间的相遇变得更加不可能,因而遗传先验和社会 – 文化先验在嵌接的进程中(历史真实性中)会不断地发生张力。但这种张力并不是静态的遗传先验和社会 – 文化先验之间的张力,而是个人在不断的动态实践活动中,构筑其类本质过程时两者之间的张力。至于作为历史真实性的张力的特征、性质等都是不断变化的变量,它像钟摆一样以或大或小的幅度摆动着。

所以说,人们要想成为真正的"社会人",就必须在其成长的历程中学会如何去处理和连接两者之间的缝隙,这便构成了人类生活的条件。但无论怎样,正是两种先验之间的张力在历史中的动态展开,正是人类条件的展开过程,才为人们特性、个性的出现提供了前提条件。现代社会中,由于一切都是尚未确定的,这就为我们每个人的发展提供了无限的空间,从这点上来说,遗传先验和社会 – 文化先验之间的张力对人的发展有着积极的推动作用。

(三)人类条件是社会规则代替本能规则的过程

赫勒还认为,人类条件是人类所创造的一系列社会规则的产物,是人类的社会规则代替本能规则的过程。何谓本能?她在其著作《人的本能》中认为,本能"是指那些不仅具有类的特征同时也具有行动特征的,具有强制力量的行为机制或协调的动作。这些行为机制或动作是通过遗传密码继承下来的,由于内部和外部刺激因素的作用而表现出来。这些行为机制或动作在有机体发展的某一阶段中对这一类的保存起着主导作用,从这一积极的优选价值角度来看,这些行为机制或动作超过了这个特定的类的智力"①。在经过对这一定义的逐条检视之后,赫勒认为人不是受本能制约的生物,不仅如此,人类除了有本能残余之外根本没有本能,而这

① (澳)艾格妮丝·赫勒:《人的本能》,邵晓光、孙文喜译,沈阳:辽宁大学出版社1988年版,第24页。

些本能残余也正处于遭到毁灭的过程中。

由此可见,赫勒将人类本能的含义放在了人类学研究的领域中。在这一点上,她继承了马克思的类本质和类特征的观点,认为人本质上是一种社会存在,人类演化到今天的进程是社会规则不断代替生物本能的历史,并且人是由社会条件等决定。正如她在《一般伦理学》中也曾指出:"婴儿的普遍的遗传特性是自我教化的产物:我们**生来**是人类的孩子,因为社会的规则已经代替了本能的规则。"①即我们之所以是人类,因为我们一出生就进入到前人已经积累下来的"人类程序"(human programmes)中,我们通过渐渐熟悉和实践一个给定的社会规范和规则而基本学会了成为那个社会的一员,我们的思维、行动模式基本上都在一个由各种社会规则组成的世界中形成和发展,我们今后的成长也将伴随着与其他人的相互作用。

总的说来,在赫勒的人类条件理论中,既有马克思的影响,也有阿伦特的人类生存境况②理论的影子。阿伦特在其著名的著作《人的境况》中通过详细阐述人存在的境况——生命本身、世界性、复数性、诞生性和有死性或出生和死亡、地球等实际上表达了一个中心含义:我们所生活的共同世界的公共领域对我们以及我们的行动至关重要,它既能够把我们聚拢在一起,又防止我们倾倒在彼此身上,即"这个世界,就像每一个'介于之间'(in-between)的东西一样,让人们既相互联系又彼此分开"③。这一世界能够为我们的生活提供稳固的背景,我们的行动和意义只有在这一世界中才得以显现。而如此重要的这个世界很大程度上却是人创造的产物,即在这里阿伦特表明了人的境况不同于人的本性,它是人类各种活动的总和。正如她所指出的那样:"人的境况不等于人的本性,与人的境况相应的所有人类活动能力的总和,都不构成任何类似于人的本性的东西。"④而这一点是赫勒在人类条件理论中反复

① Agnes Heller, *General Ethics*, Oxford: Basil Blackwell Ltd, 1988, p. 19.

② 无论赫勒的人类条件还是阿伦特的人的境况都是对 the human condition 的不同表述。

③ (美)汉娜·阿伦特:《人的境况》,王寅丽译,上海:上海人民出版社 2009 年版,第 34 页。

④ (美)汉娜·阿伦特:《人的境况》,王寅丽译,上海:上海人民出版社 2009 年版,第 3 页。

第一章 历史演进中道德的变化及个性道德的生成

29

强调的内容。因此,无论是阿伦特对人的基本境况(生命本身、世界性、复数性)以及所对应的三种根本性的人类活动(劳动、工作、行动)的阐述,还是以上我们所谈到的赫勒在对人类条件的具体阐述中,都可以追寻到马克思强调的人所特有的对象化的实践活动以及类本质和类特征等思想的足迹。

众所周知,马克思对人的独特特征的阐述是在与动物相比较中进行的,他指出:"通过实践创造**对象世界,改造**无机界,人证明自己是有意识的类存在物,就是说是这样一种存在物,它把类看作自己的本质,或者说把自身看作类存在物。诚然,动物也生产。它为自己营造巢穴或住所,如蜜蜂、海狸、蚂蚁等。但是,动物只生产它自己或它的幼仔所直接需要的东西;动物的生产是片面的,而人的生产是全面的;动物只是在直接的肉体需要的支配下生产,而人甚至不受肉体需要的影响也进行生产,并且只有不受这种需要的影响才进行真正的生产;动物只生产自身,而人再生产整个自然界;动物的产品直接属于它的肉体,而人则自由地面对自己的产品。动物只是按照它所属的那个种的尺度和需要来构造,而人懂得按照任何一个种的尺度来进行生产,并且懂得处处都把内在的尺度运用于对象;因此,人也按照美的规律来构造。"[①]这段话形象地说明了人所特有的类本质以及类特征并不是预先存在的或者预先设定的一个完满的目标,而是人们在现实的实践活动中,在其不断的对象化活动中逐渐形成的。同样,赫勒所说的人类条件也是双重偶然性存在的个人在其成长的历程中,通过不断的对象化活动而使两种先验——遗传先验和社会 - 文化先验——不断结合的过程,这一过程决不是完全和谐顺利的,而是不断充满张力和矛盾的过程。也正是在人类条件这一背景中,人类所独有的道德状况在不断生成和变化着。

二、人类条件孕育着道德状况

人类条件中社会规则不断取代本能规则,而人类的习俗、习惯、仪式、艺术、道德等一系列要素的形成都孕育其中,并随着人实

① 马克思:《1844 年经济学哲学手稿》,北京:人民出版社 2000 年版,第 57 ~ 58 页。

践活动的不断发展而发生着变化,因此,不同历史背景、不同民族的人们对道德内涵的理解也是不同的,有时甚至截然相反。正如恩格斯所说:"善恶观念从一个民族到另一个民族、从一个时代到另一个时代变更得这样厉害,以致它们常常是互相直接矛盾的。"①迄今为止,赫勒认为道德结构总体来说大致经历了两次大的变化,从而引发了不同的结果,即出现了个人道德以及现在正在出现的伦理规则细化的状况,具体如下:

首先,道德结构的第一次变化引发了个人道德的出现,这意味着个人内在的良心出现。众所周知,传统社会中维系人们之间秩序的是外在的习俗、习惯和规则,一旦触犯这些外在的规则,就会招致别人的批评,个人只有在舆论的注视下才能谈得上是否是道德的人,即一个人做了坏事,只是在他人注视下才觉得无法做人,并进而产生"羞愧感",否则,就当从未做过坏事一样。所以说在前现代人那里道德与否是相对他人而言的,人们一切的言行都以他人的评判为标准。的确,他人的监督在很大程度上维护了社会的道德秩序,但同时也会出现"只要别人看不到,那我可以为所欲为"的情况。

而随着人类条件的发展,个体意识的觉醒,个人与外在规则、习俗之间的关系也发生了微妙的变化,人们渐渐开始学会思考这些规则的正确性,也开始学会反过来思考自己的行为是否遵从外在的规则,自然而然地便出现了另一种道德感——良心,这构成了人们内在的道德权威。很多时候,在没有他人在场的情况下,个人做了某件事情之后,可以自觉反思和评判自己行动的正确性,如果做错了可以主动改正错误。因此,良心的出现意味着人们开始拥有比较完善的道德评判标准,如果它和因外在舆论引发的"羞愧感"共同发生作用可以避免人们走向邪恶的境地。

其次,道德结构的第一次变化伴随着抽象规范从具体规范中提升出来。在传统社会中,由于各个氏族、部落、阶级、团体等之间的人们交往比较少,导致每个集体之间都有自己的规则,集体内的每个成员都必须并且理所应当地遵从本集团的各项规则。个体以自认为善的目的(道德理由)去违背任何具体的规范和规则是不可

---

① 《马克思恩格斯选集》第3卷,北京:人民出版社1995年版,第433~434页。

能的,而随着个人意识的觉醒,集团之间交往的不断扩大,为了使得彼此之间的交往能够顺利进行,一些规则就被进一步抽离出来,以便能够对更大的集体起作用。那么,当抽象规范与具体规范分离之后,个人可以通过它们的"纯粹的"、抽象的品质来引导行动。这就意味着,个人可以以道德理由重新解释现行具体的规范,并且能够从这一重新解释的规范出发,拒绝现行具体的规范。这就表明,生活在一个集体中的个人具有了一定的自由。

再次,道德结构的变化导致了邪恶的(相对)世俗化和多元化。赫勒认为,在道德第一次结构变化之前,"道德恶劣"(moral badness)和"道德邪恶"(moral evils)之间的区分并不明显,尽管一些过分违背道德规范的行为也与非道德的"邪恶"(non - moral "evils")意向(各种各样的灾难,例如死亡、庄稼歉收、火山爆发、地震等)相联,后者被看做是前者的结果,但是道德恶劣和邪恶经常被不加区分的看待。尽管如此,在人们尚不能够解释一些自然现象的发生,而错误地将之与人们违背伦理规则相连的时候却产生了巫术,巫术意味着对违背道德规范的人予以报应。赫勒认为,正是在巫术中隐藏着怨恨,而在较窄的意义上怨恨中存在着一种导致邪恶的精神,这种邪恶的精神在经过了道德结构的第一次变化后变得明显起来。所以赫勒指出:"第一次结构的变化导致了邪恶的(相对)世俗化和多元化。'相对的'意味着失去超人权力支持,而又没有超人能力的**人类**能够被认为是邪恶的来源和体现者。所有源于人类的邪恶实践也因此被认为是**道德的邪恶**(对最严肃秩序的道德违背),并且因此是破坏性的。这也能够以另一种方式提出:所有对社会的组织、神圣律令或者好生活的破坏性的实践大概被定义为道德上的邪恶,此外没有更大的邪恶(并且通常根本没有其他的邪恶)存在。"①这也说明了道德结构的第一次变化一方面伴随着良心、抽象规范等的出现,这孕育着个性道德的萌芽,另一方面却是邪恶以更加精巧的面目出现,特性道德在人们生活中占据了主导性的地位。

如今,我们这个时代正在经历着道德结构的第二次变化,它来源于道德内涵的另外一个组成部分,即伦理内部,这一变化可以描

----

① Agnes Heller, *General Ethics*, Oxford: Basil Blackwell Ltd, 1988, p.168.

述如下:"**伦理**一方面包含着具体规范和习惯,另一方面包含着抽象规范、价值规范和抽象价值,两方面相互交织,并且产生张力。"①这种张力,使现代社会双重偶然性生存的个人在选择中时时刻刻处在各种道德规则的冲突中。处理这些冲突,不仅仅靠长期培养的道德直觉,更需依赖于现代社会无数的好人们所形成的规则、规范、原则、格言。同时,良好的判断力在人们成为"好人"的过程中也起到至关重要的作用。对于道德结构的第二次变化,赫勒认为它正在进行中,我们无法更加真切地把握它所产生的影响和意义,所以无法过多地阐述。无论怎样,道德含义在经过自身结构变化后,其内涵也发生了很大的转变,所以,赫勒认为道德的内涵在今天已经失去了原来单一性特征,更体现其多样性特征,由主体特征的道德和客体的更为复杂的伦理之间的关系组成。

　　以上赫勒所谈到的道德结构、道德内涵的发展演变都是在人类条件中加以论述的,这就表明随着时代的变迁,整体的道德图景也在发生着巨大的变化。但无论如何变化,人们都不能否认,任何时代的道德图景都是对时代精神的反映,这与马克思曾明确作出的一个表述是一致的。马克思曾经表明,任何时代真正的哲学都是时代精神的精华。除此之外,在马克思之前的黑格尔曾用相似的语言表述过同样的意思,他指出:"哲学的任务在于理解存在的东西,因为存在的东西就是理性。就个人来说,每个人都是他那时代的产儿。哲学也是这样,它是被把握在思想中的它的时代。妄想一种哲学可以超出它那个时代,这与妄想个人可以跳出他的时代,跳出罗陀斯岛,是同样愚蠢的。如果它的理论确实超越时代,而建设一个如其所应然的世界,那么这种世界诚然是存在的,但只存在于他的私见中,私见是一种不结实的要素,在其中人们可以随意想象任何东西。"②因此,对道德图景的描述必然需要考虑特定时代的特征。总的说来,人类社会发展到今天经历了从传统社会向现代社会的转变,而且当前也有了某些向后现代社会转变的迹象,尽管我们并没有完全进入后现代社会,但是已经学会运用后现代视角看待问题,与之相应,道德图景也经历了作为整体的个人道

　　① Agnes Heller, *General Ethics*, Oxford:Basil Blackwell Ltd,1988,p.48.

　　② (德)黑格尔:《法哲学原理》,范扬、张企泰译,北京:商务印书馆 1961 年版,"序言"第 12 页。

德、正在经历的特性道德以及正在萌芽的个性道德几种大致的类型,每一道德图景都是特定时代特征的反映。

第二节　作为整体的个人道德:传统社会的道德图景

一、传统社会的时代特征

马克思在《〈政治经济学批判〉导言》中曾经说过:"我们越往前追溯历史,个人,从而也是进行生产的个人,就越表现为不独立,从属于一个较大的整体;最初还是十分自然地在家庭和扩大成为氏族的家庭中;后来是在由氏族间的冲突和融合而产生的各种形式的公社中。只有到 18 世纪,在'市民社会'中,社会联系的各种形式,对个人说来,才表现为只是达到他私人目的的手段,才表现为外在的必然性。"[①]的确如此,越往前追溯历史,社会的生产力水平整体就越低下,资本主义生产关系形成之前,人们被限制在狭小的地域范围之内,普遍交往更是无从谈起,虽然分工有了较大程度的发展,但是分工的精细化程度并不是很高。

即便是到了封建社会,以往的状况仍未得到太多的改善,生产力水平和交往范围依然很低,人们之间的分工也很少。正如马克思和恩格斯描述中世纪分工情况时所指出的那样,中世纪"在城市中各行会之间的分工还是非常少的,而在行会内部,各劳动者之间则根本没有什么分工。每个劳动者都必须熟悉全部工序,凡是用他的工具能够做的一切,他必须都会做;各城市之间的有限交往和少量联系、居民稀少和需求有限,都妨碍了分工的进一步发展,因此,每一个想当师傅的人都必须全盘掌握本行手艺。正因为如此,中世纪的手工业者对于本行专业劳动和熟练技巧还是有兴趣的,这种兴趣可以达到某种有限的艺术感。然而也是由于这个原因,中世纪的每一个手工业者对自己的工作都是兢兢业业,安于奴隶般的关系,因而他们对工作的屈从程度远远超过对本身工作漠不

个性道德与理性秩序

34

---

① 《马克思恩格斯选集》第 2 卷,北京:人民出版社 1995 年版,第 2 页。

关心的现代工人"①。而当代法兰克福学派中的弗洛姆在描述这一时期中人的生存状况时也指出:"封建社会早期,人在社会等级中的地位是固定的。一个人在社会地位上几乎没机会从一个阶级转变到另一阶级。从地理位置来讲,他几乎不可能从一个镇迁到另一个镇,或从一个国家迁到另一个国家,他必须从生到死,呆在一个地方,甚至连随己所好吃穿的权利都没有。"②

以上思想家对资本主义社会之前的社会和人的生存状况的描述足以表明,传统社会中,人们自降生起,在他们所属的社会中有了一个确定的、不可变更而又毋庸置疑的位置。个人还没有出生,就已经被注定是一个什么样的人,也知道做什么,所以一个人什么都不要问,做就是,即便是有疑问,也很少有改变的余地。更何况,那时候由于人们的自我意识尚不发达,大多数人认为自己做的事情都是理所当然的,很少思考自己行为的意义,也很少思考生命的意义。总体说来,他们是成为"已是"的人。但也正因为一切都已经在出生之时注定了,人们不再想太多,所以,很多时候,他们对自己所做的事情和自己的职业会产生一定的兴趣。如马克思和恩格斯所说,很多人对自己的活动还是有着一定的兴趣,所以他们也没必要怀疑工作的意义、生命的意义,因为生命的历程是在有一些兴趣的自发活动中展开的。实质上,从深层次上来说,这种现象的出现是大多数人的意识处于自发状态、尚未觉醒的结果,雅各布·布克哈特曾指出:"在中世纪,人类意识的两方面——内心自省和外界观察都一样——一直是在一层共同的纱幕之下,处于睡眠或者半醒状态。这层纱幕是由信仰、幻想和幼稚的偏见织成的,透过它向外看,世界和历史都罩上了一层奇怪的色彩。人类只是作为一个种族、民族、党派、家族或社团的一员——只是通过某些一般的范畴,而意识到自己。"③

在这样的时代背景之下,除了人的意识尚未完全觉醒这一现状

---

① 马克思、恩格斯:《德意志意识形态》(节选本),北京:人民出版社 2003 年版,第51 页。

② (美)埃里希·弗洛姆:《逃避自由》,刘林海译,北京:国际文化出版公司 2000年版,第29 页。

③ (瑞士)雅各布·布克哈特:《意大利文艺复兴时期的文化》,何新译,北京:商务印书馆 1979 年版,第 125 页。

之外,赫勒还从另一个角度阐明了传统社会中人的生存状态。她认为,传统社会中每个人虽然也经历着遗传先验和社会－文化先验的嵌接,但这与现代人的经历是完全不同的。赫勒在《个性伦理学》中借约阿希姆(Joachim)之口指出,传统社会中"就遗传先验而言,你仅仅是一个独特的人;就你已经被抛在特定世界中而言,你生来就是一个潜在的猎手、一个潜在的牧羊人或者主人或者奴隶,一个潜在的国王等——你必须成为你已经是的,否则你将什么也不是"①。即赫勒从人所独有的两种先验嵌接的角度来阐明了传统人的生存状态。传统社会中,尽管遗传先验规定了每个人生来具有与他人不同的独特性特征,但是社会文化却先在地规定了个人将来在这个社会中的一切,个人没有选择的余地,这又取消了个人的独特性。

二、作为整体的个人道德

正是在以上所描述的人类条件中,个人消融在整体中,个人言行的标准与整体的标准合二为一,大多数人的个人意识也无法从整体中分离出来。这种时代背景决定了其整体道德状况,个人道德与伦理同一,个人与各种规则之间的关系从属于整体与各种规则之间的标准。西方传统社会的这种道德图景主要包括古希腊道德和中世纪的基督教道德。麦金太尔在《追寻美德》中为我们追述过这一历史时期的德性传统:以荷马为代表的英雄社会的诸美德、雅典的诸美德、亚里士多德的美德和中世纪的各种观点,并且对这些美德进行比较,结果发现它们之间千差万别,各自提供了各种截然不同、互不相容的德目表。

无论麦金太尔比较过的前现代社会中诸多美德有多少不同之处,但是仍然不能否认其中存在着共同点。这种共同点在于:个人总是服从于整体,个人对善、道德的标准总体上取决于自己所属的集体的善、道德的标准。正如麦金太尔在描述英雄时代的美德时所说,道德作为某种独特的东西尚未出现,评价的问题就是社会事实的问题。既定的规则不仅分派了人们在社会阶层中的位置以及相应的身份,而且也规定了他们应尽的义务和别人对他们应尽的义务,这些既定的规则也规定了如果人们不尽职尽责,应该受到怎

① Agnes Heller, *An Ethics of Personality*, Oxford: Blackwell Publishers Ltd, 1996, p. 208.

样的处置与对待,人们应该怎样处置与对待他人的不尽责,这些既定的规则既规定了个人的权责,同时也明确了个人在集体中的身份,即"如果一个人在社会阶层中没有这样一个位置,那么不仅不可能从他人那里获得承认和回应,不仅别人不知道他是谁,而且连他自己也不知道他是谁"①。这就表明个人的价值等一切标准都需要在集体中得到确认,而且集体也给个人提供理所应当的道德标准。

在雅典,人们都普遍认为,美德应当在城邦中得以践行,并依据城邦得以界定是理所当然的,尽管人们可以对美德的看法并不完全一致,但并不影响我们对于城邦和个人美德一致性的结论。例如:柏拉图在《理想国》中所说的智慧、勇敢和节制三种美德,是为生活在一个特定群体的人们预先设定好的道德标准,既然人们生活在这一群体中,那么从一出生就规定了单个人的一生要去践行这个标准。这里,柏拉图为我们展示了善的理念引导的一种道德共同体,这既是柏拉图的一种"乌托邦"理想,同时也是对当时现实各城邦优点的反映和升华。同样,亚里士多德的伦理学也为我们展示了同样的图景:我们每个人在出生前,都已经存在着各种伦理标准,我们出生之后,天然地具有一种本性,即趋向善的本性,每个人都要自然而然地趋向已经预定好的特殊的目的,或者趋向已经预定的善的标准。

中世纪,《圣经》文化占支配地位,《圣经》伦理以原罪、救赎和希望为理论前提,宣扬的乃是一种禁欲伦理。任何的个人都要在上帝和教会的目光下生活,都要遵照其特定的规则行事,否则来世就不能得救。总体说来,尽管近代以前个人的主动性得到了一定的发展,但是大体上个人仍然没有摆脱掉整体的束缚,一切行动的标准仍然是以整体的标准为依据。赫勒也是从这一传统社会中的道德图景出发,指出,"古代的道德哲学能够准确描述某一永恒的道德律和戒律,也能够无条件地描述有效的价值和德性"②。

以上表明,这种消融在整体中的个人道德图景就是传统社会时代背景下的产物。那时候,这一道德图景内部的伦理和个体道

---

① (美)阿拉斯戴尔·麦金太尔:《追寻美德》,宋继杰译,南京:译林出版社 2003年版,第 156 页。

② Agnes Heller, *A Philosophy of Morals*, Oxford: Basil Blackwell Ltd, 1990, p. 23.

德尚未分化,人们生活在自发的、多样性的、异质性的日常生活这一背景中。因此,传统社会中作为整体的个人道德可以被描述为:个人同人的类本质、整体以及整体的各种规则之间形成的自发关系。这一关系中,人们无须太多地追究城邦的规则或者集体的规则是否正当,集体中蕴涵的要求、德性等因素的合法性从自身中生发出来,人们只要按照它们去行动就一定能成为好人、好公民,等等。

第三节　特性道德:现代社会的道德图景

一、现代社会的时代特征

人类自近代社会以来的历史处处充满了矛盾和悖论。一方面,人们在对现代性的各种解读中,充分意识到理性化的现代性中内在包含着主体性、个性、自由、自我意识、创造性、社会参与意识、批判精神等;但另一方面,市场经济的规则和理性的计算法则渐渐侵入了人们的日常生活,并不断整合人们日益形成的主动性、批判性的精神,使大多数人在成为人的同时又失去了人内在的真正精神。

对于现代社会的这种矛盾和悖论,马克思早在《共产党宣言》中就已经明确地提了出来。他指出:"生产的不断变革,一切社会状况不停的动荡,永远的不安定和变动,这就是资产阶级时代不同于过去一切时代的地方。一切固定的僵化的关系以及与之相适应的素被尊崇的观念和见解都被消除了,一切新形成的关系等不到固定下来就陈旧了。一切等级的和固定的东西都烟消云散了,一切神圣的东西都被亵渎了。人们终于不得不用冷静的眼光来看他们的生活地位、他们的相互关系。"①这句话不仅阐明了现代性的变动性和革命性特征,同时也隐含着现代性的另一面——冷酷性。

与此同时,恩格斯、克尔恺郭尔及其后的尼采等人都意识到了现代性的这一悖论。恩格斯在《英国状况·十八世纪》中也指出:"18世纪是人类从基督教把它投入的那种分裂涣散的状态中联合

---

① 《马克思恩格斯选集》第1卷,北京:人民出版社1995年版,第275页。

起来、聚集起来的世纪;这是人类在走上自我认识和自我解放道路之前所走的一步,可是正因为它是这样的一步,所以它仍然是片面的,还陷于矛盾之中。"①克尔恺郭尔因为敏锐地意识到了理性哲学的危害,所以转向了"孤独个体"的生存。其后的尼采更是对现代文明以及蕴涵在现代性中的理性进行批判,他在《悲剧的诞生》中对现代社会中因知识的滥用、艺术的缺失所导致的悖论进行了揭示,我们一直以为知识能够使我们生活得更加幸福,但是"倘若这无数力量(知识——作者注)的总和被耗竭于另一种世界趋势,**并非用来为认识服务,而是用来为个人和民族的实践目的即利己目**的服务,那么,也许在普遍残杀和连续移民之中,求生的本能削弱到如此地步,以致个人在自杀风俗中剩有最后一点责任感,像斐济岛上的蛮族,把子杀其父、友杀其友视为责任。一种实践的悲观主义,它竟出于同情制造了一种民族大屠杀的残酷伦理——顺便说说,世界上无论过去还是现在,凡是尚未出现任何形式的艺术,尤其是艺术尚未作为宗教和科学以医治和预防这种瘟疫的地方,到处都有这种实践的悲观主义"②。即他认为,知识很多时候并不能给人类带来福祉,如果应用不当,就会带来相反的效果,例如吞噬内容丰富的艺术等。同时,尼采还认为,理性所起的作用无非是把流动的历史凝固化,用一些永恒的概念去框定活生生的现实。结果是扼杀了事物的生灭变化过程,扼杀了生命。人们之所以崇尚理性,是指望它给人带来自由和幸福;然而结果恰恰相反,理性处处与人的本能为敌,造成人的更大痛苦。

实质上,现代性中所蕴涵的悖论和矛盾经过了 19 世纪的充分发展,才渐渐露出其真实的面孔,到了 20 世纪初期现代性的生活出现了根本性的总危机,其极端性后果就是两次世界大战的爆发和极权国家的出现,至此人们才真正认识到现代性本身所蕴涵的深层悖论。于是,继马克思、克尔恺郭尔等之后的很多思想家纷纷进一步揭示现代性的悖论。马克斯·韦伯就曾指出,我们这个时代,因为它独有的理性化和理智化,最主要的是因为世界已被除魅,它的命运便是,那些终极的、最高贵的价值已从公共生活中销

---

① 《马克思恩格斯选集》第 1 卷,北京:人民出版社 1995 年版,第 17～18 页。
② (德)弗里德里希·尼采:《悲剧的诞生》,周国平译,北京:生活·读书·新知三联书店 1986 年版,第 64 页。

声匿迹;法兰克福学派的代表人物霍克海默和阿多尔诺在《启蒙辩证法》开篇就指出:"从进步思想最广泛的意义来看,历来启蒙的目的都是使人们摆脱恐惧,成为主人。但是完全受到启蒙的世界却充满着巨大的不幸。"①而同样在大屠杀中幸存下来的英国思想家鲍曼在《现代性与大屠杀》中更是将现代文化比喻成"园艺文化",并且指出,"我们猜想(即使我们拒绝承认),大屠杀只是揭露了现代社会的另一面,而这个社会的我们更为熟悉的那一面是非常受我们崇拜的。现在这两面都很好地、协调地依附在同一实体之上。或许我们最害怕的就是,它们不仅是一枚硬币的两面,而且每一面都不能离开另外一面而单独存在"②。由此可见,现代性的发展充斥着矛盾和悖论,并且已经被越来越多的思想家所批判。

不仅如此,现代性的发展还伴随着理论上宏大叙事的出现。"宏大叙事"(grand narratives)这一概念是后现代思想家利奥塔(也译作利奥塔尔)在叙述知识合法性过程中,将之作为现代性的标志而提出的。利奥塔在其理论中考察了两种知识形态,即叙事知识和科学知识的合法性模式,并且认为这两种知识模式是截然不同的。前者包括神话、传说、民间故事等具体形式,其合法性就包含在叙事本身中,因为叙事知识是综合性的,它既表达对客观事物的认识,同时又约束人们的行动,即叙事知识中所包括的认知、语言等遵循不同原则的话语类型在神话、传说等形式中紧密地联系在一起,能够规范着人们,正如利奥塔所说:"叙事拥有收集、整理,传递描述,还有规定、评价和感情(例如感叹和疑问用语)的内在能力,这一传统传递了和名字相联系的义务,和有关特殊情形的规定,并简单地通过把它们置于卡辛纳洼人的名字的权威之下,使它们合法化。"③但随着社会的发展,科学知识的合法性愈来愈排挤和否定叙事知识的合法性。如果说叙事知识的合法性来自于它自身的话,那么科学知识的合法性来自于哪里? 利奥塔认为,自柏拉图

---

① (联邦德国)霍克海默、阿多尔诺:《启蒙辩证法》,洪佩郁、蔺月峰译,重庆:重庆出版社1990年版,第1页。

② (英)齐格蒙特·鲍曼:《现代性与大屠杀》,杨渝东、史建华译,南京:译林出版社2002年版,第10页。

③ (法)让-弗·利奥塔:《后现代性与公正游戏:利奥塔访谈、书信录》,谈瀛洲译,上海:上海人民出版社1997年版,第177页。

以来思想依靠哲学话语为科学知识提供合法性基础,于是,他把这种话语模式称之为"宏大叙事"(Grand Narrative)或者"元叙事"(meta narrative),正如利奥塔在《后现代状况》中指出:"我用现代(modern)这个术语指称所有根据某种元话语为自己立法的科学,它们明确地求助于一些宏大叙事,如精神辩证法、意义的阐释学、理性或劳动主体的解放以及财富创造说。"①利奥塔所说的科学知识的合法性的危机实际上就是普遍理性的危机,而这意味着提供其合法性基础的宏大叙事也遭到了质疑,所以,利奥塔引入了"后现代"概念。

以上所谈到的,无论是对于现代性中所蕴涵的悖论,还是理论中出现的宏大叙事,赫勒都予以揭示,并在此基础上挖掘了其背后隐藏的含义。她深刻地指出,这些现象的出现,其实都是对现代人偶然性生存以及偶然性生存意识的表达。换句话说,在宏观领域中,黑格尔所构建的"绝对精神"体系和马克思的"共产主义"理想都是"宏大叙事"的体现,而弗洛伊德构筑的"性本能"理论同样是宏大叙事在微观领域的表达,而这几种宏大叙事的产生,都是因为这些人意识到现代人偶然性生存的结果。正是基于此,赫勒追根溯源,从生存在现代社会人类条件中的个人入手,揭示了现代人双重偶然性的存在,也揭示了他们自我意识和偶然性意识的觉醒,正如她所说:"一个人的偶然性意识来源于已经被'抛入'一个世界中的意识,而在这个世界中并没有预先为新生儿整个一生规划道路。偶然性暗含着更多的含义,而不仅仅指出生的偶然性。就迄今为止并没有遗传代码前定一个孩子出生在一个特别的时间、一个特别的世界而言,每个人的出生都是偶然的。出生的偶发事件因此是本体论的事实,一种经验上人类普遍的。偶然性是偶发事件,并且同时是它的扬弃(sublation)。这种偶发事件是双重的,因为不仅我的存在出生在如此这样一个世界中是偶然的,而且我的整个存在仅仅成为一种可能(实践中无限的可能性的集合),并因此是不确定的。"②由此可见,在这里赫勒形象地揭示了现代人偶然性的生存状态,在现代人出生之前,没有任何东西为他们预先设定好,

---

① 转引自秦喜清:《让-弗·利奥塔:独树一帜的后现代理论家》,北京:文化艺术出版社 2002 年版,第 114 页。

② Agnes Heller, *A Philosophy of Morals*, Oxford: Basil Blackwell Ltd, 1990, p.124.

一切都不是必然如此的,一切都处在变动的状态中。然而,正是从现代人的偶然性生存中,赫勒寻到了积极意义,现代人可以将这种偶然不确定性生存状态转化为确定性的生存状态。因为现代人的个人意识已经觉醒,他们能够在意识到自己生存偶然性的同时,也能够寻求转化的途径。所以,赫勒很自信地表明:偶然性仅仅并且只有在现代世界中能够成为我们的运气。但在现代人将自身偶然性转化为确定性生存的过程中,不可避免地会出现一种现象:个人的选择和行为会出现任意、不道德的情形。因为现代社会中的个人正在逐渐摆脱整体的束缚,个人的自我意识、独立意识以及自主选择意识等正在逐步形成,因此,与以往相比,已经获得很大程度解放的、具有自主选择的个人在重新寻求其确定性的路途中也许会做不道德的事情,由此就会出现有特性的个人以及特性道德。

二、特性道德

随着资产阶级的兴起,资本借助各种中介在全球寻求其最大利润,对物质利益最大化的寻求使得形而上学的观念、有创造性的艺术等退到边缘的位置,道德亦如此,更可怕的是,随着道德的不断边缘化,道德本身也失去了原来的完整性及其功能,逐渐朝着被分散和被工具化的趋势发展。正如麦金太尔所说:"正是在 17 和 18 世纪,道德才开始普遍地被理解为是为了消除人的利己主义所带来的各种问题,而道德的内容也开始在很大程度上被等同于利他主义。因为,正是在这同一个时期,人才开始被认为有几分危险的利己主义的天性;而正是当我们认为人具有危险的利己主义的天性时,利他主义才立即变得在社会上是必要的,但似乎又不太可能并且不可解释——如果某个时候它出现了。"[①]这就表明,近代以来道德本身发生了重大的变化,特别是伴随着科技的发展,特性道德开始显现并愈加发展起来。

我们有必要对特性道德的含义加以阐述,但在理解这一含义之前,首先应阐明**特性**(particularity)的含义。赫勒在其著作《日常生活》中对特性作了专门的阐述。她认为,特性是异化的日常生活

① (美)阿拉斯戴尔·麦金太尔:《追寻美德》,宋继杰译,南京:译林出版社 2003 年版,第 290 页。

的主体,它是真正个体的人在本质"异化"的过程中养育的人的特性。特性也可以称做排他主义性,它反映了个人尚未同类本质建立起自觉关系的存在状态。正如赫勒所言:"人总是以特定的把自身作为起始的观点来理解他生于其中的世界,并寻求和根据这同一观点来操纵这一世界。他借以发现世界的过程是以他的自我为中心的。"①特性可以包括特殊的秉赋、排他主义观点、动机和情感,同时,特性倾向于自我保存,并使其他一切都屈从于这一自我保存。除此之外,拥有特性的个人在行动中尚未形成自觉的自律意识,他们在行动中不断地进行着理性的选择。

与此相对应,所谓特性道德可以被大致描述为:现代社会中,拥有特性的个人与同时代的各种伦理规则建立起来的非自觉关系。换句话说,特性道德也可以被称为"异化的道德",即现代社会中的个人还不能够完全意识到各种伦理规则的存在,即便是意识到,也尚未始终如一地遵从各种伦理规则指导,更没有将之自觉地内化到具体的行动中去,特性道德的载体很显然是拥有特性的个人。毋庸置疑,与传统社会中的个人相比,现代人的行动有了更多的选择,而少了很多限制,这在某种程度上推动了个人与各种规则之间关系的发展,即个人在很多时候可以思考社会通行的规则是否合理,如果不合理,那么可以发表自己的看法。如果是社会中通行的规则是正确的,但是个人出于各种原因而没有加以遵守,那就意味着特性道德得到了发展。一旦社会中特性道德占了上风,人们就会时常根据理性算计的要求去行动,邪恶不可避免地会时常发生。

首先,特性道德的产生与现代人的双重偶然性存在状态紧密相关。赫勒认为,在比较广泛的意义上说,现代社会的一个最重要的要素是对于个人来说的双重偶然性条件,就遗传先验的偶然性而言,现代社会与前现代社会没有什么太大的区别,但是就社会-文化先验来说,现代社会与前现代社会是截然不同的。现代社会中的每个人出生之后,没有任何东西可以先在地决定人们出生之后的一切事情,包括个人将来从事什么职业,个人将要成为什么样

① (匈)阿格妮丝·赫勒:《日常生活》,衣俊卿译,重庆:重庆出版社1990年版,第10页。

的存在等,即个人出生后的一切都融入在个人"成为"的过程中。个人只有在生成过程之后,才知道自己能够成为什么样的人。从这个意义上说,现代人是完全自由的,一个人能否与通行的各种伦理规则形成自觉的关系,以及采取什么样的方式与各种规则形成关系,完全取决于个人的选择,所以我们并不排除有些人单纯为了追求外在的、眼前的利益,而违反有效的伦理规则。

其次,现代科技力量的渗透推动着特性道德的加速发展。赫勒认为,科学的独立化排除了道德的优先性,消除了渗透于各个领域的共同精神,并且加速了各个领域的划分。而赫勒将这一趋势追溯到马基雅维利的理论,正是马基雅维利在理论中从消除道德优先性的理论角度来理解政治行动和政治制度,这一理解就等于是拒绝了超越各个领域的共同精神的存在。

众所周知,如果将马基雅维利的道德思想进行划分的话,其思想应被划归为非道德主义范围内,他根据自己的观察,认为现代人都是自私和利己的,为了达到自己的目的可以不择手段,所以他得出"人性本恶"的结论,从这一结论出发,那么当今最大的美德就是具有能力和手段。他提出,在政治领域中,应该摆脱道德的束缚,政治家只要能达到目的,可以不顾任何道德原则。因而,他认为君王要用残忍和狡诈的手段来控制和统治臣民,以巩固自己手中的权力,只要能达到这一目的,君主可以背信弃义、冷酷无情。在政治领域中,道德即强权,为了维护"国家的利益"可以随时牺牲个人及其美德。

当然,对于马基雅维利的这一政治领域中的非道德主义主张,我们可以从他当时所处的历史背景来理解。当时意大利处在内外混乱、经济衰落和道德败坏的境地中,正是在对混乱现状中如何建立一个统一的意大利和理想政治制度的思考中,马基雅维利提出了非道德主义主张。这一主张意味着,政治领域可以从整个社会生活中被单独分离出来,可以拥有自己独立的规则,也可以仅仅按照科学的原则来运行。这一趋势带来了严重的后果,即赫勒所说的,"政治的科学不仅作为一种特别的领域被建立,而且它也主张内在于这一领域的规范和规则不能屈从于,甚至不能有条件地屈从于一般的精神,无论这种一般的精神是由命令式的规范,还是由美德规范所组成"①。这就表明,一旦政治行动或者政治的法则仅仅按照科学的原则或者自己的法则所建立,那就可能与各个领域所共有的一般伦理精神不同或者相反,这种做法既推动了其他领域分化并建立自己的规范,也消解了所有领域的共同道德精神,进而导致的后果便是人们生活意义的缺失。正如赫勒指出的那样,现代社会中"将自己确立为一种主要世界观的科学,提供给生活一种强大的(生产力的、进步的、有用的等)想象力,但是它并不能够提供给生活以意义,而且作为一种共同'精神'的提供者,它是贫乏的"②。同时,如果个人尚未自觉地同"类本质"确定关系,那么在科技力量强大、信仰缺失的现代社会中邪恶更容易发生。实质上,现实世界中所发生的人为灾难在很大程度上都来自具有特性的个人。在道德结构发生第一次变化之后,作为个人的人开始真正从整体中独立出来,有些个人的行动尚未同各种伦理规则自觉地建立起联系,才导致各种邪恶的发生。既然特性道德中包含着邪恶,赫勒又进一步对邪恶的类型、特征进行了独到的阐述。

就邪恶的类型而言,赫勒认为,尽管现代社会中邪恶呈现多元化发展,但大致区分为两种邪恶形式:低层的邪恶(the evil of the underworld)和复杂的邪恶(the evil of sophistication)。前者栖居在人内部,隐藏在文明正面的后面,随时都会反叛神圣的律令,后者则恰恰是文明创造的产物,是知识不断增长的产物,它更加复杂和隐蔽。赫勒指出:"复杂的邪恶有两张面孔:一张一面朝向不断增长的知识,另一面朝向越来越少的知识;另一张一面面孔表达着无休止的好奇,另一面则表达着没有信仰的怀疑论。对'作为力量的知识'的寻求压制了实践理性的首要位置。"③即现代社会,人们普遍相信科技的伟大,认为他们无所不能,但对(作为力量的)知识的寻求,实际上寻到的却是魔鬼。换句话说,知识的负面影响能够推动邪恶向更加精巧化的方向发展,并随时将道德从社会生活的中心位置驱逐出去。而且,这两种邪恶类型一旦联手,这个世界将陷入无可救药的地步,因为低层的邪恶仅仅能够在文明正面的后面迸发,但是如果没有复杂的邪恶支持,那么它只能引起暂时的和有

①　Agnes Heller, *General Ethics*, Oxford: Basil Blackwell Ltd, 1988, p. 149.
②　Agnes Heller, *General Ethics*, Oxford: Basil Blackwell Ltd, 1988, p. 155.
③　Agnes Heller, *General Ethics*, Oxford: Basil Blackwell Ltd, 1988, p. 169.

第一章　历史演进中道德的变化及个性道德的生成

限的伤害,但如果有了复杂的邪恶支持,那么能够把邪恶的瘟疫从任何地方扩散开来。

同时赫勒指出,邪恶也是伴随着各种力量而发生的,二者内在交织在一起。这些力量包括政治地位的力量、知识的力量或者性格(意志)的力量。其实无论以什么方式施行邪恶的人,他们都具有共同的特征,就是唤起了内在深藏的邪恶信条。赫勒在阐述邪恶的两种类型时,也根据人们反叛的目的不同区分了相对邪恶和绝对邪恶,她认为:"道德格言(moral maxims)、道德原则和道德理念是与**个人道德**一起发生的。从个人道德角度来看,目的在于对具体**伦理**破坏的格言能够被称为邪恶的,但是这种邪恶是相对的。然而,目的在于对**个人道德本身破坏**的格言是绝对的邪恶。"①在这里,赫勒表明,如果现代社会中的个人为了恶而做邪恶的事情,那么就已经步入绝对邪恶中,陷入无可救药的地步。

就邪恶的特征而言,最大的特点在于它是恐怖的、非理性的和诱惑的共生体。说它是恐怖的,因为它可以产生一种破坏性的力量,可以引起不合时宜的死亡、战争,等等;说它是非理性的,是因为它的正常运转不能够被理性的力量所制止,即不能够被恰当地遵守所有具体的规范和规则所制止。如此一种破坏性的非理性力量能够在人群中充满着恐怖,是恐怖的来源,但是同时它也是一种诱惑,大多数人都能够被它诱惑,除非是那些永远也不会接受邪恶格言的人,才能够抵御住它的诱惑,因为这些人能够不断地跟随着善的原则做事。如果没有善的格言的引导,即使本性善的人也能够被愚弄。除此之外,邪恶也是瘟疫,具有传染性。之所以具有这一特征,赫勒认为邪恶除了与位置的力量、知识的力量和性格(邪恶意志)的力量有关系外,还与数目的力量有很大的关系。因为遵循邪恶格言的人数越多,拥有低层的邪恶(the evil of the underworld)的人数越多,那么邪恶的力量和魔力的意志将会更大,邪恶就被不断扩散开来。

赫勒之所以这么详细地阐述邪恶的发生、类型及其特征,不仅仅在于寻求希特勒等人做出邪恶事情的背后原因,更主要的是让人们清醒地意识到,任何拥有特性特征的个人或者说特性道德中

---

① Agnes Heller, *General Ethics*, Oxford:Basil Blackwell Ltd,1988,p. 170.

都蕴涵着邪恶,只要遇到合适的条件或者拥有合适的位置,这种邪恶就会以各种形式出现,这也揭示了邪恶可以在极为平常的人身上出现的原因。但如果追溯邪恶的根源,我们不能仅仅从人们所拥有的坏性格中去寻求,也应该从外在条件中去寻求其根源,因为拥有良好性格的人在适当的条件下也会进行邪恶的行动。无论怎样,要想真正彻底避免邪恶的发生,我们仍然期待个性的人和个性道德出现。

最后,特性道德中内含个性道德的萌芽。尽管特性道德时常伴随着各种类型的邪恶发生,但是,特性道德中也孕育着个性道德的发生。赫勒认为具有特性的个人一旦经过反思,跟随好的格言(善的一般公式)或者道德规则就能够生成具有个性的个体,这就意味着个性道德的显现。

那么什么是"善"的一般公式?赫勒在这里通过考察从古至今的道德及公式,认为柏拉图的公式"一个好人更愿意遭受苦难,而不愿意犯错"对个人来说是唯一的真理,因此她提出了保持良好道德的一般公式,这一公式是"更愿意遭受痛苦,而不是去害别人"。进而,她又提出了两个补充的公式:首先,一个人能够选择为了另一个人受苦,但是这种选择是在不犯任何道德错误的前提下进行的;其次,一个人选择支持另一个人成为好人时,并不会以任何方式冒犯他或她,即个人对他人的帮助和支持不能侵犯他人的自由。赫勒将这两种补充的"善"称为"超文化的善"。

尽管赫勒认同柏拉图提出的"善"的一般公式,但是她也指出了柏拉图的误区,她认为柏拉图的错误在于他想要去证明这一公式的正确性,但是结果却失败了。因为在证明的过程中,柏拉图使自己陷入了似是而非的矛盾中。所以,赫勒为了避免陷入矛盾,设置了一个前提,即"遭受苦难而不是害别人"是好人必然采取的一种态度,这一前提并不能被理性地证明,同样,"好人"本身也不需要证明,唯有好人能自觉地接受并在任何条件下坚持这一前提。任何时候,好人都不会清除道德的一般公式,而是保持它。因此,赫勒指出:"好人存在。规范和美德在不断地改变着,但是**良好个人道德**(good morality)的标准总是同样的。我必须预先强调我在这里将要讨论的是**良好个人道德**——已经发展了一种与**伦理**的规范和规则具有个体关系的人们所拥有的美德(goodness)。在与邪恶的对比中,这种美德能够被定义为一般的公式(a general formula)。这一公式掌握了美德的本质形式(结构),而不考虑其内容。"①同时,赫勒也赞同托马斯·曼抵御邪恶发生的看法,即对邪恶说"不"并不是足够的,因为仅仅拒绝邪恶的人总是处于危险的边缘,唯一有效的对抗办法是不断肯定好的格言,并且对好的格言绝对地坚持说"是"。

综上所述,赫勒其实是告诉我们,个性的个人是从特性的个人中发展而来的,一旦个人能够自觉地与有效的伦理规则以及与良好道德的一般公式形成稳定的关系,那么特性的个人就发展为个性的个人,随之,特性道德就会扬弃自身,发展为个性道德。

第四节 个性道德:后现代视野中的道德图景

一、后现代的视角

"后现代"是自19世纪后期,特别是20世纪以来在各个领域中出现频率比较高的一个词汇,人们可以在各种各样的场合来应用它,而且不同的哲学家也在不同的意义上来使用它。这种状况的发生,实质上是现代理性化进程中出现的种种弊病的结果。面对各个领域中纷繁复杂的关于"后现代"、"后现代主义"的定义,德国的哲学家沃尔夫冈·韦尔施在其著作《我们的后现代的现代》中进行了整理和划界,他严格区别了混乱的后现代主义和准确的后现代主义。他指出:"混乱的后现代主义是正在蔓延的后现代主义。它的变种从以拉康—德里达—沙司(Lacan—Derrida—Tunke)为代表的科学的万灵混合药剂伸展到时髦的文化风尚的兴高采烈的随意性场景。这种混乱的后现代主义的信条似乎是这样:一切不符合合理性的标准的东西或一切充其量歪曲地复述已知的事物的东西均是好的,甚至是成功的;人们只需好好地调鸡尾酒,给它掺入大量异国风味的东西。"②而所谓准确的后现代主义是名副其

---

① Agnes Heller, *General Ethics*, Oxford: Basil Blackwell Ltd,1988, p.174.

② (德)沃尔夫冈·韦尔施:《我们的后现代的现代》,洪天富译,北京:商务印书馆2004年版,"导论"第2~3页。

实和有效力的后现代主义,它真正支持并尊重多元性,并且通过遵循一种相互区别的规定来维护和发展这种多元性。

按照这种划分,赫勒的后现代视角大致属于准确的后现代主义,但是她的这一视角既不同于一切的"主义",又不等同于"后历史"。与前者的区分在于,后现代的视角是要承认和包容多元性特征,认为所有的视角和立场都具有平等价值,但并不仅仅专注于一个视角,避免走向"……主义"的僵化立场。因为任何的理论一旦走入"……主义",就意味着丰富多彩的内容开始向体系化方向发展,进而束缚了理论的进一步发展,取消了内部的多样性特征。与后者的区别可以从沃尔夫冈·韦尔施对"后现代"和"后历史"所作的详细区分中看出,他指出:"它们的本质之所以不同,在于它们所相信的东西不同。后现代所要求的,只是对现代的相信,而后历史所要求的,是对整个历史的相信。后现代相信一种未来的发展步骤,而后历史相信一切发展步骤的终结。显然,后现代的要求要比后历史的要求低得多。此外,这两种理论在感情(Pathos)问题上是很不相同的。后历史的诊断是消极的、悲观的、玩世不恭的和灰色的,而后现代的预后诊断是积极的、乐观的、亢奋的和彩色的。"①

沃尔夫冈·韦尔施对"后现代"和"后历史"的区分与赫勒的看法是一致的,赫勒在其著名的《现代性理论》中指出:"后现代并不是在现代性之后到来的一个阶段,它不是对现代性的补救——它是现代的。更确切地说,后现代视角也许最好被描述为现代性意识本身的自我反思。它是一种以苏格拉底的方式了解自己的现代性。"②这里,赫勒实质上描述了以后现代视角生存的人们的行事方式,即后现代的男男女女思考和行事的方式,就仿佛一切全都是偶然的(在这个词最强烈的意义上),他们并不相信未来的种种美好许诺,他们只是相信未来是开放的,具有无限的可能性,而且以后现代视角看问题的现代人将重心放在了现在,更加注重偶然性的作用,正如赫勒指出:"后现代人否认必然性正通过历史的偶然性走向它的目的,他们让伤口赤裸着。(经过反思的)后现代意识是

① (德)沃尔夫冈·韦尔施:《我们的后现代的现代》,洪天富译,北京:商务印书馆 2004 年版,第 27 页。
② (匈)阿格尼丝·赫勒:《现代性理论》,李瑞华译,北京:商务印书馆 2005 年版,第 13 页。

展示这个伤口的姿势之一。把未来理解为正在开放的（being - open）——也就是说，让偶然性的伤口赤裸着，而不用知识或信仰所提供的药物——并且对现在和未来负责，这是难以担当的立场。"①

更重要的是，赫勒在指明后现代的视角之后，进而将这一视角区分为未经反思的后现代思想与经过反思的后现代思想。前者既表现为原教旨主义立场，也表现为犬儒主义立场，原教旨主义立场的人是那些不能够带着一个公开伤口生活的人的立场，犬儒主义的立场则是那些虽不介意公开的伤口生活，却拒绝或不能承担责任的人。而经反思的后现代思想则是那些不介意伤口却能够承担责任的人。因此，后现代视角既与现代人的反思和自我反思密切相关，同时也与责任更紧密地联系在一起。

综上所述，赫勒所立足的后现代视角总体上可被概括为尊重、支持和包容多样性、差异性和多元性，同时又承认普遍性背景存在的视角。正是存在着普遍性背景，多样性、差异性和多元性之中的差异才能够立足，也才能够被连接起来。在某种程度上这一视角的提出具有重要的意义，将人们理解问题的目光从宏观领域转向微观领域，从关注整体历史进程的一般性转向关注特殊个体的多样性。

理论上，赫勒对后现代视角的阐述受到了尼采的影响。尼采曾经在其著作《人性的，太人性的》中指出，在某些方面，人类翘首以待的美好未来必定是更糟的未来，因为相信人类新的更高级的阶段必定无一遗漏地囊括以前阶段的所有优点，是遥不可及的。据此，赫勒认为，人们应该以后现代视角看待问题，即应该以偶然性、无限开放性的眼光看待现实和未来。因为历史已经证明人类对种种美好未来的设想都会被无情的现实碾碎，随之人们必将陷入深深的失望之中。

同时，赫勒的后现代视角的提出与同时代的英国思想家齐格蒙特·鲍曼也是一致的，后者也描述了后现代世界的图景，"后现代世界是这样一个世界，在这个世界中，神秘之物不再是一个赤裸

---

① （匈）阿格尼丝·赫勒：《现代性理论》，李瑞华译，北京：商务印书馆2005年版，第16页。

裸地等待着找出规则的沉默的外在异物。在后现代世界中,事情之发生可能并没有使它们具有必要理由,人们行事几乎不需要通过可以说明的目的检验,更不用说通过'合理性'目的检验。由于对空虚的恐惧(据西奥多·阿多诺),现代启蒙运动在心理上造成的最剧烈影响已经变得迟钝并且镇定了(尽管并没有被完全地消除)。我们不仅要学会与尚未解释的事实和行为共存,而且要学会与无法解释的事实和行为共存。一些人甚至可能会认为,正是这些事实和行为构成了人类困境中坚硬的、不可消除的主要部分。我们又一次学会了尊重模糊性,注意关心人类之情感,理解没有效用和可计算的酬劳之行为。我们承认,并非所有的行为,特别是最重要的行为,需要被证明或者说明它们值得我们尊敬"①。从鲍曼的陈述中,我们看到了两人理论的一致性,即都强调现代人必须学会尊重多元性、差异性的现实,否则,人类必然重新走入人为灾难中。

简而言之,赫勒强调的后现代视角与其他视角中关注未来的观点是不一样的,后现代眼中的未来并不一定是美好的,所以人们应该转向当下。这一思想与赫勒亲身体验了二战集中营的恐怖密切相关。

众所周知,"屠犹"事件不仅仅对于犹太人来说,而且对我们整个人类都是一个灾难,是人类文明进程中的一个耻辱。但我们不能否认的是,对于希特勒之流的人来说,这是为了实现建立一个纯种民族的美好理想和愿望的途径之一,而且这一计划之所以在当时能够顺利实施,肯定不仅仅简单是少数人狂热的行动,而是符合了大多数非犹太人建立美好新社会的愿望。但随着事态的发展,美好现象退去,丑恶本质浮出,最终这一计划却与人类最初的美好想法背道而驰,不仅没有美好的未来,反而给人类带来了巨大的灾难,残酷的现实给现代人带来的不仅仅是无比的震惊,而且也改变了人们的思维方式,他们不再憧憬美好未来,转而生活在当下。赫勒也深受影响,据此,她进一步描述了当今人们的这种态度,"后现代人接受在车站上的生活。也就是说,他们接受生活在绝对的现

---

① (英)齐格蒙特·鲍曼:《后现代伦理学》,张成岗译,南京:江苏人民出版社2002年版,第38页。

在。他们并不等待快车来带他们到最终目的地。所有的最终目的地都被揭露出包含着灾难。因此后现代人声称，他们不知道最终目的地的事；他们把'有附带条件的状态（provisory state）'，即此时此刻，当做（他们的）最终阶段接受下来。未来是未知的。现在是绝对的现在，因为在我们视野之外的未来是未知的。后现代人并不声称在历史中有一个特殊的、特权的地位。他们并不相信他们比祖先更好地了解未来。（也许，他们了解得更少。）他们并不声称科学给了他们开启未来的钥匙，因为他们意识到了科学的脆弱性。他们根据偶然性来思考；不仅仅是单个个体（既指宇宙的也指社会的）的偶然性，而且是历史时代与时期的偶然性——他们的现在的偶然性"[①]。即赫勒认为，只有从后现代视角支持多元性、多样化的生活方式，尊重无限开放性，才能避免更大的人为灾难发生，道德的演变也才能扬弃特性道德，向着个性道德的方向发展。

二、个性道德的萌芽

齐格蒙特·鲍曼曾经指出，后现代社会中，"将道德从人为创设的伦理规范的坚硬盔甲中释放出来（或者是放弃将其保留在伦理规范中的雄心），意味着将道德重新个人化"[②]。这不仅宣告了个人化时代的到来，同时也意味着将会出现道德相对主义的危险，但无论怎样，在现代社会中个人化已成为一种势不可挡的趋向。赫勒当然也意识到了这些，但她又极力避免道德相对主义的出现，因为一旦极端道德相对主义出现，那么人类的各种具体行动将无法度量，很多人也可以打着道德的旗号作恶，所以她首要的，也是她整个的道德理论的归宿就是期待后现代视角中个性道德的生成。在对个性道德这一现代道德诉求的阐述中，她不仅对个性道德本身进行了说明，而且也区分了个性道德和道德相对主义范畴。

在对个性道德进行解释之前，我们首先要了解**个性**（personality）的含义。赫勒对个性的理解并没有一个确定性的定义，她只是对它进行了描述性的解释，在《个性伦理学》中借劳伦斯（Law-

---

① （匈）阿格尼丝·赫勒：《现代性理论》，李瑞华译，北京：商务印书馆2005年版，第20页。

② （英）齐格蒙特·鲍曼：《后现代伦理学》，张成岗译，南京：江苏人民出版社2002年版，第39页。

rence)之语对个性进行了概括:"我们称之为个性的东西是神秘的,不仅仅因为人们不能解释个性是什么,而且因为个性被一种气氛围绕着。它们像艺术作品,在阐释学上是无穷无尽的,并且尽管它们可能被充分信赖,但是仍然保持变化。"①赫勒所提到的"气氛"主要是人在同质化与自我的建构在融合过程中,个人所创造的通常涉及作为"个性"的东西,"这种气氛涉及某些非理性的倾向,诸如对神秘经验的敏感性,自我放任的能力、幽默感、创造能力等"②。尽管赫勒并没有明确阐释个性的含义,但是透过她的相关理论,我们可以对个性加以理解,她所说的个性是与特性相对应的一个范畴,它并不与特性相对立,而是在特性的基础上生成的。个性是个体的核心内容,而个体是指"在自身之中综合了特性的偶然单一性和类的普遍性的人"③。即个体是个人通过对象化的实践活动摆脱自在性,从而自觉地与人的"类本质"保持一致。个体的核心就是个性,如果我们将一个人称之为个体,那就意味着这个人的个性已经形成,所以说,个性的人也特指与"类本质"发展趋向一致的自觉的个人,不仅体现普遍的类本质,同时还保持着自己的特殊性,是普遍和特殊的统一体。同时,"个性的突现(设定同类本质的自觉关系)和个性的发展(持续地同产生于给定社会中的可能性相伴随)应被视作价值"④。

值得注意的是,赫勒在描述个性时,承袭了马克思的传统,强调在特殊性、个别性与人的"类本质"相统一的关系中来理解个性,每一个个性都折射着"类本质",同时,"类本质"也是具体个性的统一。不仅如此,赫勒对个性理解的特殊之处在于,她将个性并不是理解成一个固定不变的已经在"这里"或者"那里"的东西,即它并不是实然的存在,而是逐渐形成并不断变化的动态过程。进而,我们又会有一个疑问:个性如何形成? 对此赫勒的回答便是:真正的**个性是在普遍性范畴下**(under the category of the universal)**生存的**

---

① Agnes Heller, *An Ethics of Personality*, Oxford: Blackwell Publishers Ltd, 1996, p. 179.

② Agnes Heller, *Beyond Justice*, Oxford: Basil Blackwell Ltd, 1987, p. 312.

③ (匈)阿格妮丝·赫勒:《日常生活》,衣俊卿译,重庆:重庆出版社1990年版,第22页。

④ (匈)阿格妮丝·赫勒:《日常生活》,衣俊卿译,重庆:重庆出版社1990年版,第27页。

选择中形成的,除此之外,其他任何选择都无助于个性的形成。所以说,将个性与"生存的选择",特别是与"普遍性范畴下生存的选择"结合起来是赫勒与众不同之处。

一提到"生存的选择",我们自然而然地会想起克尔恺郭尔,无疑,对"选择"以及"生存选择"理论的系统论述主要发端于存在主义思想家克尔恺郭尔。克尔恺郭尔在其假名作品《非此即彼》中提出了著名的"生存三境界说"——审美境界、伦理境界和宗教境界及其选择理论。在从审美境界向伦理境界的跳跃中,他所指的严格意义的选择并不是或者必须审美地活着,或者必须伦理地活着,因为在他看来对前者的选择根本就不是选择,选择主要是与伦理学相关的选择。正如他指出:"从总体上说,选择是一个内在的和严格的伦理学术语。在较严格的意义上,无论哪里存在着'或此或彼'的问题,人们就始终可以肯定它与伦理学有关。唯一绝对的'或此或彼'就是善与恶之间的选择,但这也是绝对伦理学的。"①克尔恺郭尔还认为,只有通过这种选择行为本身,审美者才能够摆脱虚无主义的困扰。同时,在选择中不仅仅蕴涵着人的自由,更意味着个人的责任。正是在克尔恺郭尔"选择"和"生存的选择"理论的基础上,赫勒对"生存的选择"本身作了进一步区分,将之区分为**差异性范畴下**(under the category of the difference)**生存的选择**和**普遍性范畴下生存的选择**。

所谓差异范畴下生存的选择,就是你选择你自己作为从事某种特别事业的人,或者用韦伯的术语,是选择自己作为"这一特别职业的人"。在这种选择中,你选择你自己作为差异的方式生存着,你可以选择自己成为一位艺术家、一位诗人等,通过这种选择,你成为了你所是的。所谓普遍性范畴下生存的选择,完全是一种基本的道德选择,是对道德本身、对好人本身的彻底选择。赫勒指出,"在普遍性范畴下选择我们自己等同于选择我们自己**作为好人**。这是**真正意义上**的道德选择,因为这是对伦理道德的选择"②。也就是说,对道德地选择实质上也是选择我们自己真正的存在方式,而"选择我们自己"意味着命定使我们自己成为我们所是的,即

个性道德与理性秩序

---

① (丹麦)基尔克果:《或此或彼》(下),阎嘉译,北京:华夏出版社 2007 年版,第822～823 页。

② Agnes Heller, *A Philosophy of Morals*, Oxford: Basil Blackwell Ltd, 1990, p. 13.

道德地选择我们自己意味着注定使我们自己成为我们所是的好人。

这两种选择都是将人们的偶然性转化为确定性的生存方式，它们是生存性的选择。之所以这样说，原因在于无论哪种选择，一旦作出，都是不可逆转和不可撤销的，无论对某一特殊职业还是对好人的选择都将伴随人的一生，成为不可逆或不可撤销的过程，一旦逆转或者撤销，人们就会重新陷入偶然性生存状态中。换言之，这两种选择与日常生活中我们经常遇到的理性选择截然不同，在理性选择中，我们可以根据具体情况随时改变我们的选择和行动，随时取消和逆转我们的决定和行动，但是这两种生存的选择却蕴涵持久性特征，一旦选择，将伴随决定者终生。

就这两种生存的选择都蕴涵持续性特征、都将成为自己选择成为的人而言，二者都实现了自己的个性。但是，赫勒却将真正个性的实现与普遍性范畴下生存的选择相结合，因为在她看来，在差异性范畴下进行的生存选择，虽然实现了个性，但却充满了危险，即选择自己从事某一特殊职业的人在自我实现的路途中处处充满了危险。很多时候，因为个人太过于专注自己，忽略了所有的社会关系和规则，会陷入绝对孤独的境地，而这恰恰走向了个性实现的反面，从而消解了个性的所有特征以及个性本身。因此，赫勒将真正的个性与好人结合起来理解，只有好人才真正拥有个性，并能实现个性。

廓清了个性的含义之后，我们也引出了在导言中曾简要描述的个性道德含义，可以把**个性道德**描述为：现代社会中有**个性**的个体以自己特殊的方式行动时，自觉地与同时代各种伦理规则建立起来的实践关系，它是对"异化道德"或"特性道德"的扬弃。赫勒道德理论的个性道德诉求既体现了内容与形式的统一，又体现了特殊性和普遍性的统一、单一性和多样性的统一。

首先，个性道德体现了内容与形式的统一。赫勒所诉求的个性道德在某种意义上继承了尼采诉诸个人道德的路径，但却批判了尼采个人道德中蕴涵的矛盾，从而将尼采的非历史的个人道德转换成具有历史性的个性道德，进而将尼采的纯形式主义的道德转换成内容和形式统一的个性道德。

众所周知，尼采是抵制普遍化、强调绝对个性的一位重要的哲学家,他提出了"视角主义"理论,即无论看待真理还是其他问题都是从绝对的个人角度和立场来看待,而且每一个个人都有自己独特的标准,每个视角都是独一无二的,所有的视角价值上都是平等的,所有的视角之间或者之上并没有一个普遍的评判正误的标准。尼采的这一理论也体现了尼采对生活的姿态:从排除任何普遍性的绝对个人出发,一旦进行选择,则自始至终全身心地跟随着自己情感的声音,跟随着自己的权力意志实现自己的选择和承诺,这也是他提倡的真正有道德的"超人"的生活姿态。当然,赫勒也完全赞同尼采的这一态度,因为这一态度体现了真诚性或者本真性的特征。

但是,赫勒在接受尼采理论中这一本真性姿态的同时,也祛除了其中包含的非历史性以及纯形式主义的极端做法。在赫勒看来,尼采的道德理论中存在着两个矛盾:第一,非历史性和历史性之间的矛盾。刚才我们也谈到,尼采的"视角主义"体现的是个人的一种绝对的态度,这种绝对的态度具有非历史的特征,即它是与历史无关的一种态度,但是,这一理论的承载者——个人却恰恰生活在具体的历史条件中,所以在尼采的道德理论中存在着非历史性与历史性之间的矛盾。而在这一矛盾中孕育着第二个矛盾,即形式与内容的矛盾。

赫勒认为尼采道德理论中的非历史性导致了纯形式主义个人道德的出现,而忽略了其重要的内容,一旦这样,那么人类必将陷入灾难的境地,诸如希特勒主导的"大屠杀"事件的发生。因为在尼采的道德理论中很大的篇幅是对"高贵的人"的阐述,尼采所谓的"高贵的人"是强者,也是有道德的人,那么什么是高贵的人呢?对此,赫勒也进行了分析,尼采所倡导的高贵的人首要的特征就是不断地展现自己的人,典型的高贵的人就是本能和理性同一的人,他是独一无二的人,是一个如此这样的人,同时也是一个优美的人。但问题恰恰出在这里,按照尼采对"高贵的人"的描述,我们也可以说希特勒是一个高贵的人:他将自己塑造成了一个典型的形象,一部艺术品,有姿态的人,他承担了沉重的责任,也把绝对的唯一性带入世界。但是很显然,尼采所说的高贵的人并不是希特勒之类的人。问题出在哪里? 赫勒深刻地指出了问题之所在:"不是艺术家,而是艺术作品(更精确地说,是现代艺术作品)将代表尼采的个性伦理学的模式。高贵的人不仅在词语上而且在行为中必定不断地和'最大多数的人'相矛盾,因为一件完美的艺术品必定完全是新的、不受怀疑的、意想不到的。"①赫勒的这段话隐含着一个问题:应该将道德中包含的美学维度或者应该将美学化的道德放在何种位置? 如果仅仅强调美学维度,并将之无限夸大,那么道德乃至个性道德势必会因失去内容而仅剩下一具空壳,这就无法抑制邪恶的人出现和邪恶事件的发生。

所以,赫勒正是在批判尼采理论里所蕴涵的伦理审美化的主张中,在批判尼采的纯形式主义的个人道德中,形成了自己的内容与形式相统一的个性道德理论。赫勒将美学维度放在了第二位,从而建立了道德第一、美学第二并时刻以道德维度来引导美学及其他维度的个性道德。正如她所说:"我并不否认道德(伦理的)美学的重要性,但是我将在柏拉图意义上,把它归为道德概念本身之后的第二位中。尽管行为的优美以及行动者高贵的性格给行动的善和人们的正当性中增加了一种崇高的维度、一个精美的触点,但是,**什么是有价值的和做了什么**将优先于'谁'(已经做了它),也优先于'如何'(已经做的)。在道德上,内容永远不能被形式完全吸**收掉。"②赫勒的这一观点直接表明了她所要建立的道德理论既保持了本真性特征,又永远将道德内容放在第一位,从而形成了内容与形式统一的道德理论。

其次,个性道德体现了普遍性和特殊性的统一。个性道德的载体是无数以自己方式表现好的"好人",这一载体中内在包含着**选择自己成为好人**和每个好人**以自己独特方式成为"好"**这两者的统一。如果强调每个好人都是**好的**,是在强调普遍性,人们选择自己成为好人这是普遍的,但这并不能使每一个以同样的方式作出选择,因为每一个人都以自己具体的和独特的方式来将偶然性转变成自己的命运,即每个人都以自己独特的方式践行"好",所以,如果强调每个好人自己表现"好"的**独特方式**,则是在强调特殊性,这些不同的表达方式之间相互独立、互不干扰、互不抵消。这就说明了个性道德是以自己特殊的方式践行普遍的好,它是集普遍性

① Agnes Heller, *An Ethics of Personality*, Oxford: Blackwell Publishers Ltd, 1996, p. 81.

② Agnes Heller, *An Ethics of Personality*, Oxford: Blackwell Publishers Ltd, 1996, p. 83.

和特殊性于一身的统一体。

　　除此之外,个性道德还体现了单一性与多样性的统一。之所以说个性道德是单一性与多样性的统一,原因在于个性道德与其他道德之间的区分是相对的,只有与其他道德类型普遍关联时才能够显现它的单一性,同时它又是多样的,因为它内部融合了其他道德的一些特征。

　　在阐明了赫勒的个性道德这一道德理论诉求以及独特性之后,我们有必要区分两对范畴:个性道德与道德个性、个性道德与道德相对主义。

　　首先,个性道德与道德个性之间存在着差别,差别主要在于强调的重点不同。**个性道德**强调的是"道德",体现的是一种关系,是个人与伦理规则之间的关系。随之而来的一个问题便是:个人是怎样的个人;是尚未获得任何自由、自我意识尚未觉醒的个人,还是已经有了某些自由、自我意识正在觉醒但尚未自觉与人的类本质形成关系而经常作恶的特性的个人,抑或是获得某些自由、自我意识正在觉醒而且已经自觉践行类本质的有个性的个人? 个性道德中的个人无疑是最后一种,因而按照个人与伦理规则之间关系的不同,大致可以分为融入到整体中的个人道德、特性道德以及个性道德这几种类型。而个性道德所体现出来的便是拥有个性的个体能**自觉地**与同时代各种伦理规则形成关系,它作为道德的一种类型区别于前两种道德,在前两种道德类型中,个人尽管存在着,但是并没有形成真正的有个性的个人。

　　道德个性强调的是"个性",即强调主动性、创造性和自觉性的个人,道德个性,即赫勒所说的具有肯定的或相对肯定的道德内涵的个体,他们"拥有其他一些并非所有个体都拥有的人本学特征:这些取决于净化能力,以及净化之后个体的发展是否继续,如果继续,又当如何进行。在具有积极的道德的个体的情形中,净化代表了一种间断性,但从长远的观点来看,这一间断性又构成连续性的组成部分(引自《浮士德》)。而在价值内涵为否定性质之处,个体既不具备净化能力,也不会在其中毁灭,尽管在特例中他可以作为

个性道德与理性秩序

新的个性而突现(即是说,他开始重新塑造自己)"①。即在这里,赫勒表明了个性的个人与特性个人之间的差别,个性的个人能够持续性地坚持道德选择和道德行为,而其他类型的人则不具有这种持续性。同时,具有个性的个体能够自觉地将外在的束缚转换成内在的自由,即如果个人成为个体,成为有个性的个人,那么这个人就不再屈从于外在的道德戒律,他可以主动选择遵从外在的道德戒律,而这种选择尽管在很多时候会遭受痛苦,但因为这是个体主动的选择,这一选择意味着外在的束缚转化成了内在的自由,所以,这种外人看来的痛苦对个体本人来说可能不是痛苦。

在某种意义上来说,个性道德和道德个性虽然存在着差别,但两者之间也存在着密切相关、不可分割的联系。前者的载体是后者,后者则以前者为栖居地,即真正的道德不是泛泛地以**个人**为载体,也不是以**特性**为载体,而是以**个性**为载体,反过来,个性只有与通行的各种伦理规则形成自觉的关系中才有意义。所以,赫勒指出,"如果把其价值内涵在道德上是积极的个体作为我们的尺度,那么我们将不得不断言,任何尚未在道德上发展到更高水准,任何缺少具有价值论上积极本性的净化能力的人都不具有个性"②。

其次,个性道德与道德相对主义存在着本质的差别。表面上看来,两者可以说都是"视角主义"的表现方式,即都是以个人为中心,从自己的立场和角度跟随和解释通行的各种规则,以独特的方式去行动,但二者却截然不同。前者虽然以个人的立场为中心,但并不取消所有个人立场具有的普遍性特征,即我们所有的个人都栖居在一个共同的世界或共同的团体中,我们也应该遵守我们共同的普遍的伦理规则,在坚持我们独特性的同时,也坚持了与"类"的统一,在个体和"类"统一关系中来理解个人。但后者却彻底取消了所有视角或立场的普遍性特征,从而也取消了在所有个体中存在的共同普遍的伦理规则,即道德相对主义是将个体独特性绝对化的产物,所以,个性道德与道德相对主义截然不同。正是基于此,赫勒也坚决反对道德相对主义,她在《个性伦理学》中通过约阿

---

① (匈)阿格妮丝·赫勒:《日常生活》,衣俊卿译,重庆:重庆出版社1990年版,第29页。

② (匈)阿格妮丝·赫勒:《日常生活》,衣俊卿译,重庆:重庆出版社1990年版,第29页。

希姆、劳伦斯和维拉(Vear)三人的对话,借助劳伦斯之口指出,"除了在面临绝对的时候,并不存在相对主义,视角主义与相对和绝对的并置没有任何关系。每一个视角代表它自己。从每一个视角来看,都存在不同的世界,但是,这些世界,尽管不同,却都是共享的;在我们能够栖居在一个共同的世界这一意义上说,我们能够彼此理解。从一个视角主义立场来看,真理或者是绝对的,或者是相对的,但是,无论它是绝对的还是相对的,都不依靠总体上的视角主义,而是依靠特别个人具体的视角"①。这段话表明赫勒区分了视角主义和相对主义之间的区别,真正的视角主义与相对主义无关,而是与个性道德密切相关的,既承认独特性,同时也承认普遍性,是两者的统一。

从以上对赫勒道德理论的阐述以及其诉求于个性道德的分析中,我们既看到了她对马克思、克尔恺郭尔、尼采、卢卡奇等思想家理论的继承性,同时也看到了她的独特性所在,具体如下:

赫勒对个性和个性道德的阐述从马克思和恩格斯、卢卡奇的理论中可以寻到踪迹。他们的相同点在于都赋予个性的实现以动态的历史性特征。但赫勒的与众不同之处首先在于,她所谈的个性是与特性相对应的范畴,而马克思和恩格斯所理解的个性是与偶然性相对应的。马克思、恩格斯指出:"个人关系向它的对立面即向纯粹的物的关系的转变,个人自己对个性和偶然性的区分,这正如我们已经指出的,是一个历史过程,它在发展的不同阶段上具有不同的、日益尖锐的和普遍的形式。在现代,物的关系对个人的统治、偶然性对个性的压抑,已具有最尖锐最普遍的形式,这样就给现有的个人提出了十分明确的任务。这种情况向他们提出了这样的任务:确立个人对偶然性和关系的统治,以之代替关系和偶然性对个人的统治。"②即马克思和恩格斯认为,个性以及个性道德的产生应该是人们在现实的社会实践活动中,通过人们控制偶然性关系来完成,当然这里的人们更多地是指生活在阶级中的人们。同样,卢卡奇也继承了马克思和恩格斯的路径,认为对社会主义的伦理改造只能在现实的行动、实践活动中才能进行,而只有作为总

性
道
德
与
理
性
秩
序

① Agnes Heller, *An Ethics of Personality*, Oxford: Blackwell Publishers Ltd, 1996, p. 113.

② 《马克思恩格斯全集》第3卷,北京:人民出版社1960年版,第515页。

体的主体才能从事这种活动,担当这一历史重任,同时这一重任并不是单个的个人能完成的,只有一个阶级才能完成。正如他所说:"只有阶级才能在行动中冲破社会现实,并在这种现实的总体中把它加以改变。因此,从这种观点作出的'批判'是对总体的考察,从而是理论和实践的辩证统一。……无产阶级作为社会思想的主体,一下子打破了无所作为的困境,即由纯规律的宿命论和纯意向的伦理学造成的困境。"①这也意味着具有个性的个体只有汇入到阶级中去才能意识到自己的道德,才能够作为总体的主体进行实践活动。

其次,赫勒与马克思和卢卡奇的不同之处不在于她否认个性的个体与他人、总体之间具有密不可分的关系,而在于个体如何汇入到他人和总体中,即个人以什么样的方式汇入总体。在实现途径上,赫勒与马克思和卢卡奇之间存在着根本的差异:赫勒认为,个性及个性道德的实现应该与个人在普遍性范畴下生存的选择联系起来,而不必非要融入到无产阶级或者整体中去,而马克思和恩格斯则特别看重无产阶级的力量。当然,这种不同与时代背景的转换密切相关,现代社会中随着科技的发展,很多个人已经被整合到科技一体化中去,我们直接能够看到的并不是阶级,而仅仅是一个个孤独的个体,所以赫勒将道德"乌托邦"的希望寄托在了个人身上,希望个人能够在普遍性范畴下进行生存的选择,形成有个性的个人,进而实现全面自由发展的个人这一目标。这一实现途径与马克思和卢卡奇的路径可谓是殊途同归。

总的说来,赫勒以后现代的视角,通过分析道德结构的历史变迁,向我们言明个人从整体中分离出来的趋势日渐明显,与这一趋势的深入发展相对应的是特性的个人与个性的个人之间的区别日益明显,进而便是特性道德和个性道德的区别。无论生活于现代社会中的每个偶然性的人是否承认赫勒的这些阐述,无论人们是否因看到了太多的特性个人和太少的个性个人,进而对道德秩序的重建充满失望,我们都不能否认赫勒所具有的敏锐的洞察力。她不仅看到了很多有个性个人的存在,或者是以各种形态表达

① (匈)卢卡奇:《历史与阶级意识》,杜章智、任立、燕宏远译,北京:商务印书馆1999 年版,第 92~93 页。

"好"的好人存在,而且还从"好人存在"这一前提出发详细地展开了其道德理论,从而在其理论中暗含了后现代视角中的现代道德与个性道德的一致性,这为克服现代性危机,特别是为克服道德危机,重新恢复道德秩序开辟了一条独特的路径。正是基于此,本书的重点将围绕着赫勒所提出的道德哲学的中心问题"好人存在,但好人何以可能存在"这一问题来展开论述,当然这一问题也可以转换成另外一个问题:现代社会中个性道德何以可能? 我们拟从三个方面来揭示个性道德的可能性,也即个性道德的合法性基础,这主要通过第二章、第三章和第四章所谈到的伦理、双重性质的自我反思、自由和责任三个方面来完成这一任务。

第二章 现代社会伦理中多样性的规则:个性道德合法性基础之一

> 艾希曼的辩护律师塞瓦提斯博士在耶路撒冷总结陈词时尖锐地指出:"艾希曼的所作所为是因为:如果他赢了,他将获得勋章;如果他输了,他就得上绞刑架。"
>
> ——转引自鲍曼:《现代性与大屠杀》

赫勒认为,伦理学是世界的条件,没有伦理学,化学物质或者生物可以存在,但是没有伦理学就没有人的世界,人类就不存在或者失去了意义。因为"世界"不完全是无生命和活着的东西的总和,还包括所有这些东西的意义,而这些意义是通过人类组成的,人类是唯一通过意义联结所有其他实体——包括非人类的实体的存在物。然而,意义是通过法则、规则以及不断被沉积下来的风俗、习惯、仪式等来提供的,长此以往,这些习俗、习惯、仪式、规则等就形成了伦理,并不断地规范着人们的言语和行动。这足以说明,无论在何种社会中,各种规则,特别是伦理规则对于社会和生活在其中的人们都具有至关重要的作用。更何况,道德,特别是个性道德中所蕴涵的伦理规则是好人的支撑和引导。因此,现代社会中,无论怎样强调各种伦理及规则对于人的重要作用都不过分。但是,随着社会的发展,各种伦理规则本身及其划分标准都需要在新的条件下作出新的阐释。

第一节 现代社会亟待要求伦理内在规则的变化

赫勒认为,伴随着道德结构的变化,道德本身被区分为强调主体方面的个人道德和强调客体方面的伦理之后,在现代社会中,价值多元化和个性意识的逐渐觉醒也不断推动着伦理本身必须发生变化。现代人变得比以往任何时候都更加自由,他们再也不愿被束缚在某团体或阶层、性别等伦理规则中,而是更愿意以自己的独特方式,以独特行动与通行的伦理规则形成实践关系。在这一变化中,不仅表明现代人在作决定和行动时将面临着更多的选择,而且也表明伦理原来内在包含的某些特殊的规则将会失去往日的权威和效力。因此,这些规则本身必然要发生变化,这一变化首先体现在伦理规则划分依据的变化上,即从按层级的标准过渡到按照领域的方式进行划分,而这也恰恰是赫勒已经敏锐洞察到的变化。

一、重提萨特的选择

萨特在其著作《存在主义是一种人道主义》中为我们展示了他的一个学生在具体的现实行动中面临两难选择的场景。二战期间,这个学生的哥哥在德军进攻时阵亡,他打算替哥哥报仇,想要去参加法国军队,而他父亲打算同占领法国的纳粹德军合作,他的母亲和这个学生住在一起,她对于自己丈夫的行径以及失去长子的事情感到极端痛苦,现在唯一的安慰就在这个年轻的小儿子身上,而她的小儿子却要去参军。此时,这个学生就面临着一个抉择:或者和母亲在一起使她坚强地活下去,或者去参军为哥哥报仇。他完全知道他的母亲是为了他而活着,如果他去参加了军队,那么有可能阵亡,进而他母亲将再一次遭到毁灭性的打击。那么在面临两种同样有效的道德价值时该如何选择呢?

萨特将这一问题抛给了人们,同时这一问题也生动地表达了现代人的生活境遇。现代人是未定型的,他们无所依靠,只能在现实的具体行动中通过自由的选择确证自己,寻求自己的精神家园,正如萨特用"存在主义者"这一词汇描述很多现代人的这种特征时所说的那样,"存在主义者不相信热情有什么力量。他从不把伟大的热情看作是一种毁灭性的洪流,能够像命运一样把人卷进一系列的行动,从而把这些行动归之于热情的推动。存在主义者也不相信人在地球上能找到什么天降的标志为他指明方向;因为他认为人对这些标志愿意怎样解释就怎样解释。他认为任何人,没有任何支持或者帮助,却逼得要随时随刻发明人。……但是在目前,他却是无依无靠的"①。这不仅揭示了现代人时时处于选择的自由中,即便是你无动于衷、不作任何选择,但事实上你也在作着选择,而且也揭示了现代社会伦理内含的规则也向多样化方向发展。随着伦理价值多样化的发展,人们面临的选择不再仅仅停留在"非此即彼"这一简单层面上,而是面临着"亦此亦彼"的选择,那么现代人在具体行动中面临同样价值的道德选择时到底该如何作决断呢? 对此,萨特并没有明示现代人。

与萨特不提供任何特定的道德规则不同,赫勒强调提供一些道德规则具有重要的作用。她认为每一个决定、每一项行动都是不同程度的冒险或者是道德冒险活动,对现代社会中生活的人们尤其是这样。因为我们并不知道决定和行动过后等待我们的将是什么,所以面对这种不能消除的道德冒险现状,一个人为了减少冒险活动,最好是参照规范的理念、方向性的原则等。人们之所以这样做,并不是为了绝对服从这些绝对律令和原则,而是为了从积累起来的经验中得到一些建议,同时又不感到有强制的成分。正是在这种想法的基础上,赫勒通过重新阐释多种道德规则的含义和作用,为现代人提供了各种方向性的、指导性的道德准则和法则,道德原则和道德格言。各种道德规则的提出不仅为人们具体的行动提供了可以依赖的"拐杖",而且也在某种程度上解决了萨特提出来的现代问题。

尽管赫勒与萨特的理论有很大的不同,但是二者有一点是一致的,即其伦理内含的规则产生和个人的行动都涉及个人的创造活动,都打上了个人的烙印。萨特认为,拿那个学生的例子来说,我们无法预先决定应当做些什么,"不管他乞助于任何道德体系,康德的或者任何一个人的体系,他都找不到一点点可以作为向导

---

① (法)让-保罗·萨特:《存在主义是一种人道主义》,周煦良、汤永宽译,上海:上海译文出版社 1988 年版,第 13 页。

的东西;他只有自己发明一法。……人是自己造就的;他不是做现成的;他通过自己的道德选择造就自己,而且他不能不作出一种道德选择,这就是环境对他的压力。我们只能联系人的承担责任来解释他,所以责备我们在选择上不负责任是荒谬的"①。而赫勒虽然列出了各种道德规则等来为人们的行动指导方向,但是赫勒却指出,由于每个人具体的行动是异质的,不能够完全教条地对照和遵守各种规则,所以说在具体的情境中,个人还要按照自己的方式来表现道德。

一旦谈到道德规则,人们很容易想起康德的先验的绝对律令或绝对法则,但是赫勒是在一种非康德意义上提出了道德规则、规范、格言以及它们在现代社会中所扮演的重要角色。赫勒在阐述自己的道德规则与康德的道德律差异之前,她首先认同了康德绝对道德律的意义,并给予康德的绝对律令以很高的评价,这从她在《道德哲学》中所说的一段话中可以看出,"因此,我们回到康德,尽管根据完全不同的本体论。绝对律令(以及所有的它后来的变量)是赋予**绝对**评判标准资格的公式。任何行动的格言,任何职责都能够被这一公式所检查和检验。这是简单而又容易应用的。康德宣称一个十岁的孩子已完全理解了绝对律令,他是对的。绝对律令,或者一些其他与之相似的普遍格言,是现代人需要依赖的拐杖,如果他们'现在'在普遍的范畴生存地选择了他们自己。除非他们触摸到这样的拐杖,否则他们将被暴露在外部力量的威胁之下。并且就不幸的命运而言,他们将犯致命的错误。今天,已经生存地选择他们自己的偶然性的人也选择将他们自己作为暴露在某一道德冲突和冲撞中的人;但是除非他们使用一个普遍的拐杖作为评判标准,否则他们不会发现走出这些道德冲突和冲撞的正确之路。对于康德(和使用所有类似哲学概念的哲学家)来说,道德律令或者它的等同物是极为明显的道德律(the moral law writ large),它是敬畏的客体,因为它代表比所有个体的、可感的、被激情驾驭的、被利益驾驶的东西更高的存在,正如它确实就是的。而且律令有双重意义,它作为公正的律令是义务和无条件的联结,并

---

① (法)让-保罗·萨特:《存在主义是一种人道主义》,周煦良、汤永宽译,上海:上海译文出版社1988年版,第25~26页。

且它作为自然律决定着我们"①。尽管赫勒非常赞同康德的绝对律令,但是她与康德却走了完全不同的路径。具体来说,两者的主要区别在于:康德在先验的领域中确定了道德律,先验的道德律令高于经验中的任何个别的规范,它是每一个个人所敬畏的目标。而赫勒则将之从先验的领域拉回到经验的领域中,她立足于现代社会中的好人本身,立足于好人之间的交流,为各种道德规则寻求其形成和存在的合理性基础。也就是说,尽管赫勒对伦理所包含的规则阐述中不乏有一般的、抽象的规则,但它们都来源于经验的、具体的好人以及他们的行动表现的各种规范。正如她所说:"我不用普遍的格言开始我的讨论;而是,我选择跟随正当人的生活方式。正当的人,像我们中的其他人,在日常生活中开始他们的生活。更精确地,他们将首先在基本的日常生活决定中区分正确和错误。"②在这里,赫勒立足于日常生活中正当的好人,表明正确的规则主要来源于好人之间的交流和他们行动的标准,这一视角的转换,将道德规则的来源从康德的先验知识领域拉回到经验日常生活领域。

这一主要区别也决定了两者之间的另一个区别,即针对的对象和范围不同。康德提出的坚固的道德律令针对所有人、强调所有场合都适用,尽管事实上并不是所有人都能够遵从这一律令,即便是所有人遵从这一律令,但也并不能够在所有场合都严格执行,特别是在复杂的现代社会中,完全遵循这一律令更不可能,仅仅是那些正当的人,想要寻求"做什么事情是正确的"这一问题答案的人才会求助于康德的道德律,但仅仅遵从康德提出的"绝对律令"对好人来说远远不够。因为随着价值多元化的发展,人们在具体行动中面临的选择也会增多,当人们面临着两种或者两种以上道德选择时,如果仅仅以无条件的律令为标准,就可能与具体的道德格言或者规则相冲突,所以康德的道德律令存在着一些不足。那么如何解决二者之间的矛盾?对于现代人来说应该如何行动?赫勒认为在具体情境下,我们可以在不违背道德格言的前提下灵活的行动,而不一定非要完全遵从道德律令。如她所说:"康德的道

---

① Agnes Heller, *A Philosophy of Morals*, Oxford:Basil Blackwell Ltd,1990,p. 35.

② Agnes Heller, *A Philosophy of Morals*, Oxford:Basil Blackwell Ltd,1990,p. 39.

德律令模式是一个作为拐杖的很好的模式,但是也存在着其他的尽管不太坚固,但可以替代的拐杖。"①正是针对康德提出的"绝对律令"在现实实践中的不足,赫勒提出在康德的绝对律令之外应该有新的规范划分方式,应该有很多方向性的道德原则。同时,赫勒所提出的多种道德规则从另一个角度证明了"好人何以可能存在"以及个性道德的合法性问题。

二、从层级到领域:伦理内含的规则划分依据的变化

赫勒认为,随着社会的发展,道德结构已经发生了深刻的变化,与此相对应,支撑"好人"行动的伦理规则划分不应再与等级、性别相连,而应该采取新的划分方式。对此,她首先接受了卢曼关于传统社会与后传统社会的区别。卢曼认为,传统社会的伦理是以劳动的层级划分为特征的,即一个人在某集团或阶级中所处的位置决定了这个人所承担的社会功能;而后传统社会则是以劳动的功能划分为特征的,一个人在社会中所承担的功能决定了这个人在社会层级中的位置。同时,在传统社会中,劳动的性别优先于社会的层级划分,即男性比女性扮演更重要的角色,相对比而言,现代社会中劳动功能划分的标准则暗含着性别在这一划分中的地位的降低,即在现代社会中,如果女性在社会中扮演着很重要的角色,那么她在社会中的位置并不低于男性。

赫勒在此基础上立足于现代社会进一步阐释和修正了卢曼对传统社会和后传统社会所持有的观点。她指出:"在传统社会中,道德规范、美德和规则既沿着层级,又在每一层级内部的两种性别之间进行划分。最崇高的美德和规范调节着较高社会阶层或阶层间的行为。较高阶层(或阶层间)的美德和规范被**称为**最高级的和最好的,**因为**他们是较高阶层的美德和规范,是居于统治地位的美德和规范。"②而且,所有层级社会中,伦理划分的一般规则是:最高层的习俗(mores)与"崇高"或者"高贵"相连接,较低层的习俗则与"粗鲁"相联系。所以说,传统社会中"主人 - 奴隶的辩证法"在道德层级中特别重要。但是,一般说来,正义感(道德感的细分)在较

---

① Agnes Heller, *A Philosophy of Morals*, Oxford: Basil Blackwell Ltd, 1990, p. 35.

② Agnes Heller, *General Ethics*, Oxford: Basil Blackwell Ltd, 1988, p. 146.

低层更为发达,这种正义感在社会出现危机时能够成为社会变化、道德模式变化的催化剂。在这种情况下,某一被精英阶层归结为较低层的美德将通过解放的行为获得崇高的地位,因为低层人们可以通过选择自己这一姿态的解放行为,将一种新美德的类型层级放入到世界。

由此,赫勒认为很多思想家(如卢曼)提出的"层级社会"虽然贴切,但是在当今社会中,随着全球一体化的深入进行以及正义感的不断发展,原有的劳动的道德划分模式和方法可能会模糊某些重要的差别。赫勒指出:"在层级社会中,道德(morals)具有双面现象:一方面,劳动的道德划分表达、加强劳动的社会和性别划分,并且使之合法化,道德是一种统治的工具;另一方面,正义(一种特殊的道德感)提供了拒绝和反叛的意象工具。进而,遵守道德规范和规则可能会高尚也可能会蒙羞,可能压抑任性的激情也可能压抑良好平衡的希望,可能发展个性也可能粉碎个性,可能导致心甘情愿地接受不良生活或者过一种真正的良好生活。正是在这里,个人与已经给定的恰当行为的规范和规则之间的关系被认为是极其重要的。"①换句话说,一方面,现代社会与传统社会相比较而言,不同地域、民族、阶层之间已经打破自身的界限,彼此之间的交往越来越紧密,这已经成为不可阻挡的趋势,如果现在仍然采用层级划分的方式,那不仅交往将变得不可能,而且也与社会发展趋势相悖而行。为了使交往的平等成为可能,为了防止某一层级打着"普世主义"的幌子而将自己的伦理规则凌驾于总体之上,必然要求一些共同的新的道德规范来比较和评价不同层级成员的行为。另一方面,正义感在现代社会中的发展意味着站在个人道德角度的人们能够以一定的方式来质疑甚至拒绝道德层级,朝着这一方向努力的决定性要素是实践理性(良心)在人类行动的判断中成为主要的仲裁者。以上的变化标志着传统社会按照层级进行的道德划分已经进入了衰败阶段,开始转向了新的划分模式,尽管这一转变需要漫长的时间。

为了适应现代社会中人们个性的觉醒,为了确定一些共同的伦理规则给人们的行动以指导,赫勒提出应该采取一种新的标准,

---

① Agnes Heller, *General Ethics*, Oxford: Basil Blackwell Ltd, 1988, p. 147.

即按照领域的方式来划分道德规则。她认为,所有人类社会基本存在着三个领域:自在的对象化领域(the sphere of objectivation-in-itself)、自为的对象化领域(the sphere of objectivation-for-itself)以及自在自为的对象化领域(the sphere of objectivation-in-for-itself)。具体来说,自在的对象化领域(日常生活领域)中的规范和规则是异质性的,是由普通的语言规则、行为的规范和规则以及使用客体的、特别是人造客体的规则组成。尽管这三种因素是相互交织的,但是它们的规则并不完全结合。自为的对象化领域比第一个领域更高一些,具有同质化的特征。它可以被称做更广泛意义上"宗教的领域",这一领域包括了有创造性的事物、生产性的实践、理论沉思的模式、神秘知识的获得、宏大叙事等过程。正如赫勒所说:"这个领域的功能是给自在的领域提供意义。然而,这一功能并不会详尽阐述这个领域的运行。它能够并且吸收创造出来的主体的剩余,而这并不适合自在生活领域世界。此外,它也能够储存**文化剩余**以及**认知性的剩余**——换句话说,储存没能在给定世界中使用和贯彻的行为图式和知识的形式。如果没有文化的和认知性的剩余的积累为前提,那么道德**结构**的第一次巨变就不能被解释。"①自在自为的对象化领域则包括政治的、法律的、再生的和其他的制度等,这三个领域共同构成人类世界,而且各自都由一定的规范和规则构成。赫勒还指出:"日常生活的领域不能够经历进一步的区分,它仅仅能够被削弱。然而,自为的领域能够被——并且实际上已经被——进一步细分(分成美学、宗教、科学和哲学的分领域),自在自为的领域同样如此,它已经被细分为经济和政治的领域。人们也能够区分法律的领域。但是,无论怎么强调道德**并不构成一个单独的领域**都不过分。"②

　　以上各个领域以及内部诸要素之间都有自己独特的伦理规则,这些伦理规则之间是平等的关系,为了使各个领域之间能够正常交往,赫勒在此基础上又提出并强调了现代社会中所有领域都应该遵循着"最低限度的精神"(the minimum ethos),即共同的精神,这一共同精神使得各个领域之间平等、合理的交往成为可能。

个性道德与理性秩序

① Agnes Heller, *General Ethics*, Oxford:Basil Blackwell Ltd,1988,p. 36.
② Agnes Heller, *General Ethics*, Oxford:Basil Blackwell Ltd,1988,p. 155.

她认为,无论道德按照怎样的领域划分,"**所有领域的**规范和规则都同时是**伦理**的规范和规则:也就是说,它们都被认为是道德的,或至少都涉及一个很强的道德方面。在所有领域中,人类的实践因此都服从于伦理的判断。简而言之,所有的领域都包含一种**共同的精神**(a common ethos)"①。换句话说,赫勒强调的最低限度的精神,或者是各个领域的规范遵循的共同精神是指,各个领域的规则都应互相尊重,尊重其他领域及其规则的与自身的差异性,时刻注意自己的界限,保持着一定的距离,一个领域不应该僭越自己的界限使另一个领域服从自己的规范。

　　赫勒对伦理内在的规则依据的变化的细致阐述,对各个领域应该遵循"最低限度精神"的强调来自对现实两种状况的深刻反思。首先,对苏联出现的极权主义模式的反思。这种模式最大的错误在于:其自在自为领域的一个分支——政治领域——从上一级领域中独立出来并极度膨胀,导致自身规范越过了应保持的界限,侵蚀了所有领域应该保持的"最低限度的精神",进而操控了所有领域,这必然导致其他领域向着边缘化或弱化的方向发展。无可否认,虽然在一定时期内各个领域的规范因为被边缘化或消失而会出现各种各样的危机以及社会弊病,但是,如果政治这一分支领域能够保持自身良好的运转状态,那么这种危机就将会保持在局部范围内,而不会导致社会的总体危机,相反,一旦政治领域本身不能保持自身的良好运转,那么社会总体危机将会不可避免地发生。在现代社会,我们应该时刻警惕这种危险,因为类似情况非但没有消失,反而有着潜在的强大力量。其次,她对现代科技的发展进行了深刻的反思。现代社会之所以会出现科技愈发达、人们的精神生活愈贫乏的状况,其深刻根源在于,作为"自为领域"细化产物之一的科技并没有全面实现其为人类造福的目标,即尽管从个人道德的角度来说,日常生活并不缺乏意义,但是如果科学这一细化的领域继续扩大它的统治力量和范围,那么将会使日常生活的意义变得贫乏,因为科学本身并不产生人生存的意义。所以说,赫勒提出按新的标准划分伦理规范以及各个领域应该遵循最低限度的精神有着很重要的现实意义,不仅是防止人类再次步入邪恶

第二章　现代社会伦理中多样性的规则:个性道德合法性基础之一

71

---

① Agnes Heller, *General Ethics*, Oxford: Basil Blackwell Ltd, 1988, p. 148.

的灾难中,而且表明随着人们地位的平等,各个领域中都可以存在着"好人",而不像传统社会所主张的那样,"好人"仅仅与较高层团体相关。

第二节　历史文化中生成的各种道德规则

为使前面的讨论和思考能够更深入地进行,还必须进一步表明随着历史文化的发展以及道德结构的深刻变化,伦理内含的规则本身也发生了变化,它不再仅仅包含具体的规范和习惯,同时也包含着抽象规范、价值规范和抽象价值,即抽象规范从具体规范中渐渐分离出来,使得这两方面相互交织,并且产生张力。与此同时,当今并不存在单一的道德律令和规则,而且存在着方向性的道德原则、给予和接受相互作用的原则、方向性的道德原则和道德格言等,这些多样的方向性规则共同为现代人的言行提供了指导。

一、道德结构变化要求对伦理内含的规则重新阐释

赫勒归纳了迄今为止道德结构发生的两次变化,而且现在道德结构正在经历着第二次变化。实质上,赫勒已经表明,在道德结构第一次变化前,已经出现了抽象规范从具体规范中分离出来的迹象,这就意味着要重新解释伦理内含的规则。因为在传统社会中,由于各个集团之间的人们交往比较少,导致每个集体之间都有自己的规则,集体内的每个成员都必须遵从本集团的各项规则,个人以自认为善的目的(道德理由)去违背任何具体的规范和规则几乎是不可能的。而随着人们之间、集团之间交往的普遍发展,使得原来各自集团内部的规则产生了交流和碰撞,为了使人们能够顺利和融洽地交往,就需要有一种更加抽象的规范指引所有参与进来的人们的言行,如此一来,新的抽象规范自然而然地就会出现。而且当个人逐渐从群体中分化出来之后,他们有了一定的自主性,这就意味着个人有时可以以抽象的或者以自认为正确的道德规范重新解释现行的具体规范,这也导致某些人从这一重新解释的规范出发拒绝现行的具体规范现象。所以说,正是随着个人意识的觉醒、人们之间交往的扩大化和普遍化,原有的伦理规则本身才会发生变化。

赫勒为了说明道德结构的第一次变化,区分了绝对经验普遍性和相对经验普遍性(绝对历史普遍性)的伦理规则。所谓绝对经验普遍性,是指就伦理规则来说,仅仅在内容上或者仅仅形式的普遍性;而相对经验普遍性,则由抽象规范、美德规范与抽象价值共同构成的混合的普遍性,因这些规则都具有历史性特征,所以,它也被称为绝对历史普遍性,或者被称为混合的普遍性,正如赫勒所说:“混合的普遍性(一方面是抽象的规范和德性规范,另一方面是抽象的价值)可以被称为**相对经验的普遍性**或者**绝对历史的普遍性**。”①正是以此为基础,道德结构才发生了第一次变化。

　　同样,我们现在更是处在伦理规则不断变化的阶段,因为现代人比以往更加自由,而且人们之间的交流也在广度和深度上不断地发展,我们正在经历的是道德内部的伦理规则正在不断地发生分化。从某种意义上说,现代社会中伦理规则的不断细化和多样化来源于人们之间的不断交往和交流。因为双重偶然性存在的现代人在其成长过程中,为了寻求确定性的存在,总是会向其他偶然性存在的人询问“做什么事情对我来说是正确的”这一问题,正是在这种相互询问和交流中,彼此能够分享和建立一些共同的规则、价值以及对这些价值、规则的解释,而且只有在这种条件下,人们才能够以一种彼此都认为好的和正确的方式共同行动,同时这种行动并不触犯任何一个人关于“好”和“正确”的具体理念。除此之外,人们共同拥有的价值和规则仅仅起到引导性和方向性的作用,它们并不限制和束缚每个人具体的行动。所以赫勒也说:“人们之间的关系越强,他们拥有的共同规范就越多,并且对于给建议和接受建议的人越简单。……然而,我们知道如果我们躲避参与到一个更广阔范围中去,我们将不能够成为正当的人。**因此,如果我们参与到如此一种广阔规模的行动中,就一定要试图弄清楚我们能够依赖哪种规范**。”②可以看出,现代人不断交往的重要性。而且,随着现代人的相互交往和联系的不断增多,当彼此都寻求对方建议时,原有的伦理规则正在发生细化,这也是我们正在经历的道德结构的第二次变化。

---

① Agnes Heller, *General Ethics*, Oxford: Basil Blackwell Ltd, 1988, p. 46.

② Agnes Heller, *A Philosophy of Morals*, Oxford: Basil Blackwell Ltd, 1990, p. 34.

对于道德结构的不断变化,赫勒持着赞同的态度,她希望人们能够广泛与他人交往和交流,因为这是尽量避免做错事,成为"好人"的最好办法。当然,在交流中人们不可避免要受到一些伤害,但任何人只要是作为人,作为现代人存在,就不能躲避与他人交流,否则人们就无法生存在这个世界上。所以,赫勒告诉我们,不要期待不和任何人接触就能够避免受伤害,因为人们越不与其他人接触,人们就越敏感,那么就越容易受伤害。而且,赫勒也表明人们之间、好人之间是彼此需要的,正如她所说:"好人需要其他的男男女女。正如我已重复强调的那样,他们需要他人的良好建议,但是其他的好人也需要**好人**,而且其他的人首要的是需要好人。并且,以一种相似的方式,正当的人被其他人需要,其他的人需要他们的建议,但是,重要的是,他们需要**正当的人**。没有什么比一个好的、正当的、诚实的人更被需要——不是因为好人有好心(通常,他们根本没有一颗特别好的心),而是因为他们需要面向他人,因为他们是'社交的社会性'(**社会的社会性**)的体现者。"①从赫勒的阐述中,可以看出赫勒赞同现代人之间的不断交流,赞同与好人之间的交流,唯有如此,人们才能够寻求到良好的建议。与此同时,现代人仍然需要道德以及伦理规则,这是引导人们以及好人尽量避免犯错误的最好方法。

总之,正是道德结构的这两次变化,赫勒才将伦理道德理解为客体的伦理和主体的道德的统一,而且她又进一步描述了个人道德,即伦理内部"具体和抽象规范之间、具体和抽象价值之间、仪式的行为和美德的规范之间的同一性和非同一性的同一被显示,**并且通过个人与适当行为**(proper conduct)**的规范和规则的关系而变得有意识。我把这种个人与伦理的关系称之为个人道德**"②。换句话说,道德结构的两次变化将伦理和个人道德统一的状况区别开来,不仅如此,其中伦理内含的规则尽管仍然在特定的时代具有普遍性的特征,仍然能够对同时代的人具有约束性的作用,但是它内在的规则已经向多样化方向发展,它的作用也在发生着变化:由原来的对人们严格束缚向现在的对人们引导转变。伦理内含的各种

个性道德与理性秩序

① Agnes Heller, *A Philosophy of Morals*, Oxford: Basil Blackwell Ltd, 1990, p. 41.
② Agnes Heller, *General Ethics*, Oxford: Basil Blackwell Ltd, 1988, p. 48.

规则的转变看上去可能松散了很多,其自身的力量也被削弱很多,但这并不表明它不存在或者没有力量,无论任何时候它的存在对人们,特别是对同时代的无数个性已经形成的"好人"都有着普遍有效性。

二、多样性道德规则:个性道德的外在合法性基础

赫勒对现代道德规则进行了新的划分之后,又细致地论述了现代社会中存在的多种具体道德规则,并强调这些具体道德规则对于个性道德和"好人"具有至关重要的作用,它们是"好人存在"以及个性道德得以展开的合法性基础之一,即各项具体和抽象的规范、规则、原则、格言等能够给好人的行为提供依据和支撑。因此,赫勒在其著作中用了大量篇幅阐述道德规则问题,这些道德规则包括道德规范和规则、给予与接受相互作用的原则、普遍的方向性道德原则和道德格言。

(一)道德规范和规则

赫勒首先区分了道德规范和规则。她指出:"规范的应用不允许有操作的空间,即使有,空间量也会非常小。如果在事例 X 中,你做了 Y,那么每一次出现类似事例 X 时,你都不能考虑做 Z 而做 Y,否则将侵犯相关的规则。"[1]例如,人们过马路遵循红绿灯,这一交通规则就形象说明了规则应用的例子。而规范的应用不同于规则的应用,"规范是人们既不**完全**服从,也不**完全**侵犯,而是可以不同程度地依照规定、指令行事。然而,规范的应用却存在一个**临界点**,一旦被超越,规范就被完全侵犯"[2]。也就是说,无论在什么时候,规范的应用比规则的应用允许有更大的空间来加以思考、判断、选择,等等。

赫勒强调,无论规范还是规则,都可以是命令式的,如果一项规范或规则规定了社会群体中的每一个人必须做这件事,而弃绝做另一件事,那么它是命令式的,命令式的规范和规则是无条件的。遵守这样的规范和规则与"如果—那么"公式无关。赫勒举例说明了命令式的规则,例如,"记住要在安息日保持虔诚。前六天

---

① Agnes Heller, *General Ethics*, Oxford: Basil Blackwell Ltd, 1988, p. 32.

② Agnes Heller, *General Ethics*, Oxford: Basil Blackwell Ltd, 1988, p. 33.

你可以劳动,做所有你的工作,但第七天必须休息。你、你的子女、你的男女仆人、你的动物或者和你居住的邻人都不能工作"。这是一个规则,而且要求人们毫无条件地遵循,因为它完全规定了你应该做什么、不应该做什么以及你应该怎么做它。再例如,"尊重你的父母亲",这是命令式规范的例子,因为这条戒律虽然规定了你要尊重他们,但是并没有具体规定你将如何尊重他们,相应地,你可以思考在哪一程度上来尊敬他们。

　　除此之外,规范和规则也可以是希求式的。所谓希求式的规范和规则,"并不规定**每一个人**应该做什么或者应该禁止做什么,而是规定**如果**一个人已经选择做这件事或者那件事以后,那么一个人应该**如何**行动(一个人应做什么)"①。这里赫勒引用了《圣经》中的例子:当一个人掀开或者挖一个水槽后而没有盖上盖儿,如果一头牛或者驴掉了进去,那么水槽的主人必须通过归还动物的主人与动物相当价值的东西,然而,死去的动物,他可以保留。一旦人们违背这些道德规范和规则就会受到惩罚,惩罚方式可以分为:自我惩罚和违背者要求的惩罚。但无论如何,遵守任何规范和规则都是正确的行为,与之相反,违背、侵犯任何的规范和规则是不正确的行为,无论违背之后所受到的惩罚是要求的还是自我惩罚的,是轻的还是重的。

　　更重要的是,赫勒还将规范和规则与价值连接起来。她认为,规范和规则在内部以及在它们之间的区分都将贯穿着价值方向的范畴及其差别。她将价值方向的各种范畴分为不同的层级:根本的范畴和第二位的范畴。根本的范畴就是好/坏的区分。所谓的好就是遵守规则,反之就是坏,正如她指出:"遵守规则'都是正确的',违背规则'都是错误的'。'都是正确的'意味着'好的','都是错误的'意味着'坏的'。"②价值方向的这一根本范畴与各种规范和规则紧密联系起来,它既在经验上也在逻辑上具有普遍性的特色,因为人们栖居在好坏的世界中,而不可能栖居在其他的世界中。价值方向的第二位范畴是根本范畴的细化,即神圣的/世俗的、善的/恶的、正确的/错误的、真实的/错误的、有用的/有害的、

　　① Agnes Heller, *General Ethics*, Oxford: Basil Blackwell Ltd, 1988, p. 34.
　　② Agnes Heller, *General Ethics*, Oxford: Basil Blackwell Ltd, 1988, p. 31.

个性道德与理性秩序

正确的/不正确的、优美的/丑陋的、愉快的/不愉快的等范畴,遵守前者则被认为是好的,反之,则被认为是坏的。

不仅如此,赫勒还进一步确立了现代社会中存在的一条重要原则:"善优先",即在价值方向的第二位范畴的层级中,"善/恶"这对范畴位于这一层级的顶端。如果在各种规范和规则之间出现冲突的时候,优先选择善。这条原则的确立是为了从根本上区分两种人:好人与其他人的差别。其他人并不自然地等同于好人,坏人和缺乏思考的人也可以严格地遵守各项规范和规则,特别是现代社会中,当人们被逐渐纳入到技术一体化中时,二者之间的差异日渐凸现,现代社会中出现了更多缺乏思考能力而仅仅遵从规则的行为者,如阿伦特分析的艾希曼这个人物,就是一个很好的服从规则而缺少思考能力的人,即这个人在服从规则的时候没有思考规则是否是善这一问题,从而走上了与"好人"相反的道路。相反,如果一个理性的行为者(在价值方向的不同范畴之间有能力进行区分的个人)能将价值方向第二位范畴中的"善/恶"放在优先考虑的位置,能够时刻记住"善优先"的原则,那么好人便呈现出来。

(二)给予与接受相互作用的原则

赫勒在其道德理论中还特别阐明了与美德和邪恶、正义和非正义相关的道德规范,即给予与接受相互作用的原则。这一规范并不是仅仅起指导作用的方向性的道德原则,它不仅仅是好公民应该遵循的规范,更是个性道德也是好人必须遵从的前提,正如她指出:"由于相互作用的原则,许多德性和邪恶都被具体化了。当守财奴应该给予的时候,他们并不给予;忘恩负义者只是接受但不回报——或者,更糟的是,以恶报善。慷慨者大量地给予,而不期待同等地回报;感激者给予的比他们接受的多,或者至少比那更多。诚实和不诚实也与给予和接受的行为密切相关,正义亦如此。"[1]

当然,这一规范又可以分为两种类型:对称性的相互作用原则(symmetric reciprocity)和非对称性的相互作用原则(asymmetric reciprocity)。所谓对称与否,并不是指社会的(人们所使用的方法以及人们的位置)平等与否,而是指能否对个人之间平等地位或立场

---

① Agnes Heller, *A Philosophy of Morals*, Oxford:Basil Blackwell Ltd,1990,p. 54.

的相互承认。对此,赫勒指出:"即便不是最基本的,但也是最基本的伦理规范之一是**相互作用的原则比非相互作用的原则更可取。如果你拿一些东西,那么你也应该给予一些东西。在所有社会安排的框架内都是如此,没有例外。**"①即这一道德规范与正义的社会和社会中正义的事情密切相关,它的存在是所有正义社会存在的前提之一。

正是因为在一个社会中,所有正义的事情都涉及给予和接受的行为,并且它们中的大部分实际上都是类似的事情,所以给予和接受的模式应该被全面规定。赫勒认为,给予和接受相互作用的原则看上去只是由"给予者"和"接受者"组成,但实际上这两方都不能够直接面对对方,中间必须有一系列的中介将两者连接起来。因此,正义社会中这一关系总是涉及三方,其中连接"给予者"和"接受者"之间的规则本身能够被看做是第三方,即正义是由三部分组成。而由给予者、接受者和规则这三方组成的关系本身则是赫勒所说的静态正义,静态正义及其内部要素是动态正义的基础。赫勒认为,一个正义的社会能够给更多好人的存在提供一个良好而自由的环境,现代社会中,由于个人不断从整体中解放出来,我们每个人都有权在善的意愿下质疑社会中的旧规则和法则,正是在这种挑战和选择中,体现了人们的自由,这不仅仅是一个好公民的职责,同时也是好人的前提,因为好人必然有责任保存社会中的美德,所以,这一质疑现存各种规则程度的大小不仅表明规则本身在不断变化着,同时也表明社会的正义与否,这就是赫勒所理解的动态正义。

赫勒如此强调给予－接受相互关系以及动态正义的重要性的原因在于,她力图从另一个角度来说明人为灾难产生的根源。赫勒认为,一旦给予和接受之间的相互作用被中断,即要么仅仅一方给予,而另一方毫无思考地被动接受;要么其中一方依靠强力推行自己的想法,而另一方没有反抗的余地,就意味着静态正义出现了中断、动态正义出现了停滞,进而容易导致不道德或非正义事情的发生,如果这种情况走入极端,"大屠杀"和极权主义的悲剧就不容易避免。正如赫勒指出:"相互作用的原则在所有的非正义和非感

个性道德与理性秩序

---

① Agnes Heller, *A Philosophy of Morals*, Oxford: Basil Blackwell Ltd, 1990, p. 53.

激的事件中(无论后者是否也是非正义的行为)都被打断(尽管也存在着关系)。打断给予-接受相互作用的原则或者有目的地打断这样相互作用的关系都是一种冒犯,除非是报应以及相互作用的种类和关系是非正义的或道德上邪恶的情况下,打断给予-接受相互作用的原则才不是冒犯。"①

　　正是基于对邪恶事件发生根源的全面思考,赫勒又进一步提出了给予和接受关系相互作用的一般规范和具体规范。一般规范就是:"除了应得的惩罚之外,不要主动打断给予和接受的相互作用关系,除非相互作用的种类和/或关系或者是非正义的或者在道德上是邪恶的。"②除此之外,给予和接受相互作用的具体规范是:"在日常生活中在你所有的给予和接受行为中,坚定地遵循对称性的相互作用原则,除非道德格言要求遵循其他原则。"③这两条规范的提出,是为了保证社会更加公平,有效避免邪恶的发生。同时,赫勒所提出的这几条规范是道德规范,但却不是方向性的道德原则。因为它们对人们不仅仅起引导作用,而且严格规定了人们该做什么、禁止做什么,这是"好人"必须要遵守的道德规范。对于其他人来说,如果遵守了这一规范,那么就可以成为"好人",否则,仍然不能避免自己通常会走到"邪恶人"的行列中。

　　尽管赫勒特别强调了"给予-接受相互作用原则"的重要性,但对于在给予和接受的相互作用关系中,如何给予、如何接受等细节问题上,她只是告诉我们一点:我们应该听从日常智慧(daily wisdom)的建议,尽管一个人并不必然跟随它。日常智慧首先建议我们无论在给予还是接受上要慎重,现实生活中人们总是在给予之前先是许诺,赫勒建议人们不要盲目而冲动地轻易许诺,因为正当的人不会这样轻率,特别涉及重大的问题时一定要谨慎地思考,一旦作出许诺就要兑现。其次,日常智慧建议,如果我们并不确定他人具有良好的品性,那就不要直接接受别人的给予,最好等待并且看意味着什么,或者考虑一下是否在给予背后隐藏着工具化的动机。反之,如果我们确定(或者几乎确定)一个人良好的品性,特别是如果给予(任何友善的和重要的)来自一个亲密的朋友,如果

①　Agnes Heller, *A Philosophy of Morals*, Oxford: Basil Blackwell Ltd, 1990, p. 57.
②　Agnes Heller, *A Philosophy of Morals*, Oxford: Basil Blackwell Ltd, 1990, p. 58.
③　Agnes Heller, *A Philosophy of Morals*, Oxford: Basil Blackwell Ltd, 1990, p. 59.

我们需要,最好毫不犹豫地立即接受它。一个人应该学会有尊严和优雅地接受。再次,日常智慧也建议,如果我们需要某件东西(物品、服务等),我们不应该等待其他人提供帮助,而是主动请求帮忙。无论如何,人们之间物品、服务等的接受和给予并不完全是一一对等的,只要双方都感觉到充足就好。

(三)普遍的方向性的道德原则及其解释

赫勒提出了一条道德原则:要关照他人。这一原则否定性的形式是:不要有意地伤害他人。这条原则可以为好人在所有领域提供基本的方向和建议。进而,赫勒解释了这一普遍的道德原则:第一,对他人的易受伤害性有恰当的考虑;第二,对他人的自律有恰当的考虑;第三,对他人的道德有恰当的考虑;第四,对他人的苦难有恰当的考虑。

赫勒在现代社会中强调的这一道德原则有如下特征:首先,这一普遍道德原则及其详细说明具有指导方向性特征。这一方向性特征虽然并不严格,正如赫勒指出,它们中没有一个涉及"命令－服从"的关系,而且除了道德权威之外,没有提到任何其他的权威,即普遍的方向性的道德原则是出于道德来引导人们的具体行动,但是,这并不表明这一道德原则的内容是缺乏的,因为其原则涉及对他人各个方面的关照和考虑。而且,当一个人在行动中面临选择,需要大致方向的时候,"要关照他人"能够起到指引行动的作用,它对于现代人的作用无异于"拐杖"对腿部稍有残疾的人所起的作用,腿部稍有残疾的人可能并不时时用到拐杖,但是一旦需要的时候,拐杖却能够起到支撑的作用。所以,赫勒给予这一方向性的道德原则以很重要的位置,她认为,"好人首先学会如何去关照他人。通过定义,好人学会如何避免伤害其他人。通常来说,方向性的原则通常包含着律令和禁令。在现代,对大部分的普遍的方向性的原则的详细说明在性质上也是方向性的"①。

其次,方向性的道德原则具有相互动态调整性特征。赫勒认为,方向性的道德原则不仅根据被关照的人所处的情形来调整行动,而且也根据进行关照的好人来调整,无论怎样强调每一个人都以他或她自己的方式是好的都不过分,所以"相互动态调整"在这

个性道德与理性秩序

---

① Agnes Heller, *A Philosophy of Morals*, Oxford: Basil Blackwell Ltd, 1990, p. 42.

里是恰当的词汇,正如赫勒所指出的:"一个人不能够在每种情况下对每个人都做同样的事情。原则通过动态调整被应用。……反思性的判断和确定性的判断必须不断地摆动,目的在于'恰当的测量'能够被确定。"①

最后,方向性道德原则具有有效性特征。现实生活中,随着时间的发展,某些具体的道德原则可能会被抛弃,但是无论怎样,道德原则中"关照他人"的精神却永远保持有效性特征。赫勒也指出:"遵守每一个方向性的原则能够被遵守普遍的道德格言、规范或律令所弃绝。……但是,放弃这种或那种方向性原则的应用并不导致弃绝**普遍的**方向性原则的有效性。这种有效性是普遍的,因此是不能被弃绝的。"②即在这里赫勒强调,尽管随着时空的转换,一些具体的原则、规范和规则本身会随之发生变化,因而随之也会很少被人使用。但是无论这些规则本身如何发生改变,无论人们如何放弃一些具体的规范等,"关照他人"的精神都不应该被放弃,都应得到延续,任何时代的规则本身都会体现这一精神。也正因为如此,"关照他人"中的方向性和普遍性特征才得以体现出来。

(四)道德格言③

赫勒认为现代社会中正当的人一旦接受康德的道德主张,就能躲避在道德冲突中犯致命的错误,所以她首先接受了康德所提供的最坚固的道德格言,即"人是目的",一个人不应仅仅将另一个人作为工具来利用,而是就它本身来说作为目的,正如她指出:"**我主张接受作为普遍格言的'工具 - 目的'(means-end)公式**。我所要表明的是我们都应该牢记这一格言,无论在什么时候我们希望寻求是否这个或者那个特殊的行动过程是正确的或者是错误的;如果冲突发生,是否这个或者那个制度的规则应该有优先权;无论什么时候我们拒绝或者将存在的规则和规范作为非正义的或者错误的而将之贬为无效的,并且主张将可以替代的规则作为正义的

---

① Agnes Heller, *A Philosophy of Morals*, Oxford: Basil Blackwell Ltd, 1990, p. 43.

② Agnes Heller, *A Philosophy of Morals*, Oxford: Basil Blackwell Ltd, 1990, p. 44.

③ 作为道德的格言(maxim),是一种成为座右铭式的格言,实际上是行为规则的一种特殊表达形式。

（更正义的）和正确的。"①即赫勒首先接受了康德所提出来的这一道德格言,并且希望人们时刻记住这一格言。但赫勒的这种接受,并不是全盘接受,而是包含着自己的主张,正如她指出:"'**手段-目的'公式是基本道德原则的普遍化,同时是绝对化的,这一道德原则本身从一些关于他人自律的方向性原则充当禁止性的解释中衍生出它的合法性。**对我来说,尽管康德主义的公式看上去是不可超越的普遍性格言,因为它以各种方式包含了所有的其他的格言,但是,我并不主张我们同意它作为**唯一的**比较拐杖或者作为一个特殊'行为选择'的唯一引导。"②换句话说,为了引导处于道德冲突中的正当的人的行动,赫勒提出除了这一普遍格言之外,还存在着其他可以被好人普遍接受的格言,这里所谓的"普遍接受"并不是要求每个人必须接受,而只是表明这些格言"朝向每一个人",无论什么时候,好人在与他人相处中一般都接受这些格言。

赫勒所说的其他格言可以被分为两类:第一次序(the first order)和第二次序的(the second order)格言。第一次序的格言又可以分为两类:禁止性的(prohibitive)格言和命令性(imperative)的格言。

禁止性的格言包括三种:第一,不要选择不能公开的格言(或者规范),这个格言起源于前面所提到的普遍的方向性的道德原则的第二点("对他人的自律有一个恰当的考虑")和诚实(真诚 sincerity、值得信任 trustworthiness、坦率 candour)的德性,或者最紧密地与其相连。方向性道德原则的第二点包含着操纵的禁令(prohibition of manipulation):禁止保留信息,即不要为了让其他人做一些让你高兴或者对你有利的事情而对他人撒谎,即使这一行为是善意的;第二,不要选择涉及仅仅作为工具利用他人的规则(或规范)来遵守;第三,不要选择不将他人作为目的的道德规范(或与之相连的规范)遵守。

命令性的格言包括四点:第一,给予所有自由和理性存在的人平等地承认。第二,承认所有他人的需要,除了那些原则上涉及仅仅作为工具利用他人得到的那些满足。赫勒也指出这一格言并不

---

① Agnes Heller, *A Philosophy of Morals*, Oxford:Basil Blackwell Ltd,1990, p. 107.

② Agnes Heller, *A Philosophy of Morals*, Oxford:Basil Blackwell Ltd,1990, p. 106.

是方向性的,如果一个人要想成为"好人",那么这个人必须遵守这一格言。正如赫勒所说:"这个格言并不是方向性的,因为它精确地阐述了一个人应该避免什么。在进入到一种社会机构之前,一个人应该首先试图弄清楚这种社会机构的规范和规则本身是否要求或者规定将人们仅仅作为工具加以利用。如果一个下决心践行律令的 – 普遍的方向性格言的人加入到一个**一开始**就利用人们仅仅作为工具的机构(例如,一个集权政党或者一个秘密的服务组织),那么那个人就会陷入最严重的道德冲突中。"①第三,仅仅根据人们的(道德)美德和德性来尊敬他们。第四,在所有你的行动中要保持尊严。

　　总体说来,第一次序的格言(三条禁止性的格言和四条命令性的格言)实质上为生活在道德冲突中的人提供了一般性的指导。除了第一次序的格言之外,赫勒还指出存在着大量的第二次序的格言,因为数量很多,所以这些格言不能被完全列出来。除此之外,第二次序的格言与第一次序的格言之间尽管存在着相似点,但是也存在着差别,两者之间的相同点和相异点在于:"第二次序的格言是**元规范**(meta-norms),很像第一次序的格言;尽管它们伴随着一种限制,但也是**普遍的**和**一般的**。然而,第一次序的格言并不需要被检验(因为它们检验所有其他的规范),第二次序的格言需要被第一次序的格言检验。与第一次序的格言相矛盾的规范不应该被选择——这个一般的禁令也包括第二次序的格言。"②这里,我们需要再次强调的是,赫勒所谓的"普遍接受",并不是要求每个人必须接受,而只是表明这些格言"朝向每一个人",无论什么时候好人在与他人相处中一般都接受这些格言。

　　综上所述,赫勒提出来的这些道德规范和规则、道德原则、道德格言之间相互联系,共同构成了为人们提供生活意义的强大伦理世界,并为现代社会中的好人提供可以依赖的"拐杖"。虽然说在这个"上帝已死、众神隐退"的时代,这些道德规则已经失去了来自超验世界权威所赋予的合法性,但是传统、有意义的世界观、理性以及一些人类制度仍然可以赋予这些道德规则合法性,更重要

---

① Agnes Heller, *A Philosophy of Morals*, Oxford: Basil Blackwell Ltd, 1990, p. 112.

② Agnes Heller, *A Philosophy of Morals*, Oxford: Basil Blackwell Ltd, 1990, p. 120.

的是好人会相信它们是有效的规则,并在现代社会中实际践行这些道德规则。

赫勒在现代性背景下赋予各种传统道德规则以新的意义,这也说明了她延续了规范伦理学中道义论的传统,强调现代社会中偶然性的个人在各种悖论中应当遵照什么规则行动。但同时,她更强调了现代社会中,人们,特别是正当的人在有效的各种规则中并不感到受压抑和束缚,因为这些规则仅仅是指导性的,人们可以通过对规范性的规范和规则进行主动的选择,可以在这一框架中以自己的方式践行各种伦理规则,从而将决定性的外在必然转化为**他们自己的**主体性自由。

除此之外,在价值多元主义时代,面对现代社会中各种道德规范之间的冲突,赫勒与康德的解决方法也不一样。康德提出了唯一的绝对律令,这实质上是取消或者回避了现代社会的各种道德规范之间的冲突,而赫勒则转身坦然面对这一冲突,对现代社会中多种道德规则进行了新的阐释,提供了很多作为"拐杖"的道德规则,以引导好人在具体情境下如何解决冲突。从深层次上看,赫勒是在为现代社会中的"好人"寻求合法性基础,好人之所以存在,不仅依靠一般规则,而且依靠各种具体道德规则的引导。与康德的解决方法相比,虽然赫勒的解决方法看上去并不如绝对律令牢固,但这正体现了现代性的特征,现代性本身充满了悖论,而人们恰恰是能够意识到自己生活在悖论中,所以现代人更需要运用良好的判断力或者实践智慧来应对现实的生存状况。

第三节　多样性伦理规则为个人行动提供道德支柱

赫勒提出的更灵活的多样性伦理规则,的确在某种程度上满足了不断向多元化和多样化方向发展的现代社会的需要,同时更是为个体在面临多种选择时如何去行动提供了方向性的指导,从而能够有效地防止邪恶事件的发生。但是,各种伦理规则要想真正确立自己的权威,从而对个人行动的指导真正有效,还需要从外在规范转化为更为自由的个体内在习惯,只有这样,外在的"他律"才能转化成内在的自由和"自律",即各种伦理规则才能与个人形成真正的实践关系,从而使得各种伦理规则既能够有效规范个人的行为,个人又没有被强制和被约束的感觉。

一、多种伦理规则共同作用能够有效规避邪恶

赫勒首先谈到无论是康德的"绝对律令",还是她进一步提出的各种伦理规则,都是有适用范围的,如果一些人并不选择"绝对律令"或者并不选择自己作为"好人",他活着就是想表现自己纯粹的独特之处,就是想实现纯粹形式主义意义上的个人道德或者有个性的人,那么他们是不需要这些伦理规则的,他们只要遵从他们自认为正确的规则行事就足够了,而要实现内容与形式相融合的个性道德或者选择自己成为真正的"好人",首先应该遵从人类社会中的各种伦理规则,但这种遵从可以以自己独特的方式来进行,所以,各种伦理规则只能够引导"好人"而不是所有个人的行动。这也从另一个角度来回答了"好人存在,但好人何以可能存在"这一道德中心问题,即"好人"依赖于各种伦理规则的支撑和指导才得以存在,从而有效地规避了邪恶。

我们可以觉察到,赫勒之所以强调现代社会中各种伦理规则对人们的引导作用,实质上再次表明,在寻找邪恶产生的原因时,她并没有从人的性格特征,而是从外在的环境,特别是从文化中去寻找。正如赫勒指出:"如果我们仅仅关注探查不良性格特征,那么复杂的邪恶永远不能够被包含在其中。许多人有一些不良性格,并且一些人有很多,但很明显这些人仅仅是有不良性格罢了。坏脾气的、自负的和自私的并不能使任何人成为'邪恶的';如果仅仅是那些,根本没有人被称为邪恶。反之,一个邪恶的人能够'拥有'很多好的性格,甚至是拥有吸引人的性格。"①在这里,赫勒向我们表明,很多人都拥有邪恶的本性,但平时并不显露,一旦外在条件具备,那普通人完全可以被邪恶拥有,而当外在的各种力量消散时,这个人又会恢复原状。邪恶准则其实可以吸引各种各样的人加入其中,所以我们更要强调各种伦理规则对人们的支撑作用,防止他们在无助的时候走到邪恶的境地中去,从而重新陷入偶然性的"无根"生存状态中。

---

① Agnes Heller, *General Ethics*, Oxford:Basil Blackwell Ltd,1988,p. 171.

赫勒更深刻的地方还在于,她探寻了邪恶产生的深层根源——恐惧,归根结底,邪恶的产生在于人们对生命有限性的恐惧。她认为,对死亡的恐惧才导致人们变得邪恶。如果人们能够不朽,那么人们为什么还要作恶? 然而,人不能不朽,我们处在时间的压力下,我们知道,如果我们现在不能实现的事情可能永远都不会实现,如果我们在最近不及时享乐,那么将永远都不能够享乐。因此,赫勒指出:"正常地,我们犯错误并不是因为对苦难的恐惧,而是因为对一无所获的恐惧,对错过我们机会的恐惧,对保持无权力、贫穷、不知名、无知的恐惧,对失去生活的'机会'而没有充分地利用它的恐惧。"①那么面临人类不得不面对的"自身不能不朽"的境遇,唯一能保持不朽的办法就是:在有限的生命中使自己成为永恒。如何才可以永恒? 不是追求权力、金钱等外在的东西,而是选择自己作为"好人"而生存,以实现生命中的跳跃,只有这样我们才能成为永恒的存在。

的确,赫勒的观点留给现代人太多的启示,现代人在满足吃饱穿暖这一基本需求之后就需要实现高一层的需要,而且会时常追问人生的意义,那么,我们短暂一生的意义在哪里? 为此,很多人选择追求权力、金钱的最大化。无疑,这些外在目标的获得是自我实现众多途径中的一种,但是仅仅依靠这些人们真的实现自我了吗? 真的寻求到人生意义了吗? 对于个人来说,说某个人拥有金钱、名誉和权力,莫不如说是这些东西拥有了个人,因为这些外在的东西是永恒的,但是我们每个人的生命却是短暂的,所以,真正能够使得个人达到永恒和不朽的方式只能是具有个性的个人以自己独特方式践行"好"。尽管很多时候,这些作为个性道德载体的"好人"并不为人们所知,也并不为历史所铭记,但是这些人却为保存德性作出了很大的贡献,从而完成从短暂到永恒的跨越。因而人们完成生命的跳跃只有一条道路:自觉地与各种伦理规则形成稳定而固定的关系。正是在这样牢固的关系中,人才能将自己的双重偶然性转化成确定性的生存,而正是确定性的生存状态才能让自己的生命更有意义、更加丰盈。

我们也可以发现,赫勒正是在此意义上,才强调各种伦理规

个性道德与理性秩序

---

① Agnes Heller, *General Ethics*, Oxford: Basil Blackwell Ltd, 1988, p. 177.

则、道德哲学以及它们对人类的重要作用,并且她不止一次地将之称为"拐杖"(crutch)而没有称为"梯子"(ladder)或者别的什么,原因在于拐杖能够更加适合现代偶然性生存的人们。如果一个人扔掉了梯子,那么他将孑然一身,完全依靠自己,身在高处,不可能重新立起梯子,否则必将付出沉痛的代价,然而一个人如果扔掉了拐杖,仍然能够在需要的时候再次捡起。正如赫勒所说:"今天,生存性地选择他们自己的偶然性的人们也选择将他们自己作为暴露在某一道德冲突和冲撞中的人;但是除非他们使用一个普遍的拐杖作为支撑,否则他们就不能发现走出这些冲突和冲撞的正确方式。"①不仅如此,作为好人,他们将自己留在他们已经选择作为自己栖居地的世界中,同时为了防止犯致命性的错误,他们设计、发现和使用他们所需要的很多"拐杖"。这些拐杖既是他们的拐杖,也是我们的,就我们接受它们而言。一般的规范、普遍的格言、抽象的价值、德性等是这些拐杖的种类。

实质上赫勒提出这些道德原则并强调它们的重要作用,其最终目的是希望能够帮助现代社会中的好人减少道德上的危险,或者减少他们犯致命错误的机会。虽然说现代社会中,作为拐杖的各种规则不能决定我们具体的行动,因为我们的跳跃直接依靠我们自己,而不是"拐杖",而且使用"拐杖"也不是必需的,但是如果一个人有了它们,当需要使用的时候就能够随时使用,这就是为什么道德哲学需要给寻求道德建议的行为者提供一些方向性原则的原因。哲学并不是发明这样的原则,它仅仅能够使这些原则引起现代偶然的行为者的注意,并且在他们需要的时候能够提供它们来使用。因此,在现代社会中,一个人要想在行动中减少道德上的危险,实现成功的跳跃,那么就必须依靠道德哲学提供的方向性的道德原则、规范和规则等拐杖来支撑。

二、伦理规则需要内化为人的道德习惯

在赫勒的道德理论中,她谈到各种道德规则的目的是为了指导人们正确地行动,但是赫勒也意识到这样一个问题:由于当今人们面临着各种道德规范的冲突,即便是有各种道德规范的指引,很

---

① Agnes Heller,*A Philosophy of Morals*,Oxford:Basil Blackwell Ltd,1990,p.35.

多时候并不能保证好人不犯错误,即好人也会犯错误,甚至是致命性的错误,这些错误很大程度上是由于无知所造成的。那么如何才能避免? 除了尽最大可能地反思和考虑如何躲避错误之外,更重要的是,人们只有将外在的各种道德规则转化为内在的习惯,或者是转化成为**我的**内在本能规则,变换成为**我的**"第二天性",才能够在现实行动中真正自由自觉地活动,才能真正与人的"类本质"保持一致,从而尽可能地避免致命性错误的发生。因为只有各种道德规则成为内化的、习惯的、性格中必不可少的组成部分时,它们才能真正成为现代人在具体行动中依赖的"拐杖"。如果各种道德规则不能够内化,那么人们在很多场合仍然不能抵御理性算计以及理性选择的诱惑,仍然不能成为好人。在这里"成为习惯"的基本含义正如赫勒在《日常生活》中所说的那样,它是"'重复性实践的形成'。正是在同'自在的'类本质对象化的关系中,我们不得不发展重复性实践,否则我们将灭绝。但是这并不是说,习惯不过是'自在的'类本质对象化的占有。在广义上,'习惯'意味着某种类型的活动、决策、行为态度和思维'对我们而言成为自然的':它们的实践不再成问题,因为它们已成为我们性格的有机部分"①。

在这一点上,赫勒认为她与浪漫派启蒙不同,"浪漫派启蒙认为:只要不违反法律,每个人都可以做任何他或她想做的事情,这一主张表明,法律体系作为一个**形式系统**是完全脱离人类生活的。在这样的条件下,男人和女人们不会伤害其同类的唯一理由将是害怕惩罚,如果他们可以伤害同类而不受惩罚,他们就会这么做。所有的伦理动机都将变成消极的。结果是伦理本身(风尚、品行和道德)将会消失。它们将不再为人类所需要。如果受异化法律的规范是为了保持人类行为的唯一共同指引,那么现代人将完全是受外部规范的(outer - regulated)。由于害怕惩罚并不是一个真正的内在动机,良知将会消失。最终,羞耻心的规范作用也将变得脆弱和表面化"②。也就是说,浪漫派启蒙只是满足于各种道德规则对人外在的规范作用,而赫勒则主张规范和规则不应该仅仅停留

---

① (匈)阿格妮丝·赫勒:《日常生活》,衣俊卿译,重庆:重庆出版社 1990 年版,第169 页。

② (匈)阿格尼丝·赫勒:《现代性理论》,李瑞华译,北京:商务印书馆 2005 年版,第 282 页。

个性道德与理性秩序

88

于此,更应进一步转化成人内在的"习惯",否则其内在的良知将逐渐消失。

总体来说,赫勒对外在道德规范和个体的内在自由之间张力的解决方法承袭了萨特的路径,并且进行了深入发展。众所周知,萨特在其著作中重点强调了现代人处于绝对自由选择的境况中,但是自由选择与责任是密不可分的,从而将主体自由与伦理原则两者密切联系起来。这种理解似乎是与社会中的伦理规则相悖的,但事实并非如此。萨特在20世纪60年代中叶发表的《决定论与自由》一文中在集中批判实证主义伦理学的基础上阐述了伦理规则与道德自由的关系。他认为,所谓伦理学可以概括为"命令、价值和价值学判断的总体所构成的一个阶级、一种社会环境、或者全体社会的常理(commonplaces)"①。但这些规范命令并不是对个人自由的限定,而是某些与个人的可能性相联系着的东西。它们的存在不是对现代人及其自由的限定,只是意味着它们可以引导人们去自由地行动,追求未来的可能性。所以说,各种伦理规则具有非限制性可能性的特征。在此意义上,伦理命令或原则规范也是一种非限制性的可能性。对此,萨特有一段经典的论述:"因此,一种规范,作为无条件的可能性,把行为者规定为一种意识之中的主体,这个主体即是他的多样性的综合统一。规范并不靠简单地对一个主体规定已经存在于[他的]自我意识之中的行动,来使这个主体进入自救,而是通过肯定这个主体在意识中总是可能的,来使主体自救,尽管任何可能都被置于外在的环境。只有意识中的主体才能履行规范。一个被肯定为这样的主体也只能通过履行规范的义务才能实现他自身。在此意义上,一种规范所显露的基本可能性,就是使自身成为一种意识中的主体的可能性——与外在的条件相联系——并通过履行他的义务。换言之,规范向我显露出我的可能性(这是规范的一种客观特征,在此意义上,我的可能性同时也是每一个人的可能性)。但是,它是在这样的程度上向我显露的,即它向我显露作为行动的可能性主体(不管行为的内容如何,可能也不只是关注我一会儿),并显露出作为主体而产生我自

---

① 转引自万俊人:《现代西方伦理学史》(下卷),北京:北京大学出版社1992年版,第147页。

身的我的可能性。"①

赫勒正是沿此路径,在对各种道德规则的强调中,从现代社会中处于双重偶然性生存的个人出发,不仅强调了他们在行为中的自由和无限可能性的特征,强调了这种自由和可能性是与责任相连的自由,而且更进一步强调了各种道德规则应该内化为人的习惯,成为我的道德规则,唯有如此,现代"理性人"才能转化为"道德人","好人"也才不至于在多种道德冲突中因失去方向而犯错误,不能成为真正的"好人"。

总之,赫勒对规范、规则、原则、格言等的重要性及其内化的强调,在某种程度上是为了巩固伦理文化,以重塑德性、规避邪恶的发生,进而恢复社会秩序。赫勒认为,现代伦理文化的关键在于真正实现自己所作出的承诺,在此观点上她与强调"伦理规则对人们外在强制"的说法存在着差别,她指出:"批评家通常把'伦理'甚至'道德'等同于一种风尚的强度。他们相信,限制越多,限制越是成为律令,风气就越好;也就是说,就越有道德。但'风气'(mores)不像伦理,它更不同于道德。一种现代伦理文化的牢固性并不取决于风尚的强度,以及限制的数量或律令。它也不取决于有最高道德(这终究是我们无法获知的)的人的数量。……主要的伦理问题不在于一个人作出多少承诺,而在于这个人是否遵守他或她对自己的同类所作出的少数几个承诺。"②这里,赫勒强调了个人履行承诺的能力在巩固整个社会的伦理秩序和保存德性中所起的重要作用,现代人只有自觉履行自己的承诺,才能巩固我们的伦理文化,也才可以规避邪恶、保留德性。

为此,赫勒也界定了德性和邪恶:"德性是使人们倾向于支持和保持某一价值(共同善)的品质特征,而邪恶是使人们倾向于破坏和暗中破坏,甚至威胁同一价值的(同一的共同善)品质特征。"③赫勒对德性和邪恶的定义阐明了德性和邪恶是与某一价值——共同善密切相关的,而共同善则与人们遵守各种道德规则

---

① 转引自万俊人:《现代西方伦理学史》(下卷),北京:北京大学出版社 1992 年版,第 148 页。

② (匈)阿格尼丝·赫勒:《现代性理论》,李瑞华译,北京:商务印书馆 2005 年版,第 298~299 页。

③ Agnes Heller, *A Philosophy of Morals*, Oxford: Basil Blackwell Ltd, 1990, pp. 63 - 64.

息息相关。赫勒进而指出,虽然今天我们居住在价值多元主义、价值冲突甚至是价值相对主义的世界中,尽管某一价值——共同善在不同的群体中具体内涵是不同的,但是,价值多元主义并不必然导致德性多元主义。例如,无论什么样的群体,甚至持相反价值观点的群体都认为慷慨是德性,而吝啬是邪恶。所以,赫勒确定德性在今天仍然处于中心地位,正如她指出,"所有正当的人共有的德性,以及他们的某些邪恶的缺乏,组成了能够称做是一种正当生活行为的'中枢'。很明显,中枢并不是整体,而是某物的支撑系统"①。正是由于现代社会偶然存在的人们生存地选择他们自己,选择了自己及自己周围的一切确定性,虽然每个人都以自己的方式选择各不相同的行为过程,但由德性所组成的中枢系统仍然对各不相同的人们起着支持作用。然而,如何保持德性? 她认为,今天我们不可能回到传统社会中去,所以我们必须面对这一现实,立足于人们生存的双重偶然性特征,重新阐释传统社会的伦理规则,以理性的态度保留或者重建我们今天的德性以规避邪恶,重建今天的社会秩序。

以上我们基本阐明了赫勒所理解的现代社会中伦理及其内含的各种规则,也分析了它们作为个性道德合法性基础的原因,以及它们对于现代社会中"好人"的重要支撑作用。不仅如此,个性道德或者"好人"仍然需要其他的基础,其中之一就是双重性质的自我反思。这是下一章中所要阐述和分析的内容。

---

① Agnes Heller, *A Philosophy of Morals*, Oxford: Basil Blackwell Ltd, 1990, p. 68.

第三章　双重性质的自我反思：
个性道德合法性基础之二

> 生命之价越攀越高，背叛之价则越跌越低。不可抵
> 御的活下来的冲动把道德的审慎推到一边，随之而去的
> 还有人的尊严。在为生存而遍起的争夺中，自我保全的
> 价值戴上了不可置疑的选择合法性的王冠。为自我保全
> 所做的一切都是对的。在最终的结局危如累卵时，所有
> 的手段都似乎可以自圆其说。
>
> ——齐格蒙特·鲍曼：《现代性与大屠杀》

安东尼·吉登斯曾经说过："现代性的特征并不是为新事物而接受新事物，而是对整个反思性的认定，这当然也包括对反思性自身的反思。"[①]对现代性发展动力之一的反思性的关注并不是现在才出现的，黑格尔在其庞大的哲学体系中就重点阐述了反思以及反思思维的重要性，他在《小逻辑》中说明哲学思维与一般思维的不同时指出，所谓的反思在于它"以思想的本身为内容，力求思想自觉其为思想"[②]。这就是哲学的反思思维。正是因为这一思维是将自己置身事外反向思考，所以它无论对待思想还是对待现实都具有深刻的批判性特征。无疑，反思也可以被用来思考自我，反向思考自己的行为和选择是否具有正当性，所以，这一思维方式被赫勒在其道德理论中所借鉴，用来说明"好人何以可能存在"这个道

---

① （英）安东尼·吉登斯：《现代性的后果》，田禾译，南京：译林出版社 2000 年版，第 34 页。

② （德）黑格尔：《小逻辑》，贺麟译，北京：商务印书馆 1980 年版，第 39 页。

个性道德与理性秩序

92

德中心问题以及个性道德的生成,反思与自我反思是好人以及个性道德生成的重要前提,前面我们提到个性道德的出现是伴随着道德结构的两次变化才出现的,在这两次变化中思考、反思起到了关键性的作用,因为只有在思考、(自我)反思和自我审视中,自我、自我差别、自我意识、个性等要素才会形成,但是,赫勒在其道德理论中并未泛泛地谈论反思,而是提出了一种特殊类型的(自我)反思——双重性质的(自我)反思,这一反思在其整个道德理论中具有重要的作用,它既为个人自为个性的生成提供了关键性前提,又从一个独特的角度解释了"大屠杀"等类似邪恶事件发生的原因。

第一节 "双重性质的自我反思"理论的提出

马克思曾经说过:"意识[das Bewuβtsein]在任何时候都只能是被意识到了的存在[das bewuβte Sein],而人们的存在就是他们的现实生活过程。"[①]这一论述表明人们的反思和自我反思并不仅仅存在于意识领域中,也并不仅仅停留于各种道德规则的理念形式当中,其最终的基础根源于人们对现实的反思,这包括对现代社会的时代精神、自我本身和人类条件的清醒认识。人们正是在亲身经历这些现实的过程中,通过在自我与自然、自我与社会、自我与自身的关系中对自我本身进行思考、反思和行动之后,才能形成一种新的理论和思想,而赫勒提出的双重性质的自我反思首先是对时代精神状况思考的产物。

尽管我们不能够像神和上帝一样从高空俯视人类总体的时代状况,但是,身处当今时代中的独立个体仍然能够观察并反思我们时代的精神。例如雅斯贝斯曾将我们这个时代精神的总体特征诊断为:"代表这个世界的精神态度已被称为实证主义。实证主义者不想高谈阔论,而是要求知识;不想沉思意义,而是要求灵活的行动;不是感情,而是客观性;不是研究神秘的作用力,而是要清晰地确定事实。关于已发生的事物的报道,必须简明而具体,不带有情绪色彩。……控制与组织化具有最高意义。技术领域中的讲求实际之风使技术行家们能够熟练地处理各种事情;而关于这类事情

---

① 《马克思恩格斯选集》第1卷,北京:人民出版社1995年版,第72页。

的观念能否方便地交流这一点则成为统一知识的标准。"①因此,在大机器愈益占有统治地位的时代,"个人被融入了功能之中,存在被客观化了,因为,个体如果仍有其突出地位的话,实证主义就遭到了损害"②。同时,本质的人性降格为通常的韧性,降格为作为功能化的肉体存在的生命力,降格为凡庸琐屑的享乐。正是在对时代进行这样的诊断后,雅斯贝斯将希望寄托于实存个体的生成,实存的人就是在世而不屈不挠地与此世反抗的人。他第一步要做的就是由疏远世界而进入孤独,第二步则是导向入世,因为只有入世,个人才有可能实现个性。

而经历过大屠杀恐怖的赫勒,虽然也清醒地意识到了时代精神的这一实证性特征,但是她对生活在这个时代中的个人的看法却不像雅斯贝斯那样悲观。赫勒认为:"在现代的制度内,劳动的严格功能性的划分并不能将大量的人类相互作用(和关系)转化成功能性的。"③即虽然人们经常会说现代社会中个人是"机器上的一颗螺丝钉",但是人类的意志(will)和理性(reason)却永远不能够成为任何机器上微不足道的螺丝钉,人并不能够完全被整合到技术一体化进程中。赫勒进而指出:"足够真实的是,就他们的行为被系统的中介连在一起而言,他们彼此仅仅充当了工具。然而,在所有面对面的接触中,直接相互作用的那些人,无论他们本质上共同合作或者是相互冲突,他们都不仅仅是作为功能,而是也作为人彼此相关。或者至少他们**能够**以这样的方式彼此相连。"④这也就说明了,尽管理性化总体进程是向着制度化、实证化的趋势发展,但是在这一趋势中人和人之间的真诚关系仍然是可能的,制度而功能化的框架并不能妨碍人们践行道德律令的公式,践行"人是目的"的公式。

因此,赫勒认为,无论外界的形势如何,生存着的好人所能够做的事情就是不断地询问:如何能够使自己的行为遵从各种方向

---

① (德)卡尔·雅斯贝斯:《时代的精神状况》,王德峰译,上海:上海译文出版社2005年版,第15页。

② (德)卡尔·雅斯贝斯:《时代的精神状况》,王德峰译,上海:上海译文出版社2005年版,第16页。

③ Agnes Heller, *A Philosophy of Morals*, Oxford: Basil Blackwell Ltd, 1990, p. 91.

④ Agnes Heller, *A Philosophy of Morals*, Oxford: Basil Blackwell Ltd, 1990, p. 91.

个性道德与理性秩序

性的伦理规则的引导？如何能够在道德困境和道德冲突中保持自己的正当性？如何能够成为一个有个性的好人？赫勒实质上在其道德理论中，也对这些问题进行了回答。其中答案之一就是，现代社会中，每个好人都可以站在一种抽象的立场上来检验、比较和创造自我，从而力图成为自觉的有个性的人，有个性的人能够在各种规则中自由地行动，并将之转化成**我的**各种规则，同时，"一个正当的人更愿意承受错误而不是去坏别人，但是她或者他并不是愿意受苦。一个正当的人不考虑社会的认可而做正确的事情，但是她或者他并不喜欢屈从于社会的认可或者屈服于这样认可的其他人。对于一个正当的人，做正确的事情实际上是自我实现，但是她或者他也希望实现其他的愿望、发展其他的潜力，而且当那些愿望作为对正当性生存选择的结果被抑制时，他们也会不快乐。**一个正当的人接受和面临着道德困境，但是如此这样做时，却经历着痛苦，并且希望一种道德的严重痛苦能够被避免**"①。所以，正是在这一系列对现时代特征以及时代问题的思考和反思中，在对好人本身进行细致观察后，赫勒提出了自我反思中的一种特殊类型的反思——双重性质的自我反思。

所谓双重性质的（自我）反思是经验与超验（自我）反思的有机统一，这种（自我）反思的立场总是一种理念、一种抽象物，或者是一种理论的理念、一种抽象的规范、最高存在的理念、道德善恶的理念，或者是自我的理念。除此之外，这种反思内部的经验维度与超验维度之间保持着张力，这种张力不能够消失，否则容易走入绝对的（自我）反思，或者走入没有任何反思的危险境况中。换句话说，赫勒所理解的双重性质的自我反思实质上是好人独具的反思类型，它是与自我相分离的一种复合存在物，这种存在物是由社会通行的各种行之有效的伦理规则组成，好人能够运用它，时时对现实生活中行动的经验自我进行审视和反思，从而防止自我走入邪恶。同时，只有通过这种双重性质的自我反思，我们在前一章中所阐述和分析的现代社会中多样性的伦理规则才能够行之有效，从而确立其对现代人的权威。进而，赫勒阐述了这种特殊类型的反

---

① Agnes Heller, *A Philosophy of Morals*, Oxford: Basil Blackwell Ltd, 1990, pp. 220 – 221.

思在自我、自我意识以及个性道德中的重要作用。

第二节 双重性质的自我反思是自我和自我意识形成的前提

一提到自我,人们会自然而然地想起弗洛伊德,他曾提出与"本我"、"超我"相对应的"自我"概念,"自我"是理性和审慎的代表,它能够根据外界的道德限制来压抑、抵抗本我,而与之相对应的本我是基础,其唯一的内容就是力求发泄的本能冲动,它代表不驯服的激情,本身无所谓善恶和道德,也不知道什么价值;超我是一切道德限制的代表,是追求完美的冲动或者人类生活的较高尚行动的主体。总体说来,弗洛伊德对自我的理解是在"本我—自我—超我"这一模式中进行的,而且这一模式是与人的性本能密切相关。赫勒与弗洛伊德对自我的理解方式不同,她将视角从个人内部的性本能转向了外部,从个人与他人的交往以及记忆、语言等中介中来理解自我。

赫勒认为,首先,自我是唯一的通过意义连接所有其他实体的实体。作为自我的实体孕育意义,自我通过其他的自我被创造,在很大程度上,其他的自我也是通过意义连接所有其他的实体。其次,自我包含长期记忆,既可以是有意识的也可以是无意识的,总体记忆的丢失等于总体自我的丢失。因为记忆涉及提供各种意义,能够为人们的生存提供支撑。最后,语言媒介(语言承担着意义)能够引导着有意识的经历,因此相应地,有意识的经历如果能够被分享的话,那么它能够仅仅成为主观的(我的)。例如,如果其他人感到头疼的话,尽管这种疼痛不是**我的**疼痛,但是我也能体会到,而当我头疼的时候,我能够仅仅知道**我的**头疼,而其他有过类似经历的人也能够体会。因此,我与他人分享的意义越多,我能够给予未分享的意义就越丰富、越复杂。

我们可以看到,赫勒对自我的理解中,特别关注自我与他人的关系。这就意味着她充分意识到,对自我的认识不能够仅仅通过内省完成,因为虽然有些时候自我能够比其他人更好地认识自己,但有些时候其他人能够比我们自己更好地认识自己,所以,对自我的理解必须与现实生活中的他人紧密联系起来。这种联系是通过意义的分享和语言的可理解性形成的,而意义得以显示的基础也正是人类关系。

　　无疑,这一理解方式比弗洛伊德单纯地立足于个人内部的性本能理解的本我显然要开阔了很多,并且这种理解方式真正继承了马克思对自我、对人本质的理解。在马克思看来,人并不仅仅是意识化的、抽象的人,更是感性的、现实的人,是社会性的人,同时也是实践的人和历史的人。正如马克思所说:"社会结构和国家总是从一定的个人的生活过程中产生的。但是,这里所说的个人不是他们自己或别人想象中的那种个人,而是**现实中的**个人,也就是说,这些个人是从事活动的,进行物质生产的,因而是在一定的物质的、不受他们任意支配的界限、前提和条件下活动着的。"①"人的本质不是单个人所固有的抽象物,在其现实性上,它是一切社会关系的总和。"②其实,马克思在写博士论文期间就已经充分意识到,对自我以及自我意识的理解不能够仅仅停留在自身中,必须在与他者自我的差异和交流中才能定位自我,了解自我。因为他曾经指出:"而事实上,直线存在的个体性只有当它同一个他物发生关系,而这个他物就是它本身时,它才是按照它的概念实现了的,即使这个他物在直接存在的形式中是同它相对立的。所以一个人,只有当同他发生关系的另一个人不是一个不同于他的存在,而他本身,即使还不是精神,也是一个个别的人时,这个人才不再是自然的产物。但是要使作为人的人成为他自己的唯一真实的客体,他就必须在他自身中打破他的相对的定在,欲望的力量和纯粹自然的力量。**排斥是自我意识的最初形式**;因此,它是同那种自认为是直接存在着的、抽象单一的自我意识相适应的。"③而赫勒正是继承并发展了这一观点,再次深化了"在其现实性上,人是社会关系的总和"这一重要观点。

　　既然自我是承载意义、连接其他自我的实体,那么就人类而言,何以会出现不同的自我呢? 何以会出现真正的个性呢? 自我是否是固定不变的存在物? 通过前面的阐述,我们知道个人的形成和发展是两种先验(遗传先验和社会－文化先验)在社会历史中

① 《马克思恩格斯选集》第 1 卷,北京:人民出版社 1995 年版,第 71~72 页。
② 《马克思恩格斯选集》第 1 卷,北京:人民出版社 1995 年版,第 60 页。
③ 《马克思恩格斯全集》第 40 卷,北京:人民出版社 1982 年版,第 216 页。

不断嵌接的结果,这两种先验之间的嵌接在时间的流逝中并不会达到完全一致,两者之间始终存在着矛盾和张力,否则人就成为单向度的人。正是由于个人先天的遗传因素和后天的成长环境不同,两者之间不同的组合方式形成了形态各异的个人。但要想形成真正有个性的个人,实质上却伴随着一个很重要的因素,即赫勒所提到的现代社会中出现的双重性质(自我)反思,正是因为双重性质的自我反思对自我检测的深度和程度不同,才创造并塑造着不同的自我,也创造了不同个性的个人。

赫勒更是具体阐述了双重性质的自我反思的运行过程,她指出:"自我在何种以及什么程度上成为有差别的,依靠我称之为**双重性质的自我反思**的自我反思类型的程度和质量。我将更进一步加以阐述。经验的自我反思是经验的人类普遍性。没有这种自我反思,我不可能从非自愿的行动中区分出自愿的行动。将我的遵守具体规范的其他角色的体验和我作为自己的亲身体验相互比较,我能够因而区分出,是否我已经做了正确的事情。伴随着双重反思(经验的和超验的反思的统一),我不仅从作为**亲身体验**的给定的具体规范角度,而且从抽象规范、抽象德性规范和抽象价值角度,即从**理念**的角度反思我自己。理念严格说来并不能够被体验:我们不能够体验**如此这样**的'勇气'或者'尊严',但我们能够感受到一些人是否践行这些规范。进而,自我的区分也不完全向经历开放。我们通过将经历归入到例如'理性'、'意愿'和'偏好'等理论的理念中来区分自我。我们**体验**具体的情绪,我们体验我们的认知过程,我们体验我们的目的,但是我们**并不体验**'理性'、'意愿'或者'偏好'等理念。"①即赫勒认为,正是在双重性质的自我反思过程中,我们的自我成为被审视的客体,我们想要发现我们是谁、我们是什么、内在的是什么等问题,都需要经过双重性质自我反思的检视,在这种检查下,自我成为有差别的,也才使得个人努力成为有个性的真正的个人。但是,这里需要强调的一点就是,有差别的复杂的自我以及真正的个性并不是一开始就"在那里的",它不是静态的东西,而是一个被创造的动态过程。同时,双重性质的自我反思也不是探测"灵魂深度"的工具,实际上,它创造了这些

① Agnes Heller, *General Ethics*, Oxford: Basil Blackwell Ltd, 1988, p. 52.

深度。因此,对于个人而言,如果没有两种先验遗传的嵌接、没有双重性质的自我反思,那么就没有自我、自我的差异以及道德自我的出现。

进而,赫勒又在自我、自我觉察(self-awareness)、自我意识(self-consciousness)、自我反思(self-reflection)等概念之间的区别和联系中,阐明了双重性质的自我反思对于自我意识形成的重要作用。她认为,自我总是自我觉察,"每个人均有自我觉察,正像每个人也都有从属于类本质的意识"①。自我觉察也以某些自我反思为前提,如果没有某些自我反思,那么自我觉察也不存在。但自我并不总是自我意识,"只有个体才具有自我意识,自我意识是作为从类本质意识中再生的自我觉察。无论谁具有自我意识,他都不会自发地同其自我等同:在他与他的自发间存在着特定距离。他了解自身,也了解自己的自然秉赋。他了解,或至少他渴望发现他的哪些才能可以与类本质、同趋向类本质的发展一道最和谐地展开,哪些是最有价值的。他不培养(至少不赋予优先性)那些可能有益于在他的直接环境中,以及他的生存中最有效地确定方向的才能;他培养那些他视之为最有价值的才能,并同时努力展示每一才能的最有价值的方面,或者培养那些可能最值得变换的才能。苏格拉底'认识你自己'的教诲是自我意识的组织和个体的生成中的第一戒律"②。即在赫勒看来,自我觉察和自我意识不同,虽然两者中都包括反思和自我反思,但是自我意识中包含的自我反思并不等同于通常意义上的自我反思,它的形成主要以一种特别的自我反思,即双重性质的(自我)反思(经验的和超验的自我反思的结合体)为前提,这种自我反思的立场总是一种理念、一种抽象、一种道德和邪恶的理念等,也就是说,只有在这种特殊的双重反思之下,自我意识才能够形成,真正的个性也才得以形成,换句话说,有个性的个人、自我意识的个人以及"好人"的形成都是以双重性质的自我反思为前提的,一般意义上的个人或者是具有特性的个人都不拥有双重性质的自我反思。

---

① (匈)阿格妮丝·赫勒:《日常生活》,衣俊卿译,重庆:重庆出版社1990年版,第23页。

② (匈)阿格妮丝·赫勒:《日常生活》,衣俊卿译,重庆:重庆出版社1990年版,第23~24页。

尽管自我意识的形成是以双重性质的自我反思为前提,但现代人的自我意识主要表现为:个人对自己作为双重偶然性生存的意识。传统社会中,人们生来就被界定在一个固定的位置,尽管人们的出生也是偶然的,但是由于人们的意识尚未觉醒,他们并没有意识到这一特征。偶然性意识是伴随着现代社会的进程展开的:现代人逐渐意识到自己以及同伴不仅出生是偶然的,而且他们在后来的发展中也是偶然的。这就是现代人与传统人的区别所在,黑格尔在区别两者时也指出:"非洲人、亚洲人与希腊人、罗马人及近代人之间,唯一的区别只在于后者意识到他们是自由的,而前者虽说潜在地也一样是自由的,但他们却没有意识到,因而他们就不是自由地生存着。"①正如黑格尔一样,赫勒也有意识地强调了现代人生存的境况以及偶然性意识的形成。

　　赫勒之所以说自我意识以双重性质的自我反思为前提,并且表现为对人们双重偶然性的意识,其原因就在于,只有当我们真正意识到我们每个人都处于双重偶然性的生存境况时,才能唤起我们心底深处的责任意识,促使每个人要关照他人,正如赫勒所说:"他们的新获得的偶然性意识是他们最有力的动力。他们知道世界不仅应该而且能够与它过去所是的不同,并且这种改变仅仅能够通过他们的努力实现。"②这也就推动了德性的恢复以及个性道德的凸现,所以说正是双重性质的自我反思以及自我意识的生成,才为现代个性道德的建立提供了巨大的契机。

　　通过以上的阐述,我们可以看到赫勒提出了一种重要的自我反思类型,即双重性质的自我反思,这一类型为个性以及个性道德的形成提供了必不可少的前提条件。因为仅仅一般的自我反思对于个性的生成是不够的,每个个人都可以进行自我反思,但并不是每个个人都可以在任何情境下能够严格检查自己的行动和选择,所以双重性质的自我反思与个性道德和"好人"是密切相关的。

　　当然我们也应该看到赫勒所谈到的双重性质的自我反思对自我的审查和检视并不是随意的,它是以各种具体或者抽象的伦理规则以及二者的统一为支撑,这就保证了个人发展方向的正确性;

　　①　(德)黑格尔:《哲学史讲演录》第 1 卷,贺麟、王太庆译,北京:商务印书馆 1980 年版,第 26 页。

　　②　Agnes Heller, *A Philosophy of Morals*, Oxford:Basil Blackwell Ltd,1990,p.147.

同时，双重性质的自我反思本身作为自我反思的一种特殊类型，其发展历程也是建立在人的实践活动基础上的。这与马克思和恩格斯的观点是一致的，马克思和恩格斯认为，反思与自我反思都是建立在人的实践活动基础上，而不是建立在纯粹的思辨基础上，这从他们在《德意志意识形态》中对施蒂纳的批判可以看出，他们指出："和现在的、'以外界的强制为基础'的社会相反，'真正的社会主义者'标榜一种'以对**内在**人类本性的意识即理性为基础'的理想的真正社会。因而，这种社会是以意识的意识、思维的思维为基础的。这位'真正的社会主义者'甚至在表达方法上也和哲学家没有区别了。他忘记了：不管是人们的'内在本性'，或者是人们的对这种本性的'意识'，'即'他们的'理性'，向来都是历史的产物；甚至当人们的社会在他看来是以'外界的强制'为基础的时候，他们的'内在本性'也是与这种'外界的强制'相适应的。"①由此可见，双重性质自我反思的生成是人们实践活动的产物，如果个人一味地沉迷在自己反思的世界中，不但不能够形成真正的自我反思，反而会使人走向无反思或者绝对反思的极端境地中去，这也阻碍了自我和自我意识的生成。

除此之外，我们也可以看到赫勒对"自我"理解的立足点虽然不同于弗洛伊德，前者立足于现实生活中的偶然性生存的个人，后者立足于"性本能"，但是二者有一点是一致的，即"自我"都要受到某种程度的检测和审视，前者要受到抽象规则、抽象法则或者抽象道德理念的检查和审视，后者则要不断地受到"超我"的压制。两人理论的差异只是在于，前者将"自我"理解为一个动态的过程，即双重性质的自我反思不断创造着"自我"的深度，而后者理解的"自我"是处于"本我"和"超我"之间的相对稳定的一种存在，尽管要受到几重压力，也是一个变动的过程，但幅度并不是很大。

---

① 《马克思恩格斯全集》第 3 卷，北京：人民出版社 1960 年版，第 567～568 页。

第三节　双重性质的自我反思培育良好道德判断力

一、良好道德判断力的内涵

　　在赫勒的道德理论中，良好的道德判断力（good moral judgement）实质上就是亚里士多德所说的"明智"这一概念，也被称之为实践智慧。亚里士多德在其著作《尼各马可伦理学》中认为，人的德性可以分为道德的德性和理智的德性两个部分。理智的德性又可以分为理论理性的和实践理性的，而明智则属于理智德性中的实践理性的部分。亚里士多德对明智的理解是通过对明智之人的特点进行考察。他认为，明智同人的事务相关，明智的人的特点就是善于考虑对于他自身是善的和有益的事情，这种有益是对于一种总体上好的生活而言的。因此，一个在一般意义上善于考虑的人是一个能够通过推理而获得最大善的人。而这种考虑则主要是指好的考虑，即考虑的目的是善的那种正确的考虑，但如果目的是善的，而达到目的的中介或手段不是善的也不能称之为好的考虑。明智的人在做任何事情的时候考虑的结果与手段是一致的，即都是与善相关的。通过这些解释，亚里士多德认为所谓明智是"一种同人的善相关的、合乎逻各斯的、求真的实践品质"[1]。明智虽然属于理智的德性，但是它又与道德德性密不可分，因为离开与"善"相关的明智，离开好的、正确的考虑，所有的德性就无法存在。

　　赫勒的"良好道德判断力"沿袭了明智的概念，它内在于个性而存在，是个性具有的良好品质。正如赫勒指出，"实践智慧，'精明'是个体的素质。当然，我并非用'精明'来指谓一般的精神素质，而是指一种特殊的精神能力，它完全是作为同特性保持一定'距离'的结果，对个体来说它在某种程度上成为一种'官能'。这正是亚里士多德用以指谓那种指向发现通行的最好的'中庸'的能力，这是伦理学的核心范畴，在亚里士多德著作中被称之为'phron-

个性道德与理性秩序

---

　　① （古希腊）亚里士多德：《尼各马可伦理学》，廖申白译注，北京：商务印书馆2003年版，第173页。

esis'"①，即良好的道德判断力是具有个性的个人或者"好人"才具有的内在素质。这样一种素质并不仅仅是理论的存在，更是实践的存在物，因为它是与慎重考虑事物，并且希望出现好的结果密切相关，正如赫勒指出，"在从事一项行动之前，我们需要度量这一行动的预期结果。我们为我们理性的恰当理论使用承担道德责任。对事实或者情况的无知能够将我们引向迷途。真正的知识是良好行动的一个前提条件。然而我们需要预先知道好的结果是什么、坏的结果是什么，并且我们能够全面了解它"②。而作为实践存在的良好判断力的获得虽然是后天学到的，但并不仅仅是靠学习知识获得的，而是在长期的实践、经验中训练而成的。

良好道德判断力很多时候依赖于人们的直觉力，这种直觉力是人们在实践活动中反复应用各种伦理规则形成习惯的结果，因为一些行动仅有很少的时间来考虑，这时候直觉变得很重要。正如赫勒所说："习惯发展了像闪电一样的**直觉**：它照亮了计划好的行动的暗角；道德决定和行动几乎能成为同时的。在通常情况下，直觉几乎自动地引导着正当的人；而在不经常或者道德关键的情况下，就会要求较长过程的审慎思考。这关系到当下发展一种'感觉'的良好道德判断力的事情。如果时间不是在我们支配下，那么我们纯粹是由于直觉而作判断，并且能够意识到危险。"③因此，赫勒在此给予了直觉力以很高的评价。但是，她也认为由直觉而来的道德判断力本身存在着一定的限度，在无法预测的环境中，或者在日常生活中建立的全新制度内，即便是最好的直觉也能够失败或者犯错，这表明了，如果直觉有生活经验做后盾，那么它就成为有力的工具，否则，它是软弱的。

但是赫勒也表明，良好的道德判断力的运用不能仅仅依靠直觉，还要依靠道德规则。因为直觉有时候是不可靠的，现代偶然性生存的人要想转换成好人，成为确定性生存的人，还应该依靠更为牢固的各种伦理规则的支撑和引导。正如赫勒所说，现代偶然性生存的人"将得出这样的结论，他们应该使用唯一普遍的拐杖，单

① （匈）阿格妮丝·赫勒：《日常生活》，衣俊卿译，重庆：重庆出版社1990年版，第26～27页。

② Agnes Heller, *General Ethics*, Oxford: Basil Blackwell Ltd, 1988, p. 86.

③ Agnes Heller, *A Philosophy of Morals*, Oxford: Basil Blackwell Ltd, 1990, p. 174.

一的在我们支配下组成的道德原则：'不要侵犯他人的身体或者灵魂；不要因为他人的种族、性别或者其他人类群体中的成员而操纵他人或者让他们处在监护下。'人们能够在多大程度上通过依赖这个拐杖而行走是可以看到的。然而，如果它证明成为一个可靠的拐杖，那么正当的人将使用它。实践是经验：一个人越多地学会应用拐杖，一个人就会越多应用它，并且积累的经验就会越多。由于新获得的经验，正当的人的直觉可能再一次发展并且能够像它在日常生活的事务和情况下已经证明它自己的那样成为良好的引导"①。即赫勒在这里表明，人们在应用自己的判断力时，只有依靠直觉和一般普遍的伦理规则的双重作用，才不容易犯致命错误，否则，个人的判断力在复杂的环境中将会失去方向。

总而言之，无论亚里士多德将"明智"（良好的道德判断力）理解为一种同人的善恶相关的、合乎逻各斯的、求真的实践品质，还是赫勒将其描述为一种特殊的精神能力，实质上都蕴涵着双重性质自我反思的维度。因为人们在进行各种行动前，已经在内心中运用这种反思预先审视经验的自我，从而检查自己的行为是否是向善的；同时，超验的自我也时时内在引导和审视经验的自我，是否在具体行动中选择向善的方向趋近。也就是说，双重性质的自我反思是良好的道德判断力的前提，人们只有拥有双重性质的（自我）反思，才具有良好的道德判断力，反之，邪恶则容易滋生。特别是在很多情况下，有些人为了达到某种目的，可能会允诺你很多实用主义的条件，诱惑你做违心的事情，然而你做这些事情与你平时一贯遵守的道德原则相抵触。如果你一旦没有经受住诱惑，那么就会以牺牲这些道德原则为代价，过后当你醒悟过来想要作任何辩解都是毫无意义的，而且任何的辩解都是站不住脚的，"辩解本质上是实用主义的。一旦实用主义的辩解替代了贯穿在道德方向和格言的规范、原则的辩解，从而作为**一种替代物**被接受，那么一个人一定会充分赞同实用主义的道德哲学"②。所以，良好的道德判断力对人们，特别是对"好人"来说尤为重要，而良好的道德判断力与双重性质的自我反思又密不可分。

① Agnes Heller,*A Philosophy of Morals*,Oxford：Basil Blackwell Ltd,1990,p.100.
② Agnes Heller,*A Philosophy of Morals*,Oxford：Basil Blackwell Ltd,1990,p.144.

个
性
道
德
与
理
性
秩
序

二、良好道德判断力与双重性质自我反思的辩证关系

首先,双重性质的自我反思是良好道德判断力形成的前提。赫勒所反复强调的双重性质的自我反思类型其实也是理性本义蕴涵的一种重要能力。赫勒阐明了理性的含义以及理性在动态过程中涉及的很多能力,她认为,作为区别能力的理性既不是一种智力或精神的本领,也不是与康德所说的知性、判断力等相对应的概念。当人们应用理性能力过程中,人们便应用了几种不同的智力能力,例如:逻辑思考能力、解决问题、应用(决定性的)判断力和想象力。与此同时,人们也在不自觉地运用一些情感,例如:恐惧、厌恶、生气、欢乐和难过,特别是仅仅人们才有的内在道德感、羞愧感。进而,如果现行的规范和规则不再被认为理所当然,那么有些能力就会被应用,例如:纯粹思考能力、反思判断、理论理性。其中,一些复杂的情绪(首要的是良知、忠诚、热情和激情)也参与到判断和区分过程中。人们之所以说一个人知道什么是对和错(好和坏),原因在于这个人学会了区分对错和好坏。然而,一个人怎么知道你认为好的东西**就是**好的?赫勒认为,这个问题不需要给出概念性的阐述,因为有意义的世界观,规范和规则的起源详细描绘了这个问题的合法性,人们只要将信任归属到合法的源泉中即可。这里,信任与知识并不矛盾,而是相互支持的。

从以上赫勒对理性的理解中,可以看出她对理性的理解,即理性内部不仅仅包含智力要素,还包含各种流动的情感要素。特别是她所提到的理性内部包含的道德思考能力和反思判断能力,这两种能力在今天具有重要的意义。这两种能力的获得,在现代社会随着科技的深入发展,已经变得越来越困难,但无论如何,在遵守社会中各种中立性的规则时,人们首先要做的就是独立地进行思考这些规则是否真的内含道德因素。如果通行的规则中剔除了道德要素,那么为了保持自己的个性,保持自己作为"好人",就不应该去遵从这些规则,即便是受到了各种压制,即便是面对着各种各样貌似正义但实质上以牺牲德性为代价的规则,也不应该去执行。

无疑,赫勒之所以特别强调通过双重性质的自我反思形成良好判断力的重要性,主要是深化了阿伦特对二战中艾希曼这个典

型例子的分析,阿伦特在分析艾希曼的时候已经指明他是一个缺乏思考、仅仅服从规则的个人。赫勒则更进一步,提出了现代社会中,人们要想成为"好人",仅仅有反思和自我反思是不够的,真正有个性的个人和"好人"的生成还必须以双重性质的自我反思为基础,否则,人们在复杂的情况下不容易形成良好的道德判断力,也就容易犯错误。所以赫勒在《个性伦理学》中借助约阿希姆(Joachim)之口说道:"艾希曼是一个从不思考的人。一个现代人必须总是思考他正在做的事情。在你做事情之前,在你加入一个组织、一个党、参加一项运动之前,在你致力于一种新的关系之前,你首先要三思,思考你正在做的事情,思考它在道德上意味着什么。人们不要停止思考自己行动的道德意义。"①

其次,双重性质的自我反思渗透在良好道德判断力的运用中。在传统社会中,我们能比较容易运用道德判断力来衡量后果的好坏,而且并不用太多的反思或者自我反思,因为一切选择和行动都已被设定好,是理所当然进行的过程。而在现代社会中,价值多元化的趋势将逐渐展开,一切进程都不再被预设,这一决定性的转变表明,人类在具体行动中将面临多种道德选择,并且在选择过程中会出现冲突,即现代社会出现了赫勒所说的道德冲突和困境问题,在道德冲突和道德困境面前,更加需要人们作出道德的判断,而良好道德判断力的整个运用过程必将贯穿着双重性质的自我反思。

对此,赫勒细致地描述了现代人面临的道德冲突和困境。道德冲突可以被描述为:"通常我们面临着**两种**我们认为有效的道德格言——更重要的是同等有效的——而且如果不违背一个或者另一个格言就不能够以任何方式行动。这些是**悲剧性道德**冲突的境遇。**格言本身之间**并没有冲突(或者矛盾),冲突仅仅位于行动的选择中。"②而所谓的道德困境则是指人们所遵循的格言的普遍性与具体行动的非普遍化之间的冲突,"对于我们的行动的**格言**,我们能够主张普遍性(或者一般性),但是对于行动本身,并不能够主

① Agnes Heller, *An Ethics of Personality*, Oxford: Blackwell Publishers Ltd, 1996, p. 122.

② Agnes Heller, *General Ethics*, Oxford: Basil Blackwell Ltd, 1988, p. 90.

张普遍性(或者一般性)。我把这称之为**道德困境**"①。

  为了更形象地说明现代社会的道德冲突和道德困境,赫勒重提了康德的那个著名例子:如果一个人在追杀另一个人,而被追的人跑到了我的房子里,当追杀的人问我是否看到被追杀的人时,我该怎么回答? 是遵循康德的道德律令"不得说谎"而作肯定回答,还是遵循"保存无辜的人的性命"而说假话? 面临具体情景中这一道德冲突,康德不仅排除掉了选择,同时也不考虑结果如何,仅仅强调按照"绝对命令"行动,即按照"你同时认为也能成为普遍规律的规范"去行动,那无疑意味着我们就要作肯定的回答。因为这一定言命令要求人们在行动之前首先要衡量一下是否自己的行动可以普遍适用,如果不可以,最好不要去做。这一定言命令因其无条件性、不受具体的经验、利害关系等的限制与假言命令严格区别开来。所以面对例子中的境况,按照康德的"绝对命令"行动,人们就应该服从于"不得说谎"这一绝对律令,不管结果如何都将采取这一行动。

  但恰恰是在这里,赫勒看到了问题。她认为,康德对"绝对命令"的强调排除掉了道德冲突,即排除掉了人们行动的选择。与康德回避因人们的选择出现的道德冲突不同,赫勒则直面这一已经存在的道德冲突事实,提出了正当的个人将会在具体的境遇中,寻求"在道德冲突中做什么对我来说是正确的"这一问题的答案和建议,正当的人在每一具体的行动中可以运用已有的道德感自由地选择,即个人的行动在这一具体境遇中面临着"说真话"和"保存无辜者的生命"的选择。尽管这两者都是同等有效的普遍的道德格言,但是两者之间却存在着差别:"在遵从格言'说真话'时,我们清楚地知道做**什么**以及**怎么**做。在遵守格言'保存无辜的人类生命'时,我们也知道做**什么**,但同时我们**并不**知道**如何**做。'如何'是境遇性的;'如何'以及行为的'多大程度'必须被考虑。"②赫勒力图要表明的是,尽管人们在遵从格言"说真话"时没有选择余地,即任何时候人们都不应该撒谎,但是,在遵循"保存无辜者的生命"这一格言时却存在着多种选择的可能性,所以人们并不能完全被一般

  ① Agnes Heller,*General Ethics*,Oxford:Basil Blackwell Ltd,1988,p.90.

  ② Agnes Heller,*General Ethics*,Oxford:Basil Blackwell Ltd,1988,p.89.

的、纯粹的形式主义的原则所引导,个人可以根据自己的状况和当时的情境选择**自己的**方式。

赫勒重提这个例子也表明良好的道德判断力的运用已不再被预先决定,而是可以在运用过程中根据双重性质的自我反思来引导作出某些改变。人们要想成为"好人",要想以自己的方式遵从伦理规则,那么就要运用双重性质的自我反思来检验自我,问自己面临同等价值的格言应该如何选择? 而这也表明在现代社会中,个人在具体情况中的行动是不能够被一般化的,正如赫勒所说:"因为格言留下了'如何'的问题是开放的,在格言指导下完成的**行动**(acts)能够在**种类上成为不同的**。我不能主张每一个人应该像这样的方式行动(act),我仅仅是主张每个人应该根据'保存无辜的人类生命'格言行动。我不能建议每一个人为了保持人类的生命应该说谎,我仅仅是主张在这样一种情况中说谎可以**被允许**。"①也就是说,无论人们在具体境况下进行哪种选择,都是在双重性质的自我反思的审视之下,通过良好的道德判断力而作出的个性化的选择,从而保证了"好人"和个性道德的实现。

第四节　双重性质的自我反思与 个性道德的生成

赫勒提出来的对双重性质的自我反思不仅能够对自我进行检验和审视,从而创造自我和自我的差别,使人们能够认识自己的德性和邪恶,以保存德性、规避邪恶,而且双重性质的自我反思还是个人良好的道德判断力的前提,一旦拥有了良好的判断力,"好人"尽管不能够完全避免犯错误,但也能够减少犯错误的几率。除此之外,这种特殊的自我反思也能够使人们正确认识自己,能够在特殊的情况下跟随自己的良心行动,还能够创造新的个体可以依赖的伦理规则,从而为好人以及个性道德补充内容。所以,总体来说,双重性质的自我反思从前提的角度论证了个性道德生成的合法性基础。

---

① Agnes Heller, *General Ethics*, Oxford: Basil Blackwell Ltd, 1988, p. 89.

一、认识你自己

赫勒认为,双重性质的反思是自我意识的前提,进而,个人能够从他者的角度来判断自己的行为正确与否,也能够履行他者对自己的期望。换句话说,双重性质的自我反思能够促使个人正确地认识自己,而"认识你自己"是个性道德内在的重要特征。因为"认识你自己"是一个道德律令,它意味着"认识你自己的美德和邪恶!"正如她所说:认识你自己,"用伦理学的术语说就是,我们需要认识哪一种情况需要躲避,哪一种情况需要进入,以便于我们最坏的冲动成为无结果的并且最后衰落、萎缩、消失,同时,以便于我们最好的动力能够流动并且发展直到它们成为'第二本性'"①。正因为如此,一个人需要对自己的美德和邪恶负责,因为如果一个人能够辨别它们,但仍然做了邪恶的事情,必须对此负责任,所以,一个人应该时刻注意躲避邪恶。

赫勒所谓的"认识你自己"与"不断地自我反思(绝对反思)"之间存在着很大的差别。两者的区别就在于:前者通过辨别自己的德性和邪恶,在某种程度上就能够有意识地保存德性,规避邪恶,而人们辨别自己邪恶和德性的过程是与双重性质的自我反思相伴而行的,这种对自我的认识有一定的限度;后者所涉及的反思没有限度,它是无限的过程,如此一来,就容易使人走向虚无主义的境地。赫勒认为这种反思类型是纳粹主义产生的原因之一,因为双重性质的自我反思如果一旦走向不断反思、永不停止的极端境地,那么人们的自我或者灵魂就成为无底的世界,或者说自我的底部就是"虚无"。所以,双重性质的自我反思内在原有的张力因失去内在的超验维度而消解,从而妨碍了自我意识的生成,更谈不上认识自我了。

赫勒在阐明了"认识你自己"的含义,区分了它与"不断自我反思"后,又进一步阐释了"认识你自己"中所涉及的德性和邪恶。她认为,"认识你自己"中所涉及的德性和邪恶,不仅仅是通过双重性质的自我反思对自我的审视和创造的结果,而且也是在与他人的交往中,对自我的铸造过程,无论涉及哪种情况,实质上都是在人

---

① Agnes Heller, *A Philosophy of Morals*, Oxford: Basil Blackwell Ltd, 1990, p. 78.

与人相互敞开、相互交往的过程中形成的。

在人们的交往中形成的德性包括诚实、真诚、值得信任、坦率等。赫勒认为，一个人如果做了如下事情是不会成为诚实的正当的人："(a)如果一个人并不展示自己是什么(或者相信自己成为什么)——如果个人的'本质'永远不会'出现'；(b)如果一个人永远不向任何人敞开自己，甚至永远不会试图使自己坦率于特别的'他者'；(c)如果一个人习惯性地隐藏自己行动和态度的动机；(d)如果一个人假装行为或者行动(与避免邪恶的后果不同)；(e)如果一个人并不信任任何人；(f)如果一个人习惯性地怀疑他人并且将坏的动机和目的归于他人；(g)如果一个人习惯性地阻止他人的知识或者信息；(h)如果(与避免邪恶的后果不同)一个人阻止他人的知识或者信息，以便减少他人的自主性；(i)如果(与避免邪恶的后果不同)一个人许诺但是并不打算履行诺言；(j)如果一个人习惯性地许诺，而不考虑是否能够履行它们；(k)如果一个人能够履行却不履行关键性的诺言；(l)如果(与避免邪恶的后果不同)一个人公开了知己的信息。"①这就表明，以上所列的事情是"好人"在与他人交往中要避免做的，否则，一个人就不具有德性，不能成为本真的好人。

同时赫勒也指出，诚实、真诚、值得信任、坦率等德性并不是单向的，而是双向的，否则人们之间的交往就不能顺利进行下去。除此之外，认识你自己还包括对自己性格，特别是性格中的负面因素保持清醒认识。如果一个人认识到自己的某种负面性格特征难以克服，那么这个人就应该弃绝这一性格特征萌发的条件或者躲避这一境遇。而真正做到这些，就需要一个人成为有着坚强意志并时刻能够自觉地运用双重性质自我反思的人。现实生活中，能够真正做到这一点实质上是一件很困难的事情，毕竟今天的人们不仅仅面临着太多外界的诱惑，同时也难以克制内在的欲望和目的。

赫勒除了指出存在的几种德性之外，还指出了四种不能使人们保持正当性的品德缺陷——忌妒、自负、怨恨和怯懦。这几种品德缺陷阻碍人们做正确的事情，阻止人们相互理解以及自我理解的道路，同时也使人们不能够承认自己所犯的道德错误，从而不能

① Agnes Heller, *A Philosophy of Morals*, Oxford: Basil Blackwell Ltd, 1990, pp. 78 – 79.

够纠正自己的失误。赫勒认为,这几种品德缺陷是潜在的邪恶,正如她指出:"忌妒、自负、怨恨和怯懦是全方位的(all-encompassing)邪恶。尽管它们本身'较少邪恶',但是就它们使人们倾向于做所有错事而言,它们在所有的邪恶中是潜在地最严重的。"①

实质上,当我们在日常生活中与他人交往时,经常会遇到一些人性格中具有这几种要素,或者我们也能够意识到自己性格中也隐藏着这几种要素,大多数时候,很多人并没有将这几种要素放在心上。但是,赫勒却明确地告诉我们这几种要素是潜在的邪恶,在特定情况下,它们会导致邪恶发生。虽然自负和忌妒本身几乎谈不上邪恶,但是,如果两者联合起来,就能够释放出破坏性和自我破坏性的魔力;而怨恨,作为自负和忌妒的后代,在现代社会的各领域,特别是政治领域释放了它自身的魔力;对于懦弱的理解,赫勒指出,如果我们环顾周围就可以发现,人类罪行的一半都是由于懦弱而导致的。

因此,为了避免以上这四种潜在的邪恶,人们需要勇气,需要成为勇敢的人。能够进行生存选择的人本身就需要勇气,"生存的选择是关乎勇气的事情。要践行这一选择也是关乎勇气的事情。要过一种正当的生活更多地需要勇气,而过一种好的生活同样需要勇气。有勇气,成为勇敢的"②。但这里所谈到的勇气不同于自我牺牲的姿态,尽管付出勇气可能有牺牲的危险,但是这很少发生,在当今社会,勇气的德性已经与诚实等德性更加紧密地连接起来,正如赫勒指出,诚实的德性和勇气的德性尽管是不同的种类,但在好人的个性中,它们是内在地互相交织在一起的。好人试图认识他们自己。他们既不害怕认识他们自己,也不害怕将他们自己置于朋友、他们爱的人或者他者的检查之下。诚实、真诚和值得信任都需要勇气,正如道德勇气以同样的方式需要它们一样。总体说来,在双重性质自我反思的关照下,人们要认识自己的德性和邪恶,从而使得个性道德成为可能。

二、跟随良心的声音

赫勒的"大屠杀"经历使她更加体会到,在恐怖的社会条件下,

① Agnes Heller,*A Philosophy of Morals*,Oxford:Basil Blackwell Ltd,1990,p. 84.
② Agnes Heller,*A Philosophy of Morals*,Oxford:Basil Blackwell Ltd,1990,p. 85.

双重性质的自我反思会受到限制,因为这一特殊类型的自我反思内含的超验维度经常会受到限制或歪曲。一旦这样,那么人们对自我进行正确的检验和审视将受到阻止。进而,也不能够保持个性道德的合法性,所以,在这种受压制的状况下,跟随良心的声音对于保持个性道德具有至关重要的作用。

众所周知,在"大屠杀"中,犹太人被封闭在"隔都"里,所有的信息都被封锁,大多数人唯一能够想到的就是设法保存自己的生命。所以,很多人为了所谓的自我保存,往往会跟随错误的信息,跟随"理性计算的原则"而违背良心做出不道德的事情,从而失去了个性,再度作为非正当的人而生存。对此,鲍曼曾经进行了深刻的揭示:"理性原则内在的道德冷漠因此被推向极致并被完全利用。在受到训练去追逐理性成就的行动者当中存在,但只要没有暴露在极端的考验面前往往就蛰伏不动的潜能,在此却淋漓尽致地爆发出来。在令人目眩的光亮中,自我保全的理性被展示为道德责任的敌人。"①不仅仅在"大屠杀"中如此,在极权主义模式下亦会发生类似的事情。所以,赫勒建议人们,当外在伦理规则被歪曲或者正确的信息被封闭的情况下,正当的人应该仅仅听从良心的声音。

赫勒强调特殊条件下人们的行动要跟随良心的声音,从一定意义上说,是恢复了个性和个性道德。因为在受压制或者极权主义条件下,人们就会思考是否能接受极权主义精神?是否应该将之内化为自己遵从的规则?正是在这种思考中,正当的人会坚持他们自己的主观性,听从他们自己心灵、灵魂和道德良心的忠告。因为,当个人一旦接受极权主义精神的引导,就会失去自我并成为(道德上的)非人。所以,赫勒也指出:在个人的思考中,"被黑格尔打发掉的**完全的主观道德态度**被作为极权主义世界中正当人的规范态度复兴。如果在这样一种困境下的人们问'对我来说什么是正确的事情'这一问题时,那么唯一的答案是'听从你自己的良心,并且仅仅跟随它'"②。即在特殊情况下,个人与自己已经形成的内在规则,与自己长期已经形成的良心之间形成了直接的关系,以避

---

① (英)齐格蒙特·鲍曼:《现代性与大屠杀》,杨渝东、史建华译,南京:译林出版社2002年版,第189页。

② Agnes Heller, *A Philosophy of Morals*, Oxford: Basil Blackwell Ltd, 1990, p. 137.

免个人在特殊情况下犯致命的错误。

然而,赫勒也指出,这样的原则并不能被绝对化和一般化。主观道德的态度仅仅在极权主义情况中是正确的,但是在其他情形中并不完全适用。因为当人们只依赖自己的良心作出选择或者行动时,容易出现无知和自欺现象,它们会干扰个人对现实的判断。因此,赫勒告诫我们:"想要寻求做什么事情是正确的正当人必须搜集关于权力机器的各种各样的信息,以弥补他或她自己经验的限制。为了防止自己任意的无知和自欺,一个人必须跟从如下建议:'**从所有可能的来源收集关于权力机器的信息,将事实从他们的评估中分离出来,并且将你自己的道德价值与那些事实联系起来。**'然而,既不要求一个人单独依赖于自己良心的原则也不能将此一般化。"[1]在这里,赫勒力图告诉人们,在非特殊情况下,现代人应该听从他人的观点,考虑传统、环境以及其他要素,而不应该仅仅跟随自己的良心,特别是涉及公共事务时更不应如此。

三、某些新道德规则的出现

尽管在社会常态中,人们在双重性质的反思和张力中,依照现有普遍有效的各种伦理规则能够自如地行动,但是一旦随着价值多元化的展开,当人们处于道德冲突和困境中,面对同等普遍有效的伦理规则时,就会感到无从下手去选择,这种情况下,好人就会根据具体的现实状况行动。不仅如此,赫勒还表明,很多时候好人能够通过交流、比较等方式,创造某些新的道德规则。因为一旦人们涉及冲突优先性的问题,或者我们陷入道德冲突本身的困境中时,就会寻求一种比较的标准。此时,人们需要一个更普遍性的标准来决定哪一种选择更好——实用主义的、道德的或者其他的方式。就道德冲突而言,两种具体的规范能够通过同一个抽象规范进行比较,或者同多个抽象的规范进行比较。尽管此时,"'更高'的规范(一般的、普遍的)并不能给我们决定的自由(因为不如说它们的存在是这种自由的结果)。但是就道德优先权能够被建立而言,它们给我们提供建立一种恰当的**优先权**的机会"[2]。所以说,当

① Agnes Heller, *A Philosophy of Morals*, Oxford: Basil Blackwell Ltd, 1990, pp. 139 - 140.

② Agnes Heller, *A Philosophy of Morals*, Oxford: Basil Blackwell Ltd, 1990, p. 102.

人们处在道德冲突和道德困境中时,更需要抽象规范对自己的选择和行动进行引导,那么,这些被人们所需的标准如何产生? 赫勒所提到的双重性质的自我反思很大程度上能够产生这些规范。

双重性质自我反思的这一作用并不能够仅仅通过自身来完成,更主要是通过人们之间的商谈实现的。因为在很多情况下,这种性质的自我反思并不仅仅是个人的事情,毋宁说它是在现代社会中偶然性生存的人们之间交流、商谈的结果,即如果正当人的行动涉及其他的人,在时间允许的情况下,那么人们就需要与他人进行商谈,来寻求道德上更好的决定和行动,这样就会较少地冒道德上的风险。赫勒认为,这种商谈和交流有几种伦理上的价值,即"一个人能够获得自己评估他们能力的理念,也能够检验一个人自己的本真性并且测量行为的可能的后果。进而,进入到这样一个讨论本身就是遵守规则的行为:在这样做的时候,一个人显示了对于他人自主性的尊重。但是,和那些相关的人进行的对话并不是要依靠他们的判断而作决定。**在道德上并不存在着集体的决定:每一个决定都是他或她自己的**,即使是来源于几个(相似的或同一的)决定的集体行为也都是个人的决定"①。因此,现代人通过相互之间的商谈,彼此会给对方有益的建议,通过双重性质的自我反思,一些有益的建议能够作为自己选择和行动的标准,在这一过程中,新的道德规范出现,以指引人们的行动。

但赫勒也指出,现代社会与过去相比,人们的商谈对象发生了一些变化。现在人们更多求助的不是朋友,而是咨询机构,因为咨询机构相对来说没有偏见,并且能够全面衡量各种因素。更主要的原因是人们生活情境的复杂性,在现代更复杂的社会条件中,就个人而言,并不容易全面了解其他人的处境,这就意味着个人不能够给他人提供更好的建议,所以说,现代社会中的"自然的咨询者"的能力被这种复杂性所限制。然而,一旦个人的行为侵害普遍规范的时候,这种限制就会消失。在这种情形下,朋友将以以前的方式行动,并且将告诉他人"你不应该做那件事"。

显然,从赫勒对人们之间商谈的强调中,我们看到了哈贝马斯曾经阐述的普遍语用学理论的影子。哈贝马斯在对现代社会技术

① Agnes Heller, *A Philosophy of Morals*, Oxford:Basil Blackwell Ltd,1990,p.175.

异化的批判中,明确区分了劳动和交往,并给予交往以优先性地位,力图建立主体间交往关系以及交往行为的合理化,以此来克服现代社会中人全面被物化和被统治的状况。而主体间交往关系最基本的层面或者前提是普遍语用学。在这一前提中,语言被放在很重要的位置上,它是达到主体间全面沟通的要素,而且在这一理想的言语环境中,交往参与者必须具有交往的能力,必须遵守言语的普遍有效性规范。简单来说,言语的普遍有效性的特征可被概括为言语的可领会性、真实性、真诚性和正确性等,以语言为核心的商谈理论是主体间合理的交往关系的核心。进而,哈贝马斯强调了主体间性结构无论对于个体生存还是社会发展都具有重要的作用,“语言上建立起来的主体通性(Intersubjektivität)的结构,可以以基本的语言行为为原型加以研究,这些结构对社会系统(Gesellschafssystem)和个性系统(Persönlichkeitssystem)来说,都是根本性的”[①]。因此,哈贝马斯的这些观点也被赫勒在阐明双重性质自我反思促成新规则的产生时借鉴。当人们面临具体的道德困境和道德冲突时,当曾经被人们奉为真理的权威规则坍塌之后,那么在社会常态中生活的人们如何正确行动? 新规则如何产生? 这些问题的解决则寄希望于现代人之间通过真诚的态度和语言进行平等商谈,否则由各种伦理规则构成的双重性质的反思也不容易建立。进而,个人与各种伦理规则之间的实践关系也无从建立,现代人就容易犯更多的错误。因此,现代人之间通过普遍语用学建立起来的平等交往关系便具有很重要的作用。

第五节 道德反思和道德自觉的长期性

赫勒在她的道德理论中创造性地提出双重性质(自我)反思理论,也表明了这一特殊反思类型的重要作用。其实对这一问题关注的背后隐含着另外一个问题:现代社会中需要继续通过道德反思对人们进行启蒙和德性的教化。西方哲学史中,关于通过反思进行德性教化的论述可以追溯到古希腊哲学家苏格拉底的思想。

---

① (德)尤尔根·哈贝马斯:《重建历史唯物主义》,郭官义译,北京:社会科学文献出版社2000年版,第7~8页。

众所周知,苏格拉底生活的年代发生了伯罗奔尼撒战争(Pelopornesian War),战争使希腊的社会秩序陷入了混乱之中,普遍的道德标准和价值标准失去了效力,私人利益占了上风。正是面对这种现实状况,苏格拉底力图建立知识与普遍理性引导的道德和生活,以克服现实生活中正逐渐失去的道德传统,我们都特别熟悉的经典名句"未经省察的人生是不值得活的"就足以说明这一点。所以,苏格拉底自喻为"牛虻",通过运用"问答法"的方式,刺激和追问他所遇到的每一个人什么是正义,什么是美,什么是勇敢,也追问相反的词语非正义、丑、懦弱等范畴的含义。苏格拉底力图通过哲学教化的办法,激励人们去反思自己的生活,反思已经形成的模糊不清的道德观点,进而使人们能够更清楚地反思和认识自己,思考自己应该过一种怎样的生活。正如黑格尔曾经说过:"在德尔斐的神喻中,阿波罗是主持神喻的知晓之神,——福布斯就是知晓者;他的最高的诫命是:认识你自己。这并不是对人的独特的特殊性的认识;认识你自己,这乃是精神的法则。苏格拉底实践了这条诫命。"①换句话说,只有在反思中,人们对道德、德性的真理性的知识被唤起,从而在现实生活中做个好人,成为幸福的人。尽管苏格拉底这种美好而高尚的教化方法在某种程度上激起了人们追求善、追求德性和美好生活的自觉,但是他的命运却是悲剧性的。而苏格拉底之后的柏拉图、亚里士多德等也都继承了这一传统,希望能通过对人们理性的教化,使他们学会反思以促进德性的内化。虽然到 19 世纪以后,理性主义的德性伦理遭遇到了克尔恺郭尔、尼采等思想家的颠覆,但是反思精神并没有被完全抛弃。

赫勒同样也给予反思和自我反思以特别的关注,她立足于现代社会,重新反思并解释了亚里士多德的理论。我们知道,亚里士多德曾经提出著名的"四因说"来说明事物的生成和存在。他认为,任何事物存在和变化都离不开四种要素,即质料因、形式因、动力因和目的因,但总的可以被概括为质料因和形式因。这两大因素不仅可以被用来描述事物的运动和变化,同样也可以被用来说明人的变化过程。依照亚里士多德的观点,人的运动变化可以用

① (德)黑格尔:《哲学史讲演录》第 2 卷,贺麟、王太庆译,北京:商务印书馆 1960 年版,第 96 页。

个性道德与理性秩序

公式"质料（matter）—教育（paideia）—形式（form）"来表示。但赫勒认为，这组公式中的三个组成部分，只是适用于描述传统人，并不适于描述现代人的运动变化。因为在传统社会中，一方面存在着诸如人类情感、智力和其他的性情等原料，另一方面存在着确定的目的，即人们要成为全面德性的人，这一目的的实现则通过教育，教育的目的在于将质料塑造成预定的形式。亚里士多德的这一公式也表明了传统人的生存状态，每个人是怎样的，在他出生之前就已经被预先设定了，出生之后，就朝着预先设定的目标努力就好，即一个人成为"已是"的人。但由于现代社会，人们都处于双重偶然性中，价值呈现多元化的趋势，这不仅导致公式的两极都发生了极大的改变，而且中介要素——教育也发生了根本的变化，因此，这一公式在现代社会应该被重新解释。

正是基于此，赫勒首先重新阐释了"形式"这一极。她指出，现代社会中并不存在"形式"等待着被填充的状况，应该用"行为"来替换"形式"。因为"'形式'表明完美、实现、完成（例如，一旦质料已经被塑造成形式，那么**教育**就已经结束），'行为'就没有这种含义。行为通常是不断进行的开放式的过程；它是存在（being）和成为（becoming）的同一"①。即她认为，实际上现代社会中不是用已经设定好的"形式"规定某个人，个人能够以他们自己的方式发展他们自己的行为，正如实际上人们都做的那样，而发展一系列的行为意味着学会如何成为正当的。正如她指出："发展一系列的行为意味着发展整个人的一系列的行为。并且也可以说，这样的发展不能仅仅是准本能的和无意识的'正在成长的朝向'。我们正处在任何条件下力图弄清楚采取什么措施是正确的都相当困难的现代社会中，正处在即便是在日常生活的框架里为了躲避严重的错误也更加需要反思的现代社会中，仅凭行为的自发发展必将导致灾难。"②所以，在这里，赫勒不仅用更合适的"行为"代替了"形式"，而且指出了思考和反思对于现代人的行为过程具有更重要的位置。因为偶然性的人如果不谨慎地运用反思和思考，那么正当的行为将不可能充分发展。

---

① Agnes Heller,*A Philosophy of Morals*,Oxford：Basil Blackwell Ltd,1990,p. 67.

② Agnes Heller,*A Philosophy of Morals*,Oxford：Basil Blackwell Ltd,1990,p. 68.

其次,赫勒在修正了传统社会中亚里士多德所提出来的公式中的"形式"之后,又进一步修正了另外的一极——质料和中介(教育)。赫勒认为,现代社会如果"形式"被修正以后,那么与之相对应的"质料"如果仍然是固定的,这一公式将变得不可能。因为现代社会中的人们是作为双重偶然性存在的个人,如果要想成为一个正当的人,那么人们就需要选择所有的已经是的,选择已经存在的所有的确定性,这样才能够将偶然性转化成命运。而且,作为整体的偶然性存在的人几乎不能够被称为是"质料",无论这种质料是什么。因此赫勒认为,应该用伴随着自由选择的"确定的偶然性"来代替"质料",只有这样,才能更确切地说明现代人的生存状况。而对于中介(教育),赫勒指出,**教育是通过正直的人实践正当性成为正当的学习过程**①。这实质是说明了正直的人在现实的实践过程中,需要时时地选择自己、保持自己,能够不断地运用反思等力量来保持正当性、德性,规避邪恶。因而,赫勒用"选择的瞬间"(instant of the choice)代替中介(教育)的过程,这是一个不断开放的过程。

通过以上的阐述,可以看出赫勒修正后的更适应于现代人的公式应该是:作为自由选择的"确定的偶然性"——选择的瞬间——行为。不言而喻,赫勒修正后的公式比原来的更加适合现代社会和现代人。诚如她所指出的那样,"在原来的模式中,在'开始'处既不存在德性也不存在邪恶,仅仅存在不同质量和不同数量的'质料'。在结尾处根本就不存在邪恶。我们偶然遇到拥有大量德性(对于每一个绅士都是同一的,其余的不值一提)的绅士。在现代模式中,德性和邪恶出现在所有的阶段,可能在一开始就既有德性也有邪恶,在不同的固定的阶段有不同的德性和邪恶。在教育的过程中,某些邪恶消失或者成为中立的,某些德性出现并不断地被实践。然而,并不是所有的坏品质特征都消失,也并不是所有的德性(除了形成正当的现代品质的中枢那些德性)都能够被具体化。最终的结果(如果有一些)是没有人成为'大量德性'的贮藏所,也没有很多将成为没有任何不良品质特征或者严重人类弱点的人。然而每一个人将在各行各业中成为同等正当的。因为所有

个性道德与理性秩序

---

① Agnes Heller, *A Philosophy of Morals*, Oxford: Basil Blackwell Ltd, 1990, p. 71.

的人能够成为正当的,考虑到他们选择成为他们所是的。并且每一个人都以独一的方式如此选择"①。

综上所述,无论亚里士多德的模式还是赫勒修正过的模式,两者都涉及通过反思对人们德性的教化问题。两人的设想都是很美好的,但我们不能否认的一个事实是:通过反思来进行德性教化在现代社会却变得越来越困难,而这也是现代社会各个领域中的道德呈现支离破碎的原因之一。造成这种境地的因素包括以下两个方面:

第一,技术理性至上主义致使人们反思的无能,同时人们也力图逃避反思。对于这一问题,法兰克福学派的马尔库塞在《单向度的人》中进行了淋漓尽致的批判。他认为,现代社会的特色在于,它在绝对优势的效率和不断增长的生活标准双重基础上,不是依靠恐怖而是依靠技术来征服离心的社会力量,以技术为中介,文化、政治和经济融合成一个无所不在的体系,这个体系吞没或抵制一切替代品。这个体系的生产力和增长潜力稳定了这个社会,并把技术的进步包容在统治的框架内。也就是说,在当今社会,技术不再保持其中立性的特征,已经被异化为统治和操控的巨大力量,这种力量在促进财富不断增长、提高人们劳动效率的同时,更可以消除人的否定性维度。因为技术的不断进步可以更快地生产出人们不断需要的各种消费品,也日益改善着人们的生存境遇,使人们的工作条件变得越来越舒适,而这也吸引了工人越来越主动地、自愿地被整合到技术一体化的体系中来。这种整合的后果就是:人们,特别是工人日益沉溺于工业文明和技术进步所带来的"虚假需要"的生活,沉溺于对现有生活的幸福意识,而这种意识则会导致人们丧失反思能力以及否定性维度。正如马尔库塞所说:"这种幸福意识反映着这样的信念,即现实的就是合理的;不管怎么说,现存制度提供了商品。人民被引向到生产设备中去寻找有效的思想和行动的动因,而他们个人的思想和行动能够而且应该归结为这种动因。在这一转变中,这种生产设备还具有道德动因的作用。物化、万物的一般必然性解脱了道德心。在这种一般必然性中,内疚感没有任何地位。一个人可以发出消灭成千上万的人民的指

119

---

① Agnes Heller, *A Philosophy of Morals*, Oxford: Basil Blackwell Ltd, 1990, p. 72.

令,然后声称自己根本不受良心的谴责,并心安理得地生活。"①而且,在幸福意识的领域里,"算计消除了道德心。当整体危若累卵时,唯一的犯罪就是反对整体或不维护整体的罪。犯罪感、过失感和内疚感成了一种私事"②。

因此,马尔库塞通过对现代社会技术理性至上主义的批判,表明人们反思维度丧失的后果就是人成了单向度的人,而这进而导致个性道德生成的困难性。实质上,虽然技术一体化的现代工业社会的确在某种程度上控制并削弱了人们的反思维度,但从另一个角度上来说,很多人自身也心甘情愿地满足于这种控制。事实表明:很多人正享受着由技术提高所带来的各种便利条件,享受着丰富的物质条件,同时也逃避反思。因为虽然与动物相比,反思是人区别于动物所独有的一大优势,但是反思在很多时候并不是一件很快乐的事情,毋宁说反思使一个人更加痛苦。当一个人清醒地审视自己的生存处境、审视社会、审视自我后,由于现实与理想所产生的巨大落差便会导致一种痛苦和焦虑,所以反思必将是沉重的,这也是现代人逃离反思的原因之所在。虽然穆勒在肯定精神快乐的超越性时曾经提倡:"做一个不满足的人胜于做一个满足的猪;做不满足的苏格拉底胜于做一个满足的傻瓜。"③但由于更多的人都会选择趋利避苦,特别是当面对外部强大的现实感到无能为力时,很多人都会自觉地逃避反思,沉沦于"共在"的状态中,这在某种程度上阻止了个性道德的生成。

第二,对权力和金钱等外在目标的需要和追求蒙蔽了人们的反思能力。一般我们所说的权力,指的是对人和物的支配能力,它通常是与有政治地位、管理权和官职的人联系在一起,因为拥有权力在某种程度上意味着自我价值的实现,所以可以毫不夸张地说,很多人内心深处都有对权力追求的欲望。人们对于金钱的态度同样如此,特别是现代社会,当金钱愈来愈变得无所不能的时候,人

---

① (美)马尔库塞:《单向度的人》,张峰、吕世平译,重庆:重庆出版社1988年版,第67页。
② (美)马尔库塞:《单向度的人》,张峰、吕世平译,重庆:重庆出版社1988年版,第70页。
③ (英)约翰·穆勒:《功利主义》,徐大建译,上海:上海人民出版社2008年版,第10页。

们更加需要它。那么,在人们过分追求这些外在目标的过程中,由于过分注重最终目的是否能够实现,从而经常会忽略其手段的正当性问题,同时被忽视的还有自身的反思能力,这就容易产生邪恶。同样,当人们一旦拥有了权力、金钱之后,也会因忽略了反思能力而不能够正确地认识自己,容易产生对权力、金钱的滥用,特别是在法制尚不健全的国家中更容易出现这种状况。这也从另一个角度表明了缺少反思以及自我反思能力,真正的个性和个性道德的确很难形成,所以道德反思和道德自觉是一个长期的形成过程。

尽管以上因素在很大程度上掩盖或抑制了人们的反思能力,但并不是说人类已经降落到与动物同一的层次中,人类仍然存在着希望。加缪曾经说过:"一旦世界失去幻想与光明,人就会觉得自己是陌路人。他就成为无所依托的流放者,因为他被剥夺了对失去的家乡的记忆,而且丧失了对未来世界的希望。"①所以面对时代的精神状况、面对大多数人自身反思能力的减弱,并不表明人类已经陷入万劫不复的悲惨境地,这一时代中仍然有许多思考的人们,不同的思想家都提出了自己的构想,为精神漂泊和"无家可归"的现代人寻求精神家园。所以,加缪在《西西弗的神话》中通过对不断推石头的西西弗的分析,为我们展示了以整个身心致力于一种没有效果事业中的"荒谬的人"的生存状况和生存悲剧,他力图要告诉我们的是:现代人应该成为"虽然并不否认永恒的存在,但决不拔一毛以利永恒"的人,应该微笑地面对并勇于超越自己悲剧性的命运。同样,雅斯贝斯在其著作中也提出了"实存的人"的存在方式,在所有人当中,"实存的人"是成为自己的人,因为"惟有成为其自身的那些人才是最优秀者。他们不同于那些在自身中只感到了空虚的人,不同于那些看不见可以为之斗争的事业的人,不同于那些正在躲避自己的人"②。

与以上思想家同样,赫勒在绝望中充满着希望,她以"好人(个性的人)存在"为前提,并跟随现实好人的脚步,勾画了他们所遵循的各种道德规则,强调了他们所具有的良好德性,描述了他们所具

---

① (法)加缪:《西西弗的神话》,杜小真译,北京:西苑出版社2003年版,第7页。
② (德)卡尔·雅斯贝斯:《时代的精神状况》,王德峰译,上海:上海译文出版社2005年版,第152页。

有的公民勇气等。归根结底,她希望现代偶然生存的人们能够在普遍范畴的引导下,将自己的双重偶然性转化为**自己的**命运,即今天的人们应该在道德的照耀下过一种确定的生活。唯有如此,现代人的偶然性生存才能转化为确定性的生存。所以,赫勒通过大量的笔墨对活生生的、生活在我们周围的现实好人的生存方式进行了细致的描述,这实质上也是为了阐明在已经逐渐趋于同一性的现代工业社会中,通过好人的榜样示范和教化的力量,通过好人周围的人们对自我的反思和双重性质的自我反思,仍然可以出现更多的好人,呈现碎片化的德性依然有可能被人们所继承并践行,同样,个性道德也必定会悄悄萌发,社会秩序依然能够理性恢复。

第四章　自由和责任:个性
道德合法性基础之三

　　权威官僚体系下责任的转移和漂浮——在权威的官僚体系内,关于道德的语言有了新的词汇。它充斥着像忠诚、义务、纪律这样的概念——全部都朝向上级。上级是道德关怀的最高目标,同时又是最高的道德权威。事实上,它们全部可归结为一点:忠诚意味着在纪律规范的限制下尽个人的义务。当他们凝聚并相互强化的时候,作为道德准则,它们的力量大到能够废止与排斥其他所有道德考虑的程度——首先就是那些与权威体系对自我再生产的倾注相左的伦理问题。

　　　　　　　　　　　——转引自鲍曼:《现代性与大屠杀》

　　众所周知,萨特在《存在主义是一种人道主义》中明确了"存在先于本质"这一命题,并且在存在主义框架内建立起与绝对自由相连的绝对责任观,即现代社会中,没有上帝的眼睛注视着人们,也没有任何必须要遵照的规则来约束人们,现代人可以自由地选择和行动,但在任何的选择和行动之前人们必须要考虑清楚,能否为自己自由行动的后果承担起责任? 所以,这一观点中,萨特所强调的自由并不是为所欲为的、轻松的放纵,而有些类似于现代人无以承受的重任,正如萨特所说:"如果存在真是先于本质的话,人就要对自己是怎样的人负责。所以存在主义的第一个后果是使人人明白自己的本来面目,并且把自己存在的责任完全由自己担负起来。还有,当我们说人对自己负责时,我们并不是指他仅仅对自己的个性负责,而是对所有的人负责。"①而萨特提倡的与绝对责任相连的个体自由这一存在主义的核心思想也被赫勒继承。在赫勒的道德理论中,绝对责任和绝对自由两者互为前提、互相联系、互相作用,共同为现代社会中"好人何以可能存在"这一问题提供合法性基础。如果没有两者以及两者之间的关系,那"好人"或者个性道德也无从存在,因此,自由和责任也就构成了个性道德或者"好人"内在的合法性基础。但赫勒在强调自由和责任的重要性时,却将之与"普遍性范畴下生存的选择"联系起来。对个人来说,一旦进行了这种生存的选择,即选择自己作为道德的存在,选择自己作为"好人"而存在,那么这个人就能够充分地将自己的偶然性生存转化为确定性的生存,这意味着进行选择的人获得了真正的自由,可以在生活中的各个领域之间进行跳跃,而不冒任何危险,当然这并不排除好人也会犯错误等类似情况的发生。同时,每个自由的"好人"也选择承担起对他人、对世界的责任,因为他们已经获得了许诺的能力,也必定要承担起履行诺言的责任来。所以说,人们一旦在普遍性范畴下进行生存的选择,就会以自己独特的方式表现自己的自由,也会以自己独特的方式对他人、对世界承担责任,这使得个人不再拘泥于单个人这一狭小范围内,而是与他人、与世界相互连接起来。

第一节　作为个性道德内在基础的自由

自由无疑是一个比较混乱、容易引起歧义的概念,但其基本含义是指个人自愿的行动,或者个人的选择不受他人的阻碍和限制。对于自由含义较为经典的阐述莫过于伯林了,他将自由分为积极的自由和消极的自由两种,其中消极自由涉及对以下问题的解答:"在什么样的限度以内,某一个主体(一个人或一群人),可以或应当被容许做他所能做的事,或成为他所能成为的角色而不受到别人的干涉?"②积极自由则涉及下面的问题:"什么东西或什么人,有权控制或干涉,从而决定某人应该去做这件事、成为这种人,而不

---

① (法)让－保罗·萨特:《存在主义是一种人道主义》,周煦良、汤永宽译,上海:上海译文出版社1988年版,第8页。

② 转引自顾肃:《自由主义基本理念》,北京:中央编译出版社2003年版,第64页。

应该去做另一件事、成为另一种人?"①从两者的区别中可以看到,前者主要的目的在于不受限制,而后者主要目的在于主动行动,使自己能够成为主人,即"自主"是积极自由的核心内容。而赫勒无疑是在积极自由的意义上来理解自由,她认为,自由是现代社会中双重偶然性生存的人主动将自己的偶然性转化成命运的一种实践活动,正如她所说:"我的自由是我'转向'的姿态,是伴随着'在致力于如此这样的一种可能性而不是其他的可能性的实现,我充分利用我的偶然性、我的生活'姿态的同时,我接受偶然性挑战的姿态。那么,自由主要是实践的。它是**实践**。"②即积极意义上的自由是与自主、自律密切联系在一起的,它是一种动态的主动活动。除此之外,赫勒为了避免积极自由极端化带来的恶果,还创造性地将真正的自由与个人普遍性范畴下生存的选择联系起来,从而从另外一个角度为个性道德的实现,为以自己的方式践行"好"的好人提供了合法性基础。

一、自律:个体自由的本体论术语

赫勒认为,自由和自律是密切相关的一对概念,自律是个体自由的本体论术语。在这个意义上说,自律为真正的自由提供了一个"场域"。所谓自律涉及所有可能的行动以及个人的性格问题,主要体现的是个人自我管理及其独立性特征。自律是和选择分不开的,但并不是所有的选择都关涉自律的选择。自律的选择指的是,当个体在两种替代物之间选择,并为这种选择的内涵和外貌打上自己个性的印记时,他就是在行使自律。换句话说,就本体论的意义来说,选择无疑是第一性的:没有选择也就不会有自律的选择,但是没有自律的选择,却可以有选择,因为很多选择并不充分体现个性的特征。

正是在种种可选择性的想法和行动中,自律和自由紧密地联系在一起,即一个自律的人完全可以根据自己的性格选择和决定自己的行为方式,而不会被任何外在的条件所限制,他是完全自我确定的人,同时,他也是充分自由的人。大致来说,自律的人或者

---

① 转引自顾肃:《自由主义基本理念》,北京:中央编译出版社 2003 年版,第 64 ~ 65 页。

② Agnes Heller, *A Philosophy of Morals*, Oxford: Basil Blackwell Ltd, 1990, p. 127.

完全自我确定的人能够向着道德的或其他的方向发展,但是,只有前者孕育着现代社会个性道德的状况,从而也作为确定性的"好人"存在,这就是赫勒所提倡的真正的自由,而后者虽然也将自己的偶然性特征转化成确定性,并且是作为自主的人而存在,但是这一选择由于没有和"善"相连,因而在成为自己的过程中将前途未卜,或许会走向邪恶的境地,从而与真正的自由相悖而行。所以,赫勒极力阐明的是:真正的自由与道德自律是同一的,而与其他自律相联系的自由有可能走向与自由相反的道路。这也表明了,自律和道德自律之间存在着区分。所谓的道德自律,就是以自己的方式下定决心选择自己作为"好人",正如赫勒所说,"道德自律是选择与一个人已经接受为有效的规范一致的行动过程的自由。这里,'选择'意味着**保证**"①。即道德自律主要阐明的是赫勒所说的个人道德中个人的姿态问题,它体现了个人觉醒的程度比较高,能够自觉地遵循社会中通行的各种道德规则。

　　进而,赫勒在区分了自律和道德自律之后,又进一步区分了它们演化出来的几种类型:绝对自律、相对自律、绝对他律、相对他律、绝对道德自律、相对道德自律、绝对道德他律和相对道德他律。赫勒认为:**绝对自律**意味着人们处于充分自由的状态。**相对自律**意味着一个人在某种程度上是自由的,但是并不充分如此。与之相对应,**绝对他律**意味着个人完全被外在于他自己/她自己的因素所决定。**相对他律**意味着个人屈从外在于他自己/她自己的某一限制或权威。在这四者关系中,相对他律预先假定了相对自律,反之亦然。然而,绝对自律既排除绝对他律,也排除相对自律,因为绝对自律意味着个人是完全自主不受任何限制的。绝对自律的个人,其行为总体上被他的或她的自由所决定。**绝对道德自律**则建立在绝对自律基础上,无论个人做什么,个人的良心或者实践理性是唯一的引导,除此之外,没有其他任何标准。一个绝对自律的个人不会根据任何其他的规范和规则行事,除非是根据被他/她自己的良心规定的尺度所首先证明的行为。绝对道德他律意味着个人在每一个道德相关的行为中是一个完全的傀儡。这个傀儡中,存在着两类束缚:一类是环境的具体规范和规则的束缚,这被这个人

① Agnes Heller, *General Ethics*, Oxford: Basil Blackwell Ltd, 1988, p. 63.

认为是理所应当的,另一类是个人的兴趣、欲望和激情的束缚。**相对道德他律**意味着个人屈从于自然的根据情境变化的限制,如果这些限制并不存在,那么人们将不愿意做更多的好事,但是如果限制存在的话,人们则必须做正确的事情。这几者关系中,相对道德自律预先假设了相对道德他律,反之亦然。然而,绝对道德自律既排除绝对道德他律,也排除相对道德他律。相对道德自律与相对他律互为预定假定条件。

根据赫勒对几者关系的描述,为了能更加明晰几者之间的关系,可以用下图表示。

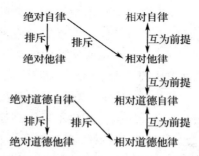

从以上赫勒的阐述和图示中,我们可以比较清晰地看到,自律和道德自律、他律与道德他律之间存在着密切的关系,它们既相互区别又内在地交织在一起。正如赫勒所说:"道德自律被认为是与相对道德他律和相对他律联系在一起的。相对道德他律被预先假定,主要是因为道德自律的人并不会检验和检查**伦理中**包含的**每一个**规范和规则的有效性。"[1]与此同时,相对道德自律与相对他律、相对自律之间存在着紧密的联系,相对他律并不是指对我们自主性的规范的限制,而是指对非道德起源的社会的限制。

以上各个概念之间的明确划分,实质上只是理论意义上的,在行动上人们不能完全地将它们区分开来,而且现实生活中人们的行动也并不能够完全地做到"绝对自律"和"绝对道德自律"或者"绝对他律"和"绝对道德他律"。所以赫勒同时也指出,"我主张一个人能够**思考**绝对自律,也能够**思考**绝对道德自律。然而,我们却无法想象作为'绝对地'自律或者道德自律存在的**行为者**"[2]。

① Agnes Heller, *General Ethics*, Oxford: Basil Blackwell Ltd, 1988, p. 64.

② Agnes Heller, *General Ethics*, Oxford: Basil Blackwell Ltd, 1988, p. 62.

即现实生活中的人们并不能完全地、只能在一定程度上做到道德自律。换句话说,人们并不是以绝对道德自律的方式生存,所以赫勒把道德自律理解为最大程度的道德自律(maximum moral autonomy),最大程度的道德自律与相对道德自律等同。

赫勒对道德自律的这种理解很大程度上修正了尼采理论中的激进性和极端性。在尼采理论中,由权力意志推动的“高贵的人”形象其实是绝对的道德自律的人,因为他能够持续地“再现”自己,他是本能和理性完全统一的人,他是独一无二的完全实现自己命运的人。但是,赫勒认为尼采塑造的“高贵人”的形象虽然非常完美,然而却不现实。因为生活中根本找不到这样的人,人并不是完美的上帝或者神,虽然人可以朝向上帝无限地发展自己,但永远也达不到上帝的完满存在状态,尼采所塑造的完全自我实现的“高贵的人”也仅仅是一件现代的艺术品而已。而且,如果按照尼采的思路,将美学维度放在第一位,其他维度放在次要位置,那必将把人类带入灾难的境地中。所以,赫勒祛除了尼采理论中绝对自律、绝对道德自律等概念中的激进性特征,将自律和道德自律都理解为最大程度的自律和道德自律,从而将道德的维度放在了首要的位置上。唯有如此,才能尽量避免看上去很美但实际上却给人带来灾难的现代艺术品的出现,从而保证了“好人”是形式和内容的统一体,而不仅仅是空洞的形式。

二、自由的悖论及其克服

充斥着现代性的社会,无论怎样强调生活在其中的人们拥有更大程度的自由都不过分。现代社会,人出生前不存在预设人将来一切的固定束缚,在其出生之后个人也能够自由地选择,成为自己所希望的人,这体现了人可以极大地发挥其主动性和创造性的力量,但是这种状况却出现了相反的一面:自由的空洞性。赫勒指出,现代社会中人们出生在可能性丛集的现代条件中,其中没有可以依赖和可以被限制的社会图示,即现代人正经历着“被抛入自由”中的社会条件。然而,这种自由,是空的,或者以存在主义的话语说,它是虚无。显然,赫勒实质上为我们揭示了现代人的悖论,同时更是揭示了作为实践活动的自由在现代社会中面临的悖论。对此,她在《现代性理论》中给予了充分的说明:一方面,自由是现

个性道德与理性秩序

128

代人的基础,这意味着每一次论证都要求助于自由,而自由则保证了论证的真与善。自由就像所有的传统一样被认为是理所当然的,并且不断被重复,它是所有论证都不再向前的"始因",是确立秩序和保证确定性的限度,因此自由是房屋的一个坚实基础,即所有建立在它之上的东西都代代耸立——只有地震能动摇它;另一方面,自由作为终极原理,作为现代性的"始因",却不能执行一项"始因",这种始因是按理应该执行,而且在先前历史中也一直在执行的任务。正因为如此,"根基牢固"的建筑以一种非辩证的方式被摧毁了。自由作为基础也就意味着一切都没有基础。因而,为了摆脱和克服这种虚无境地,为了找寻到真正的自己,现代人就必须作出选择,从一个"自在的人"转变成"自为的人"。

实质上,赫勒所提到的现代人以及自由的悖论根源于现代人本身所具有的双重特征:人是自在存在和自为存在的统一体。对此,萨特早在《存在与虚无》中通过对人的"自在的存在"和"自为的存在"的具体阐述就说明了这一点。所谓"自在的存在",主要强调它的直接给定性,它没有任何原因地存在着,"存在不可能按意识的方式而是自因的。存在是它自身。这意味着它既不是被动性也不是能动性"①。而所谓自为的存在,主要强调其超越性特征,它"被定义为是其所不是且不是其所是"②。这显然揭示了人,特别是现代人的主体性和创造性特征,而且现代人的整个一生都是在不断选择自己和确证自己中活动着。对此,赫勒也同意这一观点。

那么,现代人如何克服自由的悖论,克服虚无境况,成为真正自由的存在?赫勒则认为要通过"选择自己"的途径。但是,她对"选择自己"作了进一步阐释。这一选择并不是人们平日经常会面对的简单的选择,而是之前曾经提到的克尔恺郭尔理论意义上的"生存的选择"。

然而,赫勒对"生存的选择"作了区分和解释。首先,这种选择自己并不等同于制作自己,正如她指出:"实际上,'选择自己(choosing oneself)'不是'制作自己(making oneself)'而是'认识自

① (法)萨特:《存在与虚无》,陈宣良等译,合肥:安徽文艺出版社1998年版,第25页。

② (法)萨特:《存在与虚无》,陈宣良等译,合肥:安徽文艺出版社1998年版,第26页。

己（knowing oneself）'的现代等同物。'制作自己'的比喻伴随着自我创造运行着。一个人将自我理解为不确定的,理解为原材料。同时,一个人也将同一个自我(或者它的一个特别的方面)理解为创造者、工人、艺术家,他们将根据行为者自己设定的目标预先设定的形状,将原材料塑造成为预先设定的形状。一旦比喻中创造性 - 艺术的维度消失,一个人容易陷入实证主义的形象中,即一个仅仅是目标导向的一般的行为者,这样的行为者有一个生活策略,并且选择每一个她或者她理性采取步骤以适合前定的'目标'。"①而"对你自己的选择是对命运的选择(choice of yourself is the choice of destiny);更精确地说,选择你自己等同于认识你自己作为特殊命运的一个人。你并不'拥有'一个先于选择的知识的自我。存在与存在的意识是不可分的。对自我的选择是**一种生存的**选择,因为它是对存在的选择。通过定义,生存的选择是不可逆转(irreversible)和无法更改的(irrevocable)"②。也就是说,在"制作你自己"中的自我之间是分离的,为了某种外在的目标,其中一个自我可以塑造另一个自我,使之符合外在的需要,一旦外在的目标消失,这种塑造可以随时被撤销。而"生存的选择自己"则与之不同,不仅不存在两个自我,而且一旦进行了选择,这一选择是不可以被撤销的。正是因为生存的选择是不能取消的,所以它能够产生人们生活的目的,即它恢复或者重新塑造了现代人生活中一出生就缺席的东西。

其次,生存的选择与理性的选择也存在着本质的不同。现代社会中,由于工具理性中的计算原则占据了主导地位,这同样渗透到了道德实践中,致使我们在道德选择中会经常自觉不自觉地运用计算方法,例如:2009 年长江大学三名大学生因为救两名落水儿童而牺牲了自己生命的事件发生之后,很多人就讨论他们的做法值不值得,然后列举出种种理由。实际上对这一事件的讨论留给人们一个值得深思的问题:在道德实践中,是否有理性计算法则的位置? 对此,赫勒通过对理性的选择和生存的自我选择之间差异的阐述给予了答案,"自我选择生活的内在的目的不能够与就理性

① Agnes Heller,*A Philosophy of Morals*,Oxford:Basil Blackwell Ltd,1990,p. 9.
② Agnes Heller,*A Philosophy of Morals*,Oxford:Basil Blackwell Ltd,1990,p. 10.

个性道德与理性秩序

选择理论而言的被设计的生活策略目标相混淆。生存的选择是我们对我们自己的选择，并不是对具体目标的选择，甚至不是对**特定**生活目标的选择。为了实现一种生存选择的目标，没有任何工具能够被应用。内在于生存选择的目的是真正的'目的本身（end-in-itself）'"①。这里赫勒实质上确立了人们的行动应该完全致力于道德选择的一种态度，道德的选择中排除掉理性计算的原则，道德考虑中，所有人的生命价值等同。而这也体现了好人或者自律、自由存在的人的一种性格特征、一种人生态度。

毋庸置疑，生活在现代社会中的人们无论在行动中，还是在性格上已经习惯于不断地进行"理性选择"的模式，即在不同的场合和情境下习惯于从不同的选项中作出有利于自己的选择。这种现象之所以出现，主要是由于尽管行动的目标和价值体系是固定的，但是在实现这一目标的过程中，人们所使用的方法和贯穿其中的价值体系不是唯一的，而是在不同的路径中有选择的空间，因此，在这种情况下经常会出现个人为了自己的眼前利益而驱逐道德因素。不仅如此，"理性选择"模式很多时候容易将个人独特的个性特征剔除出去。在同一行动的过程中，很多人都不会根据自己的性格特征来行动，不选择能体现个人性格的方式来完成同样的事情，都倾向于选择更容易的方式来实现目标。

因此，理性的选择与生存的选择是截然不同的两种行为模式，后者是好人的选择，是对确定性的选择，使得好人能够成为道德自律的人，成为一个真正自由的人。因为好人并不是经常在不同的路径中进行选择，而只是以不同的方式致力于对"好"的绝对选择中，一旦选择，永不更改，即这种态度可以被描述为决心执行一系列的行动。而且，"无论你生存地选择什么，（作为一种选择）都是不可取消的。一旦你取消了它，那么你将迷失你自己、你自己的个性、你自己的命运，从而再次堕落到偶然性中。只有在生存的选择中，在选择他们自己中，现代的男男女女们才能够将他们的偶然性转化成命运"②。所以说，生存的选择中体现出来的是人们的一种决绝态度或者本真性的生活姿态。无论这一选择是选择自己作为

---

① Agnes Heller, *A Philosophy of Morals*, Oxford: Basil Blackwell Ltd, 1990, p. 10.

② Agnes Heller, *A Philosophy of Morals*, Oxford: Basil Blackwell Ltd, 1990, p. 11.

好人，还是选择自己作为特殊职业的人，都体现了同样的态度，它与理性的选择存在着本质的区别。

无疑，赫勒发展的"生存的选择"理论也体现了作为现代人之一的她面临着自由的悖论，并没有处于无所适从的消极状态，而是以反思的后现代视角欣然接受这种悖论，并寻求其突破的途径，这也是现代人面对悖论的一种姿态。除此之外，她之所以这么关注"生存的选择"，既是因为这一选择能够为人们提供确定性的存在方式，使人们能够寻求到生活和生命的意义，也是因为这样的一种选择能够与自由紧密相连，它是"好人"和个性道德之所以存在的前提条件。

三、真正自由的表现

（一）真实地对待你自己

赫勒认为，"真实地对待你自己"是个性伦理学的首要的格言，但践行这一格言却是特别困难的一件事情，因为人们往往面临着很多选择。赫勒对于自由的这一理解是通过分析尼采和瓦格纳之间从友好走向决裂的关系展开的，两人之所以走向决裂是因为尼采与瓦格纳在交往中真实对待自己、听从自己声音、坚持自己个性的结果，尼采的做法表现了他自己在实现自己个性过程中是一个充分自由的个人。以下是赫勒对于两人决裂原因的详细探查。

一方面，瓦格纳在戏剧作品《帕西法尔》（*Parsifal*）中所塑造的帕西法尔这一角色并不符合尼采心目中自由英雄的形象。在剧中，帕西法尔作为"高尚的野蛮人"，他是自由的化身，是自我创造的人，他一直在救赎别人，但是在剧的结尾，他却在神坛面前跪了下来，这一姿态表明这个救赎者屈服了来自"上边"（上帝）的力量。这样的结尾是不符合尼采心目中自由的、有个性的英雄形象，因为在尼采心中，真正的有个性的人不仅应该完全自我创造、不屈服于任何的外在力量，而且这个人的命运也应该成为所有人的模范。但瓦格纳所塑造的帕西法尔这一角色却没有完全实现这一点，帕西法尔的行为虽然在两个时刻实现了自己的命运：第一个时刻帕西法尔揭开了圣杯，这意味着真理被揭开的时刻。此时，他是一个揭开真理的人，是一个完美形象的代表，因为揭开的姿态意味着"这是**我的**真理，我显示了**我的**真理"。但是，接下来的时刻却是帕西法尔在圣杯前跪了下来,这意味着尽管他揭开了真理,这是他的真理,但是真理却不是来源于他,而是来自高于他的地方,面对着更高的地方,帕西法尔屈服了,他不再是个自由的人,这也取消了其个性实现的可能性。所以赫勒认为,正是这两个时刻中所表现出来的帕西法尔模棱两可的命运才使得尼采下定决心要撤销(take back)帕西法尔,转而创造自己的英雄,实现自己的个性。

除此之外,尼采对瓦格纳的不满还在于,瓦格纳塑造的作为现代偶然性个人存在的帕西法尔,根本不能够在揭开圣杯的时候说"这是**我的**真理",因为我们所处的时代是一个衰颓的时代,真正的真理只能被"显现",否则所揭示的也仅仅是一个伪造品,正如赫勒所说:"因为帕西法尔是一个现代的、偶然性的人,并且他的世界是一个现代的、衰颓的世界,是一个关于营救形而上学的真理是绝对欺骗性姿态的神秘剧。对上帝信任已经消失的地方,古老的'救赎者'并不能够恢复上帝。对绝对真理信任已经消失、任何事情都是可以允许的地方,'揭示'(真理)的姿态是虚假的,圣杯是一个赝品。"①

另一方面,在尼采心中,真正有个性的人并不是人们通常所理解的"好人"形象,而是能够自我创造的"高贵的人"、"强者"的形象。因为尼采心中的"好人"是虚无主义、衰颓和悲观主义的原型和征兆,这种人有四个特征:"第一,他将自己屈服于外在的规则(尼采斥责所有的好人都**伪善**)。第二,他太虚弱以至于不能够战斗和征服,这就是为什么他宣扬怜悯、宽容等。第三,在他的灵魂中,**不平感**逐渐长大。第四,他恨生命。"②所以,"好人"恰恰是被尼采厌恶的。但是在《帕西法尔》这部剧中,瓦格纳塑造了古尔曼茨(Gurnemanz)这个"好人"形象并将他放在了中心的位置,他是一个正直的人,总是将别人放在中心位置,能够处处帮助别人,总是对"他者"承担责任,他心中充满着爱,能够将爱赋予人类和自然界,并且他仅仅是为了爱而爱,所以,在这种意义上古尔曼茨实现了自己的命运,他是一个真正有个性的"好人"。而尼采则认为,古

---

① Agnes Heller, *An Ethics of Personality*, Oxford: Blackwell Publishers Ltd, 1996, p. 67.

② Agnes Heller, *An Ethics of Personality*, Oxford: Blackwell Publishers Ltd, 1996, p. 43.

尔曼茨并没有完全实现他自己的命运,他不过是成为了他一直所是并已经是的"好人"而已,他没有创造什么,即他并不是一个自我创造的人,真正的好人应该是自我创造的"强者"。所以说,尼采和瓦格纳对有个性的"好人"观点的不一致也是两人造成决裂的原因。

正是基于以上原因,特别是对于帕西法尔这一中心角色的问题造成了两人之间彻底决裂。而且赫勒认为,尼采之所以走入到疯癫的境地,是因为他在坚持自己的过程中精神受到了困扰。因为尼采在反驳瓦格纳的过程中,一方面,他力图跟随自己的情感、强力意志、真诚、高贵等,极力撤销帕西法尔这一非自己心中的英雄人物;而另一方面,在这过程中却又遇到了挫折,这一矛盾导致尼采逃到了疯狂之中。但无论怎样,尼采在与瓦格纳的斗争中塑造了自己心中的英雄——查斯图斯特拉,代替了瓦格纳心中的英雄——帕西法尔,他最终还是真实地对待了自己,体现了自己的自由。

实际上,赫勒也对二者之间的分歧点进行了评价。她认为,尼采坚持自己的个性和理论是对的,但他将自己所贬损的"好人"形象和瓦格纳作品《帕西法尔》中的古尔曼茨相提并论是不对的,因为后者并不符合尼采所厌恶的"好人"所具有的四个特征。相反,古尔曼茨心中充满着爱,这种爱并不是为了某种外在目的去爱,而仅仅是为了爱而爱,他是一个纯粹的纯洁的人,并没有任何伪善的成分,他真实地对待自己,不屈服于任何外在的规则,他自我创造,热爱生命和生活,所以古尔曼茨是个性道德的真正体现者,尼采将他理解为没有个性的懦弱者丝毫没有道理。总的说来,通过赫勒对尼采和瓦格纳关系的阐述,可以得出一个结论:真实地对待自己是个性生成的一个基本前提。人们只有真实地对待自己,才能或者与自己内在特殊的规则以及外在普遍的规则结成一定的关系,这也为个性道德的生成奠定了前提条件。

(二)普遍性范畴下生存的选择

赫勒认为,真正的自由是与"生存的选择",特别是与普遍性范畴下生存的选择互相包含的。在差异性范畴下生存的选择尽管其中也贯穿着自由、自律,但是作出这种选择的人往往会使自己置于外力下,常常会受到外在力量的抑制,所以在某种程度上说,尽管这一选择看起来是自由的,但是实质上却因这一选择和行动随时被限制而不完全自由。

　　除此之外,对于这一点的理解也可以从赫勒对两种选择之间的关系以及优先权的说明中看到。她认为,一个人可以同时拥有这两种生存的选择,但无论如何,这个人在行动和判断中必须给予道德考虑优先权,即作为好人,必须给予普遍性范畴下进行生存的选择以优先权。尽管两种生存的选择都不可撤销,但普遍性范畴下生存的选择是**绝对的选择**,处于至高无上的地位,而差异性范畴下生存的选择则是**基本的选择**,如果一个人优先选择了前者,那么他就能够成为一个自律的、有责任的真正个体,就能够自如地游走在生活的各个领域中,而不必冒险做某事。正如赫勒所说:"如果已经作了生存的选择(选择我们自己作为道德的人),那么从个人道德(实践理性)的角度上来说,就会使一个人将检验和检查内在领域的规范和规则的动力自由运转,并且能够在日常生活领域和特定的对象化的领域之间'定期交换',而不会冒着破坏前者或后者的危险。"①在这里,赫勒强调了普遍性范畴下生存选择的重要性。但如果一个人将两者之间的地位交换,给予后者以优先权,那么这个人就需要小心翼翼地行事,需要好的平衡感、好的反思、巨大的运气和朋友的帮助等,稍微不慎,这个人就有可能失去诚实、完整的个性、自律等好人所具有的特征。总之,"如果一个人在普遍性范畴下生存地选择了自己,那么这个人就伦理地选择了自己。如果一个人选择成为所是的并且作为一个人所是的,那这个人伦理地选择了自己。在选择所有自己的确定性中,一个人使自己自由地成为一个好人,一个自我命定成为好的人。在选择成为一个好(正直的)人中,一个人选择善恶之间的选择"②。

　　进而,赫勒又描述了这一真正自由的选择,确定了"真正的自由是选择所有已是存在物"的思想。例如:我们已是特别父母的孩子,我们已有一个特别的童年,我们从特别的疾病中已经遭受苦难,我们已经出生在一个特别的环境中,无论富有还是贫穷,无论受教育还是未受教育等,所有的这些都是已有的存在物,都注定了

---

① Agnes Heller, *General Ethics*, Oxford: Basil Blackwell Ltd, 1988, p. 161.

② Agnes Heller, *A Philosophy of Morals*, Oxford: Basil Blackwell Ltd, 1990, p. 17.

我们已处在什么样的状态中。所以,要想拥有真正的自由,首先应该选择所有的这些确定性、环境、天赋、财富、不确定性等,即选择每一件我们所是的事物。进而,我们也选择自己作为**我们所是的**好人。正是在我们选择所有的我们的确定性中,才使我们自己获得真正的自由。显然,赫勒对普遍性范畴下生存的选择这一问题的阐述,转换了人们理解自由问题的视角:从客体的视角转换为主体的视角,将人的被动接受变为主动选择,真正有个性的"好人"不再被动接受而是主动选择已经存在的事实。

如此一来,视角的转换更强调了人本身的主动性特征,从而凸显了人的自由。同时,对道德的选择真正体现了个体的自由。因为在现实生活中,人们一旦在普遍性范畴下进行了生存的选择,或者一旦生存地进行道德的选择之后,就不会将自己置于普遍道德律令的压力之下,就能够将自己的偶然性转化为确定性,而不至于处在飘忽不定的生存状态中,正如赫勒所说:"践行个人自己的命运能够令人满意的、好的和高兴的——即使它背负着令人无法忍受的非正义和痛苦。因为一旦生存地选择自己作为好人,那么就没有什么比失去我们的命运并因此失去我们自己更能够威胁到我们了。"①但是,赫勒又进一步提出了一个问题:我们怎么知道一个人已经生存地选择他自己或者她自己作为一个好人(正当的人)?她对此问题的回答是:"我们从他或者她是好的这一**事实**中可以知道这些。一个人以一个正当的方式行动、给予道德而不是所有的其他种类的考虑以优先权、更愿意承受非正义而不是做非正义的事情、不考虑社会的认可而做正确的事情等事实是对于善的生存选择的展示,而且并不存在着其他展示的方式。"②

当然,赫勒所延续的"生存的选择"理论与"完全的决定论"不同。"生存的选择"是建立在现代人双重偶然性生存的特征以及自由的选择、自我决定基础上的,在面临各种选择时,并没有外在的道德规则或者类似于上帝的强大力量事先决定个人如何选择。人们的每个决定、每个行动来自内部的自我决定,并不受到来自外部的他者指使和操控,赫勒在《个性伦理学》中借助维拉(Vera)之口

① Agnes Heller, *A Philosophy of Morals*, Oxford: Basil Blackwell Ltd,1990,p.19.
② Agnes Heller, *A Philosophy of Morals*, Oxford: Basil Blackwell Ltd,1990,p.218.

指出:"生存的选择是对生命的承诺。……已经作出生存的选择的人有一种实现的'感觉',他'感到'有一些东西'在他的内部'的彼岸仍然等待着实现,或者他已经充分地实现他的命运,才能够死亡或者休息。"①这也说明了生存选择的力量来自已经作选择的个人内部,来自个人内部所作的最终决定,一个人要下决心终其一生去做好人或者去做从事具体职业的人,这就实现了生存的选择,当然在实现这一目标的过程中,你可以改变达到这一目标的方式,但绝不会改变其方向,否则,一个人即便是活着,但却从未真正存在过。而"完全的决定论"中的个人无论是主动还是被动地屈从于外在权威之下,都没有任何的自由而言,这样的人是从来没有真正存在过的人。所以,"生存的选择"理论与"完全的决定论"之间的区分就在于:前者无论就选择还是行动都强调人内在的主动性,无论是选择作为好人,还是作为从事其他职业的人,都是自我对于确定性的选择,这表明了现代社会中个体的主动性和创造性特征,而后者并没有为个人的主动性留下任何余地;前者能够将外在的束缚转化成内在的自由,因为他们**主动**选择了这些束缚,而后者则完全处于外在束缚的奴役下。

同时,"生存的选择"与"唯意志论"也不同。众所周知,明显的唯意志论的代表人物是主张"生存意志"的叔本华和主张"权力意志"的尼采,他们两人共同的特征都是将意志放在了至高无上的本体论的位置,而且世界都是由它而存在。但是,赫勒的"生存选择",尽管强调了意志的重要性,但是却没有一种本体论意义上的"意志"放在那里,仅仅存在着人们意愿某种东西或某件事情,在意愿的过程中,消解了固定存在的"意志"本身,体现了人们的自由。正如赫勒所说:"这种思考的方式并不意味着唯意志论,生存的选择亦如此。转向并且面对我们的偶然性并不是唯意志论主义:它与决定性相反,并且它能够把偶然性转换成我们**实践的**自由。"②所以说,如果非要说两种理论有什么联系的话,那仅有的便是意志在生存的选择中仅仅是作为一个可以依托的背景而存在。

———————————

① Agnes Heller, *An Ethics of Personality*, Oxford: Blackwell Publishers Ltd, 1996, pp. 150 – 151.

② Agnes Heller, *A Philosophy of Morals*, Oxford: Basil Blackwell Ltd, 1990, p. 126.

四、真正自由内在于个性道德中

之所以说真正的自由内在于个性道德中，原因在于其承载者——有个性的个体，通过真实地对待自己以及普遍性范畴下生存的选择，以自己独特的方式**主动选择**遵守已经存在的道德律和各种伦理规则，从而与这些伦理规则结成牢固的关系。拥有了这种道德，人们才不会在各种伦理规则、道德律令面前感到受束缚。赫勒也在《个性伦理学》中借助约阿希姆（Joachim）之口说明了这一点，约阿希姆（Joachim）指出："自由是对道德律的遵从。更加实事求是的阐述就是：如果你为了正常的理由做了正确的事情，那么在道德上你是自由的，如果你做了错事，过后你并不能以已经先在地'决定'你做错事的一些事情来为自己找借口，因为你不能。你不能说你犯错误是因为你不幸的童年，因为你是一个神经过敏者，因为你想保护你的孩子或者你的国家，因为你没有想到这么严重的伤害等。你更应该说，因为你做了这件事，已经做过了，这完全是你的行为，你并不是被迫或者被决定去做的。"①赫勒的这段话表明如果人们主动选择道德律，那么他们就能够做正确的事情，并且是自由的，否则，就会将自己置于不自由的境地，这是人们主动选择不遵从道德律的结果，所以面对不良后果，人们不能寻求任何借口来为自己辩护。由此可见，真正的自由体现着个性道德的实践活动。实际上，赫勒对自由的这种理解在很大程度上继承了康德所提到的人们对道德律令的遵从，人们之所以必须要遵守绝对律令，就是因为绝对律令是人们普遍同意而确定的规则，既然人们普遍同意，那么每个人都必须坚定不移地去遵守，只有这样，才能够真正体现自由。

除此之外，之所以说真正的自由内在于"好人"和个性道德中，原因还在于能够体现真正自由的选择并不是为了某种外在的目标而去做善事，而是选择自己出于善而善，这一生存的选择内在于个性道德中。我们并不否认现代社会中，在不受限制的前提下，很多人为了实现某种目标而作恶，从而选择成为"邪恶的人"，赫勒也谈

---

① Agnes Heller, *An Ethics of Personality*, Oxford: Blackwell Publishers Ltd, 1996, p. 118.

个性道德与理性秩序

道:"个体可能具有坚固地发展起来的否定的道德价值内涵。在选择命运时,他可能蓄意选择邪恶。"①如戏剧《魔鬼与上帝》中的主人公格茨就是一个最初蓄意选择邪恶的例子。

在这部戏剧中,格茨是贵族母亲和农民父亲的私生子,自出生起他就受到贵族和百姓的责难,于是他就立志要进行报复,所以作恶成了他存在的依据。他这样做既是为自己所受到的不公正待遇进行报复,同时也是为了证明自己的存在,而向上帝挑战的行为。他希望上帝能够显灵,结果,上帝并没有任何表现。后来,纳斯蒂指出,格茨的暴行不仅没有给贵族带来坏处,反而带来了好处。此后,格茨开始放弃暴力,广泛地为农民做善事。本来,做善事应该是一件好事,但事与愿违,经过了种种事情之后他仍然遭到了农民的唾弃。无论怎样,这部戏剧表现了格茨所有的行动终究没有体现真正自由的精神和原则,为什么?在萨特看来,人真正的自由不能够通过上帝来确证,只能依靠自己的行动,在选择的行动中来加以确证。同时,真正的自由不能够通过为了邪恶而邪恶来证明,亦不能通过仅仅为了某种外在的目的行善而达到,一旦这样做了,结果必然失败。正如格茨,无论作恶还是行善都是为了挑战上帝,希望借此来证明自己存在的价值和意义,结果必定是不自由的。但是,如果用赫勒的话语来寻求答案的话,那就是格茨失败拥有自由的原因在于他并没有进行"生存的选择",特别是没有进行"普遍性范畴下生存的选择"。或者更确切地说,尽管他最初进行了"生存的选择",即选择自己作为恶人而存在,为了恶而作恶,但中途却停止了这一选择,从而使不可逆的选择成为了可逆的,最终使得他仍然是偶然性生存的人,仍然是不自由的人,所以终究没有实现其个性道德。

赫勒认为,一个人之所以成为自由的"好人",仅仅是我选择了自己成为"好人",所以我是出于善而善的。尽管"好人何以会作出这样的选择"不能够被论证,但是,我们能够知道的却是现代社会中的确存在着无数作这样选择的人,也存在着无数践行"遭受痛苦比犯错误更好"这一格言的人。正如她指出:"'遭受痛苦比犯错误

① (匈)阿格妮丝·赫勒:《日常生活》,衣俊卿译,重庆:重庆出版社1990年版,第27页。

更好'的主张不能够被证明。能够被证明的仅仅是：**存在着更愿意遭受痛苦而不是犯错误的人**。这些是我们称为**道德善**的人。道德善是所有的在他们**实践的**日常生活中**在真理下面签名**主张遭受痛苦比犯错误更好的那些人。"①即"好人"以自己的方式坚持着"遭受苦难比令别人痛苦更好"的真理，这是一种出于道德自律而作出的选择，选择本身体现了内在于好人的自由和自我确定的精神，这是真正的、彻底的道德自由，它只能在普遍性范畴下生存的选择中得以贯彻，因为这一选择意味着选择自己作为完全的好人，好人能够以自己的方式与通行的各种伦理规则形成自觉的关系，从而践行个性道德。这一切行动都是自然而然发生的，而且已经生存地选择自己作为好人的人，将永远不会提出类似于"为什么我应该成为好的，而不是坏的"这样的问题，即他不会为他的成为一个正当的人的决定而寻求理由，他仅仅成为一个正当的人，更精确地说，他将成为他一直是的，一个正当的、正直的好人。除此之外，出于任何目的去行动的人都不能体现真正而充分的自由，"**道德自由的理念是道德自律的理念。正如我已经指出的，如果完全自主的道德体存在，那么这个人的所有的相关的行动将成为完全自我决定的。一个充分自律的道德体根本不留下任何道德选择**"②。

总体说来，赫勒认为虽然不受限制的消极自由是个性道德的前提，但是真正的积极的自由却内在于个性道德之中。这也从一个角度回答了赫勒提出的道德哲学的中心问题——"好人存在，但好人何以可能存在"这一问题，好人之所以存在就是因为他们能够进行普遍性范畴下生存的选择，是因为他们拥有内在的真正自由，当然，这也从另外一个角度为个性道德提供了合法性基础。赫勒的自由理论中渗透着浓厚的生存主义气息，这主要体现在她对克尔恺郭尔的"生存的选择"理论的继承上，对于这一点，在行文中已经给予了很多的阐述。除此之外，她的自由理论与马克思、恩格斯以及尼采对自由的看法都有着很大的差别。

首先，赫勒所理解的自由虽然与黑格尔和恩格斯所理解的自由观点有着表面的相似点，但实质是不一样的。无疑，恩格斯所理

个
性
道
德
与
理
性
秩
序

140

---

① Agnes Heller, *General Ethics*, Oxford：Basil Blackwell Ltd,1988,p. 65.

② Agnes Heller, *General Ethics*, Oxford：Basil Blackwell Ltd,1988,p. 60.

解的自由与黑格尔对自由的理解是一脉相承的,在他们的理论中,"自由"是与"必然"相对应的一个概念,恩格斯在《反杜林论》中曾经指出:"黑格尔第一个正确地叙述了自由和必然之间的关系。在他看来,自由是对必然的认识。'必然只是**在它没有被了解的时候才是盲目的**。'自由不在于幻想中摆脱自然规律而独立,而在于认识这些规律,从而能够有计划地使自然规律为一定的目的服务。……因此,自由就在于根据对自然界的必然性的认识来支配我们自己和外部自然;因此它必然是历史发展的产物。最初的、从动物界分离出来的人,在一切本质方面是和动物本身一样不自由的;但是文化上的每一个进步,都是迈向自由的一步。"①即黑格尔和恩格斯所说的自由是认识论意义上的自由,自由仅仅是从已经存在的对必然的认识中才能获得,否则,人永远是必然性条件的奴隶。这种观点中,必然性是自由的基础和前提,而祛除了前提中的偶然性要素,而这一点恰恰是赫勒所不能完全认同的观点。

赫勒认同的自由则不仅仅有必然性的前提,而且还考虑了偶然性的前提条件。她认为,黑格尔和恩格斯的自由观剔除了前提中的偶然性要素,仅仅考虑了必然性对人的约束,所以她阐述了自己的观点。她认为:"只有在偶然性或者被从人类的历史中消除或者仅仅作为一个充当必然性实现的中介这一现象被思考的情况下,自由与'对必然的认识'一致的主张才有意义。被假定为被认识并因此成为熟知的'必然性'实际上是作为历史的目的(telos)被揭示的。自由因此被转换成(掌握已经命定的)沉思的行为。如果沉思的行为引导行动,那么行动本身则在性质上或者成为实用主义的或者成为意识形态的。在我的模式中恰恰相反。我们选择我们世界的确定性,因此我们必须尽可能地熟悉它们。正是这种选择,使我们自由地转向将来,也转向当前,这是为了使一些事情实现,而这些事情作为在我们生活和行动条件内的许多种可能中的一种一直被隐藏。知识仅仅是选择(或者更确切地说是选择的一个方面)的一个条件;然而,选择本身并不完全是理性的。(准确地选择我居住的世界的唯一理由就是我恰好居住在这个世界上。)这种并不完全的理性方面使选择主要的是**实践的**:我选择我**居住**的

---

① 《马克思恩格斯选集》第3卷,北京:人民出版社1995年版,第455～456页。

世界,因为我仅仅能够在我**栖居**的世界中行为。"①从以上阐述我们可以看到,赫勒所理解的建立在偶然性前提下的选择的自由与恩格斯等人的观点有些不一致,因为她同时考察了现代社会中自由的偶然性前提和基础。尽管如此,她对于自由的理解与黑格尔、恩格斯相同之处在于,她的自由观也没有仅仅停留在沉思的领域,自由作为一种姿态,实际上是关涉选择的向善的实践活动。

但实际上,或许赫勒对恩格斯所沿袭的黑格尔的自由观存在着某些误解。的确,马克思、恩格斯的哲学理论和黑格尔哲学之间存在着亲缘关系,但毕竟他们是将其理论体系建立在人的实践活动,即自由自觉的现实活动基础之上的,在这种意义上说,马克思和恩格斯对自由的理解,虽然是和"必然"相对应的一个范畴,但并没有否认它本身与实践的密切关系,即真正的人的实践活动是人的本质力量的全面展开过程,它是真善美的全面统一。同时,实践活动的自由与纯粹思辨的自由有着本质的区别,这可以从马克思和恩格斯在《德意志意识形态》中对施蒂纳的批判看出来,他们指出:"此外,这里我们还看到'**真正的社会主义者**'所理解的'自由活动'。我们的作者不小心,泄露了自己的秘密,他说,自由活动就是'不决定于我们之外的物'的活动;这就是说,自由活动是 actus purus,纯粹的抽象的活动,只不过是活动的那种活动,而且,归根到底,它又被归结为'纯粹思维'的幻想。既然这种纯粹的活动有了物质的基质和物质的结果,那么这种活动当然是完全被玷污的了;'真正的社会主义者'只是迫不得已才从事这种被玷污了的活动,所以他轻视这种活动的产物,称它不是'结果',而'只不过是人的**糟粕**'(第 169 页)。因此,作为这种纯粹活动的基础的主体,决不可能是实在的有感觉的人,只能是思维着的精神。这样用德国方式来解释的'自由活动'只是上述的'无条件的、无前提的自由'的另一种表达形式而已。"②所以说,马克思和恩格斯所理解的自由也是与全面的实践活动密切相连的积极自由,对于这一点,赫勒也完全赞同的。

其次,赫勒的自由理论批判地继承了尼采的自由观。前面我

---

① Agnes Heller, *A Philosophy of Morals*, Oxford: Basil Blackwell Ltd, 1990, pp. 126－127.

② 《马克思恩格斯全集》第 3 卷,北京:人民出版社 1960 年版,第 548～549 页。

们在阐述赫勒对尼采与瓦格纳分裂原因的分析过程中,说明了两个人分裂的原因不仅仅是尼采需要跟随自己的个性自由地行动,而且尼采所创造的查斯图斯特拉这个角色也与瓦格纳所创造的帕西法尔存在着差异,前者是完全地靠意志行动,是完全地、绝对地自我确定的自由人,后者则是拥有最大程度自由的人。

赫勒虽然是继承了尼采对自由的理解,但是这种继承并不是完全接受,而是批判地继承,即赫勒同尼采一样,表明现代社会中一个人除非是充分自由的,否则不能够体现个性道德,也就是说,自由是个性、个性道德存在的前提条件,而有个性的个人是自我确定的人,他可以自由地选择自己的道路,选择自己怎样地存在。但是,一旦涉及"生存的选择"这一问题时,两人之间就出现了分歧。尼采认为有个性的、自由的人就是能够"幸运掷骰子"的人,即能够将自己的双重偶然性转化为确定性的人,也就是能够进行"生存选择"的人。这就表明选择自己作为一个特定的人和选择自己作为一个好人并没有本质的差别,因为两者都会实现自己的个性,都是自由、自律的个体。而赫勒则将真正的有个性、自由的人与在普遍性范畴下进行生存的选择紧密地联系在一起,即有个性的人是选择自己作为"好人"的人。

与此同时,二者之间的分歧还在于,尼采宣扬的有个性的人是绝对自由的人,即拥有完全自律的个人,但是赫勒却反对绝对的自律。她认为,这个世界上并不存在绝对的自律和自由,任何的自律和道德自律都是相对的,因为任何人都不能过离群索居的生活,人之所以为人,必然离不开外在的环境以及由人和人组成的各种社会关系,因此,绝对意志决定的行动是不可能的,任何的行动都是相对自律和自由的。所以赫勒只是强调最大程度的自律和道德自律,否则人就不再是人,而是一件完美的现代艺术品,但完美的艺术品恰恰是我们现代人必须避免的东西。

第二节 作为个性道德内在基础的责任

赫勒在其道德理论中,不仅仅强调个体自由的重要性,更是强调了个体在处理自己与他人、世界关系时责任的重要作用。责任之所以在今天变得更加重要,根源于现代化进程中人们生存在一个更加偶然的境遇中,如果一切都是必然的,那么责任便没有立足之地。与此同时,现代人并不期盼未来,因为任何未来带给人的未必全都是美好和进步,或许是更大的灾难,现代人最主要的任务就是要照管好现在,照管现在意味着既要对自己也要对他人和世界承担责任,所以,责任在今天比以往任何时候都变得更加重要。"承认自己生活在现在的车站上,就为一种被加强了的**责任**留下了余地,这一点我怎么强调都不够。一个负责的人就是要管事(担负责任)。但是你不可能照管一个未知且不可知的未来。一个人要对现在(现在的未来和现在的过去)负责。大致上,这意味着一个人要照管他的同时代人,要照管他的共在。这是唯一一旦做出就将有可能被遵守的承诺。所有的其他承诺都是空的。"①从赫勒对责任的描述中,可以看到在今天责任的重要性。责任之所以被如此强调,原因在于现代人的责任意识也已经被凸现出来。在深层意义上,责任意识是人对于自身有限性和偶然性的意识,为了在有限的生命中能寻求到永恒和确定,人们就要对自己、对他人和世界负起责任来。诚如赫勒所言,有限性的存在不得不限制他们自己。有限性的存在对于一些他者是有责任的,或者至少,他们对于一些人而不是另一些人是有责任的。因此,责任和责任意识的生成标志着个性的逐渐形成,这也是个性道德的内在要素。

一、对责任本身的追问

(一)责任的含义

对责任的关注从古至今都占有很重要的位置,责任(kathekon)这一概念是芝诺最早使用的,"从词源上说,它是从' kata tinas kekein'(尽力而为)中派生出来的。对人来说,'尽力而为'就是要让自己的理性本性表现出来,使之获得它应有的位置,逐渐成熟壮大。所以芝诺说,责任'是一种其自身与自然的安排相一致的行为'。有责任的行为就是理性指导人们去做的行为"②。而责任或者义务问题在西塞罗那里成了伦理学关注的焦点问题,他同意斯

个
性
道
德
与
理
性
秩
序

144

---

① (匈)阿格尼丝·赫勒:《现代性理论》,李瑞华译,北京:商务印书馆 2005 年版,第 21 页。

② 宋希仁:《西方伦理学思想史》,长沙:湖南教育出版社 2006 年版,第 148 页。

多葛派的主张,认为"人类是为了人类而出生,为了人们之间能互相帮助,由此我们应该遵从自然作为指导者,为公共利益服务,互相尽义务,给予和得到,或用技艺、或用劳动、或尽自己的能力使人们相互更紧密地联系起来"①。同时,他也主张,责任和道德规范都应该在健全的道德价值的指导下来判定和修正。

赫勒在此基础上全面阐释了责任的内涵,她认为日常生活中很多人在谈到责任时,都将"责任"与"不正当的行为"连接起来,但实际上,责任并不仅仅是对不正当的行为负责,而是对行为的所有结果负责,这包括对可以被赞扬的行为。尽管对责任含义的理解中存在着片面之处,但这并不影响行动者做了好事之后自然而然地受到赞扬这一事实。责任之所以被称为责任,是因为其中伴随着职责。

进而,赫勒认为责任与自愿和自律存在着密切关系,虽然个人道德出现以后,人们的行为有了更大的自由,但是自愿的和非自愿的行为之间的区别仍然非常重要。所谓自愿的行为"意味着**我知道我正在做的事情**,我知道我是正在做事情的**那个人**,我知道我**做**的事情,同时我知道我正在做的**事情**(即使含糊且不充分地)"②。如果一个人的选择和行为都是出于个人的性格特征或者是完全自愿的,那么这个人的行为就是自律的,他/她需要为之负完全的责任,如果这个人在一定的外在限制和压力下做出非自愿的行为,那么他/她就不必为之负完全的责任。

除此之外,赫勒认为,尽管行动者对某一行动的责任是与行为者的自愿行动相关,但是责任数量和质量与其说依赖行为的自愿性特征,不如说更加依赖行动者的自律,但不必是道德自律。行动者的行为如果是完全自律的或是在完全自由的情况下做了错事,那么他就要负全部的责任,如果是在非完全自律的情况下行动,那么就不必负完全的责任。这里所谈的自律与否,主要是行动者是否在行动前预先考虑了一些事后承担后果的问题,例如:"这种负面的内容是来源于行动者的性格还是他/她性格特征的一方面"、"这个人知道行为真的意味着什么吗"、"行为是在幻觉的影响下形

① (古罗马)西塞罗:《论义务》,王焕生译,北京:中国政法大学出版社1999年版,第23页。

① (古罗马)西塞罗:《论义务》,王焕生译,北京:中国政法大学出版社1999年版,第23页。

② Agnes Heller, *General Ethics*, Oxford: Basil Blackwell Ltd, 1988, p. 50.

第四章 自由和责任:个性道德合法性基础之三第四章 自由和责任:个性道德合法性基础之三

145

成的吗"等,即某项行动是否是行动者的自我决定。如果一个人完全是为了自我利益做坏事,而且真的知道自己在做什么,那么这个人就是自律的,尽管并不是道德自律。为了更好地阐明这个经常被人们重复的真理性内容,赫勒又区分了责任的类型。

（二）责任的类型

赫勒之所以进一步将责任进行了细致的分类,就是为了寻求行动,特别是邪恶行动中的道德主体问题。众所周知,"大屠杀"不仅仅给犹太人,而且也给很多有良知的人留下了太多伤痛的回忆,在伤痛的同时,人们不禁要问"大屠杀何以产生和演化"、"谁将为大屠杀承担责任"、"希特勒以及他领导下的纳粹德国是否应该负责任"、"如果应该负责任,那么责任大小应该如何划分"、"生活在集中营中的犹太人的消极态度是否有责任"等一系列的问题,正是在对这一系列问题认真而严肃的思考中,赫勒对责任进行了分类,她从共时态模式和历时态模式来理解责任类型。从共时态来说,责任可分为回溯性的责任（retrospective responsibility）和前瞻性的责任（prospective responsibility）,从历时态来看,责任又可以分为巨大的责任（enormous responsibility）和世界 - 历史的责任（world-historical responsibility）,具体如下:

1. 共时态模式中的责任

赫勒认为,所谓回溯性的责任指的是每个人都要为自己做过的事情或者行动负责,而与之相对应的前瞻性的责任则是为将要发生的行为负责,它是"朝向和为……的责任（responsibility towards and for）"。两者之间存在着很大的差别:就前者而言,它主要是以单数的形式存在,就后者来说,则以复数形式存在,以复数形式出现的责任也可以被称做义务;前者是以一般形式存在的,因为每个人对他的或者她的行动负责任,没有人例外,但后者则是以特殊形式存在的,因为并不是每个人都负有前瞻性的责任,只有对那些处于某一特定位置的人来说,才负有前瞻性的责任,而无论你是通过什么形式,无论你是否自愿地获得这个位置,只要你处在这一特定位置,那么你就负有这种责任。如果这一位置是制度化的,那么责任或者义务将采取具体规范和规则的形式,如果是非制度化的,那么义务仅是大略地定义,但是仍然出现。

在区分了两种责任类型之后,赫勒又进一步解释了前瞻性的责任及其在今天的重要作用,即前瞻性的责任是与公共的知识密切相连的。"义务也是**公共的知识**(public knowledge),就此而言,一个人不能以无知为借口。"①即一旦你处在社会中的某一位置,这一位置对你的要求和规定作为公共的知识,是你事先已经知道的。换句话说,一旦你处在某一固定的位置,你就对其范围内的群体负有前瞻性的责任。但是,前瞻性的责任在今天几乎已经被人忘却。实际上,几乎每个人在今天都负有前瞻性的责任,而且不止一种。赫勒在这里用"船长"和"乘客"来比喻生活在今天的每一个人,尽管我们每一个人并不仅仅生活在一条船上,我们在一生中会登上不同的船,但都会扮演船长或者乘客的角色。船一旦行驶,每个乘客尽管没有前瞻性责任,然而仍要对自己的行动负责,而船长则负有前瞻性的责任,他要对船上的每一个人负责任,一旦遇到危险,他绝不能首先逃跑,他有责任保护每一个人,并想尽办法最大可能地使每个乘客脱离危险。如果一个人忘却或者忽视了前瞻性的责任,那么他就要为他行为的后果负责任。

这一形象的比喻,其实是凸显了"前瞻性的责任是作为公共的知识而存在"这一要点。虽然每个人并没有明确被告知,但对于每个人来说,它却是自明的知识。在以"金钱本位"的今天,赫勒对于前瞻性责任的强调有很重要的现实意义,它不仅为我们每个人的行动提供了引导,而且唤起了我们心中逐渐被淡忘的责任意识。在我国发生的"三鹿奶粉"事件、"范跑跑"事件等已经折射出来人们对这一责任的淡忘和逃避,生产奶粉的厂商既然站在了生产的位置上,那就应当生产合格的产品,就应该承担起对你的客户的责任,这是众所周知、无可非议的事情。但令人痛心的是,生产者为了追求更多的利润,却忘记并驱逐了责任,所以导致众多婴儿出现了问题。同样,"范跑跑"也是处在教师的位置上,教师不仅承担着"传道、授业、解惑"的责任,而且在课堂上对学生的安全应该负有不可推卸的责任,这也是每一位教师都自明的知识。所以说,生活在今天的每一个人都肩负着前瞻性的责任,一旦他们为了追求利润或者自我保全而都没有负起应负的责任,其行为就应该遭到谴责,犯错的一方无须为了开脱自己而寻找种种借口,因为这一责任

---

① Agnes Heller, *General Ethics*, Oxford: Basil Blackwell Ltd, 1988, p. 70.

伴随着自明的公共知识。

赫勒不仅根据是否已经做了某事将责任区分为回溯性的责任和前瞻性的责任,而且她又进一步将回溯性的责任区分为责任 X 和责任 A。所谓责任 X 是与违背(infringement)一个群体中的一般规范相关的责任。赫勒认为,在所有的团体中,都存在基本的规范,这些规范规定了每个人必须做什么,每个人必须禁止做什么。这些规范被赫勒称为"律令"。责任 X 是与违背这些基本规范的任何一个相关的责任。它之所以被称做责任 X,因为如果这些规范之一被违背,那么将没有人做过去一直做的某些事或者每一个人应该做但却不做的某些事。当然,这些规范都是一般的规范,之所以称之为一般的,是因为它们能够在总的方向上引导我们正确地行动,而拒绝做错事。

与之相应,赫勒对责任 A 的解释是:"责任 A 是一个更加复杂的事情。当在给定的情境中,如此义务在任何其他人中并没有普及时,如果一个人**或者应该已经执行一项特别的行动或者应该已经放弃一项特别的行动**,就责任 A 由于支持一项行动或由于放弃一项行动而言,那么这个人是有责任的。"①在这种意义上,"责任 A 是这种情况:如果一个人被赋予其他人没有被赋予的能力或者处在其他人不能处的境遇中,而这里所说的'能力'和'境遇'是与**私人知识**(privileged knowledge)相关的。建立在私人知识基础的能力和涉及私人知识的境遇都是与执行某一行动的律令密切相关,而这一行动别人不必执行(或者,一个人如果并不具备这种知识,则必须禁止这样的行动)。如果一个有私人知识的人没有做正确的事情或者实际上做了错误的事情,那么这个人就会涉及责任 A"②。即赫勒认为所谓的责任 A 实质上是与某个人所独具的某种特别的本领或者知识紧密相关的。如果在某一场合中,有人遇到危险或者需要救助时,旁观者中某人有能力去阻止危险或者有能力做一些事情来帮助需要帮助的人,但这个人却无动于衷,那么这个人就对这件事情的后果所应当承担的责任就是责任 A。反之,如果一个人没有特别的知识或者能力来帮助需要帮助的人,但这个

---

① Agnes Heller, *General Ethics*, Oxford: Basil Blackwell Ltd, 1988, p. 72.

② Agnes Heller, *General Ethics*, Oxford: Basil Blackwell Ltd, 1988, p. 72.

人为了自身的虚荣等原因却做了,最终出现了比较严重的后果,那么这个人同样负有责任 A。

但随之而来的一个问题便是:如何判断个人是否具有特别的知识或者能力? 假设在特定情境下,我能够做某件事情来帮助别人,但我并没有去做,导致事态出现严重后果,别人如何追究我的责任? 因为个人是否具有特殊的知识和能力是一件私人的事情,如果自己不说,别人并不完全知道。对于此问题,赫勒是通过事后别人的表现和自己的表现来回答的。如果不是你分内的事情,但是你出于"善"的目的,运用自己特殊的知识或者本领,解决了这件事情,那么就会受到别人的赞扬。如果你有能力解决却没有解决,尽管你不会受到来自别人的责难或者惩罚,但是你要为你自己的良心负责任,因为你会受到良心的不安和谴责。良心不安的表现形式就是你可能会为自己辩解,说自己不知道,或者说这不符合你自己的利益,再或者说如果你加入其中,可能会出现更坏的结果,总之,所有的这些辩解都是良心不安的表现,你最终受到了自己良心的惩罚。

2. 历时态模式中的责任

赫勒认为,以上所谈到的从共时态模式中对责任类型进行的区分并没有触及到一个决定性的问题,即从个人道德的立场来说,当一个人以道德原因拒绝一条现在通行的道德规范,并且开创了违背的先例之后,那么这个人将要承担什么样的责任? 纵观历史,在历史发生转折时这一问题往往很清晰地显现出来,特别是一些历史人物,他们往往会打破现行集体中通行的有效的各种规则,无论这种违背的行为是否被证明将推动历史进步或者给人类带来福音。对这种违背规则的行动如何评价? 他们是否要承担责任? 如果需要承担,那么将要承担什么样的责任? 所以,为了明晰责任主体问题,赫勒进而又从历时态模式的角度将责任区分为巨大的责任和世界 – 历史的责任。赫勒在区分这两种责任类型时也表明,尽管这两种责任之间以及为邪恶所承担的巨大的责任和为邪恶所承担的历史 – 世界的责任之间有交叉部分,但是它们却是不同的责任类型。

(1)赫勒所谓巨大的责任,指的是在社会发生转型过程中,某个人冒险违背传统的规范和规则行动后所引发的结果,人们在这样做时或许能给世界带来一种新的善,或许带来一种新的恶,而承担这种后果的责任都是巨大的。人们对传统规则进行挑战或者违抗的行动往往是一种冒险,虽然最初是以道德的理由这样做的,然而一旦失败,人们注定要承担回溯性的责任。当然这里所谈到的巨大的责任是在全面意义上谈的,不仅仅是行动的负面影响,而且也包括正面影响,它主要是为巨大的邪恶和巨大的道德进步承担的后果。因为在传统的规范、规则等被新的规范和规则代替过程中,当某个人或者少数人在这样冒险的选择中给世界带来一种新的价值和规范时往往会出现三种情况:第一,如果构成我们违抗我们自己义务立场的规范、价值和原则在内容和形式上被证明不高于被违反的义务的规范,那么从成功者的立场看,我们的行为将在道德上成为有争议的和有问题的。第二,如果构成我们违背我们已有的规范、价值和原则在形式上和内容上被证明低于被违背的义务的规范时,那么行为将成为邪恶的,并且这个人将被后代认为是这种邪恶的贮藏所,这里涉及的问题将是邪恶的最大化。第三,如果人们冒巨大的风险去践行一种比被违背的义务的规范更高的价值,那么行为将标志着社会生活中道德进步的开始。在这三种情况中,主要是后两种情况中将会涉及巨大的责任问题。

巨大的责任具有如下特征:第一,巨大的责任是一种冒险行为,是孤注一掷的生活姿态。第二,巨大的责任伴随着巨大的谨慎。人们一旦违抗传统的规范和规则,那么在这一整个过程中都应该小心行事,像走钢丝一样。第三,巨大的责任的主体是少数人,如果一个社会中大多数人都违抗传统的规范和规则,那么就不涉及巨大的责任,由此产生的责任将趋近于零。实质上巨大的责任涉及动态正义,因为在某个时刻,有些人会以自认为道德的名义来质疑和挑战现行的各种规则,当然,这种挑战的结果如果正当,那么就会引入新的伦理规则,如果是非正当的,那么就不能够改变现行的各种规则。

(2)赫勒所说的世界－历史的责任是与集体罪行有关的一种责任类型。在集体狂热的情况下,有些人自愿的行动是为了保持善,而有些人自愿的行动却是为了使邪恶最大化,这两种行动所承担的责任可以被称做是世界－历史的责任。当然,前者将使黑暗的世界中存在些许希望的微光,而后者则给世界带来了邪恶。

赫勒对历时态模式责任中"世界－历史责任"的追问不仅在理论上，而且在现实中都有着重大的意义。在理论上，它补充了责任的种类，使得人们在行动前更加明白自己要为即将进行的行动将承担什么样的责任；在现实中，它使得在人类生活中已经发生的集体罪行中的责任主体凸现出来。

长期以来，"谁需要为集体罪行承担责任"这一问题困扰了很多反思者，因为这种罪行是很多人同时犯的，如果是少数人的罪行，那么还可以去寻找责任主体，但如果整个社会都陷入了迷狂状态，每个人心中的兽性爆发的话，那么邪恶将主宰整个社会，谁将为这些行动负责？无论从共时态模式中的回溯性责任和前瞻性责任来看，还是从历时态模式中巨大的责任来看，对此问题的回答都是否定的：没有哪一个人必须为整个集体罪行承担责任。这不仅仅是因为在罪恶的时代里没有人能够提出这一问题，更是因为在共时态的社会中，没有共同的拐杖作为人们评判的标准，众人都处在一种癫狂的状态中，更容易凸现自我保全或理性算计的首要位置，正如鲍曼所说："杀人不眨眼的暴政所缔造的非人的世界，逼迫其受害者和那些冷冰冰地看着迫害进行的人把自我保全的逻辑当做丧失道德感和在道德上无所作为的借口，而使他们丧失了人性。在不堪重负这个绝对事实面前，没有一个人可以被宣布有罪。然而也没有一个人可以从这种道德屈服的自我贬损中得到原谅。"[①]赫勒则在历时态模式中进一步提出世界－历史的责任意义重大，它阐明了了在集体罪行中"没有一个人可以从这种道德屈服的自我贬损中得到原谅"的原因，因为这种责任类型立刻显现了责任主体，与"无人承担责任"相反，每个人都必须承担责任，只是程度不同，集体罪行的首创者既承担巨大的责任，也承担邪恶的世界历史的责任，其跟随者按照他们各自自愿行为的比例承担责任，一个并没有参与到犯罪行为的人对于罪行虽然不负责任，但是可能仍然承担着义务。所以，赫勒提出的这种责任类型既反驳了"集体罪行中无人承担责任"的说法，也表明了好人的态度和立场。即便是在罪行横行的世界中，仍然有少数人承担对于保存善的世界历史的

① （英）齐格蒙特·鲍曼：《现代性与大屠杀》，杨渝东、史建华译，南京：译林出版社 2002 年版，第 267～268 页。

责任,尽管以生命作为代价,他们亦然把保存德性放在首位,以便使整个社会能够在微弱但又充满希望的道德之光中继续前进,这少数人就是赫勒所谈到的"好人",他们是个性道德的体现者和践行者。

二、责任的承诺:成为好人、好公民和担忧的人

赫勒明晰责任含义和类型的目的并不仅仅是寻求集体罪行中的责任主体,而是进一步论证现代社会中好人何以存在的问题,即现代社会中好人存在的又一基础在于:他们能够时时地对与他们照面的每个人承担起责任,并且如果好人与好公民、担忧的人能够在同一个人身上实现统一,那么这个人还能够承担起对世界的责任,所以说,好人和个性道德的存在是因为承担起了关照他人和世界的责任。这里,赫勒对好人责任的阐述也关涉到了好公民、担忧的人的责任。

(一)好人与好公民责任的差异

在赫勒的阐述中,好人和好公民相对应的范畴是不一样的。好人与偶然性的人对道德生存的选择紧密联系在一起,而好公民则与正义或者非正义的事情相连。同时,好公民也与担忧的人有着联系,正如赫勒所说:"作为自由 - 民主国家中公民的男男女女们,或是担忧的人或是非担忧的人。后者可以被称为'消极的公民(passive citizens)'。一个好公民是一个担忧的人,尽管并不是所有担忧的人都是好公民。**一个好公民关心国家**(他的或她的'城市')**中正义与非正义的事务**,并且积极参与到目的在于补救非正义的行为中。"①总体说来,赫勒认为现代社会中好公民有如下特征:

首先,一个好公民将他的或她的权利解释为责任,从而与消极的公民相互区别。赫勒通过对现代社会与传统社会不同的比较阐明了这一问题,她指出:"在古代城邦中(罗马帝国除外),公民权不是一项权利,而是一种地位和特权。"②即在传统社会,人们生来固定在某一个位置上,每一个位置都有相应的责任跟随其中,人们生来就注定要承担固定的责任,这是理所当然的事情。而现代社会

① Agnes Heller,*A Philosophy of Morals*,Oxford:Basil Blackwell Ltd,1990,p.147.
② Agnes Heller,*A Philosophy of Morals*,Oxford:Basil Blackwell Ltd,1990,p.147.

个性道德与理性秩序

中,偶然性充斥了整个世界,"我们不再把我们自己看做生来就有一个'位置',一个在摇篮中就定义我们责任的'位置'。我们更相信我们能够通过选择、驱动力和规划来确定我们的生活路径"①。即在现代社会中,公民与责任不再天然地具有联系,而是存在着很多的变数。同时,在现代社会中由于偶然性的因素,原本应该积极的公民权有时候会成为消极的。尽管人们希望在某一条件下,大多数消极的公民都成为积极的,但作为同是双重偶然性存在的人们并不能强加给其他公民以责任,正如这种一致性的希望本身与偶然性相矛盾一样。所以,赫勒认为公民的责任在今天不得不被选择,正是在选择中,忧国忧民的、积极的好公民与对公共事务漠不关心的消极公民区分开来,而"下决心所作"的选择仅仅是好公民才能做到的,他们将他或她的权利作为责任来解释。

其次,一个好公民关注这个社会中正义和非正义的事情,从而与好人或正当的人区别开来。在这一点上,赫勒是沿着亚里士多德将两者区分的足迹前进的。亚里士多德区分了好公民和好人,他曾经指出:"做一个好人与做一个好公民可能并不完全是一回事。"②当然就好公民和好人区分来说,赫勒也继承了马基雅维利和阿伦特的路径,因为两者都区分了政治和道德的领域,进而好公民和好人是不一致的。赫勒也认为,好人(正当的人)与好公民因为对应处理不同的事情而相互区别开来,好人并不一定是好公民,反之亦然,正如她指出:"尽管他或她能够成为一个正当的人,但是**不关心正义和非正义事情的人不能成为好公民**。正当的人能够不断地关注非正义计划中的很多牺牲者,但对这种计划本身并没有形成自己的观点。"③也就是说,如果人们仅仅担忧正义和非正义的事务,他们能够成为好公民,一个好公民并不必然成为一个正当的人。在日常生活事务中,一个人并不遵守道德方向的一般原则,但完成"好公民权"所要求的所有行为也是完全可能的。同时,好人和好公民虽然都关涉选择,但后者并不与"生存的选择"相连,正如赫勒指出,"好公民身份与生存的选择无关。一个公民将权利理解

① Agnes Heller, *A Philosophy of Morals*, Oxford: Basil Blackwell Ltd, 1990, p. 148.

② (古希腊)亚里士多德:《尼各马可伦理学》,廖申白译注,北京:商务印书馆2003年版,第133页。

③ Agnes Heller, *A Philosophy of Morals*, Oxford: Basil Blackwell Ltd, 1990, p. 148.

为责任,但是既可以承担这些责任,也可以不承担这些责任。这也是好公民身份为何是一个选择性问题的原因。因此,一个人选择成为好公民,**但是这个人并不选择自己作为一个好公民。是或者成为一个好公民并不是一种宿命**"①。

由此可见,赫勒在对好公民与好人进行区别时,实质上表明好人已经将自己双重偶然性的生存转换成了确定性的存在状态,因为他们已经选择了道德的存在,这一选择永不更改,从而成为确定性的存在;而好公民则不然,尽管他们中不乏有少数人选择毕生作为好公民,从而将自己转化成确定性生存的事例,但是他们中的大多数并没有下定决心作这样的选择,仍然是作为偶然性存在的人。因为虽然很多人或者出于寻求自我利益的动机,或者出于真正忧国忧民的动机,能经常地为社会或者团体制度等方面的改进提出自己的建议,但是由于他们随时都可以选择放弃这一做法,这就使得他们的选择是可以撤销和可以逆转的,因此,这些人不能够被称为好公民。一个真正的好公民需要具有连续性的特征,一个公民如果不能够长时间持续地做某件事情,几乎不能成为一个好公民。

简而言之,赫勒虽然沿着亚里士多德的路径区分了好公民与好人,但是她不仅仅是重新解释了亚里士多德关于两者之间的区分,同时也改变、补充了很多内容。亚里士多德认为在良好运转的社会制度中,好人与好公民是一致的,如果两者之间出现了不一致,那么就是制度的不完善所致。但是赫勒认为由于现代社会的复杂性,两者之所以出现了不一致,并不仅仅在于制度的不完善,而且也在于现代人的偶然性生存的特征。

现代社会中,存在正义的地方也存在着两种非正义:"第一,正确的规范能够以一种非公正的方式(非一致地、非连续地,或者一个丛集中的一员不应用这个丛集的特殊规则)运用。第二,规范和规则本身能够被认为是不公正的。"②因此,面临这两种非正义的出现,一个好公民能够致力于去补救这两种非正义,但一个消极的公民也许作出对非正义制度本身漠不关心、却对这两种非正义的牺牲者给予帮助的选择。这种情况下,我们并不能够说这个消极的

---

① Agnes Heller,*A Philosophy of Morals*,Oxford:Basil Blackwell Ltd,1990,p. 149.

② Agnes Heller,*A Philosophy of Morals*,Oxford:Basil Blackwell Ltd,1990,p. 150.

公民并不是一个好人。所以，当今一味地责备使好人与好公民不一致是由于不完善制度这一看法是非常荒谬的。即便是在最好的社会制度下，两者的态度之间也经常是不一致的，因而，好人的态度和好公民的态度应该保持分离，这是取得如下两个目标的唯一方法：首先，在参与到不同生活方式的人们之间公共的共同合作；其次，正当的人能够根据他自己的标准保持正当的，好公民也能保持好的，而不把他们特别的标准强加到其他人身上。赫勒进而指出，现代社会中，好人与好公民在最好的制度下分离的好处还在于："好公民关心正义与非正义的事情，并且仅仅只关心这些。除此之外，好人以他们自己不同的方式，关注各种各样的其他问题。好公民与其他人分享的价值是正义。不考虑所有其他的个人价值，好公民必须分享这样的信念：正义必然是超级的**公共**善，然而却不是**超级**善。"①总之，赫勒深化了好人与好公民之间的区别，明确了两者的责任，并表明在复杂的现代社会中，两者不能够同一也很正常。除此之外，赫勒还区分了好人和担忧的人及他们各自的责任。

（二）好人和担忧的人责任的差异

如果说担忧这个社会的制度安排是好公民的责任，那么对受不完善制度伤害的人的关照则是好人的责任和德性。好人之所以要关照他人，根源于他们已经作了成为好人的生存选择。赫勒在区分了好人与好公民之后，还区分了担忧的人和好人这对范畴，两者之间存在着密切的联系，其差别比较小。担忧的人是始终不渝地关照世界的人，而好人则更多地关照生活在这个世界中的人。

担忧的人对世界的选择与好人对生存的选择尽管存在着少许差别，但是却存在着相似点和密切的联系。正如赫勒指出："二者之间的相似来源于对偶然世界的选择是通过生存的选择形成的。已经选择他自己或者她自己的人，将他的或者她的偶然性转换成了命运。选择我们自己就是选择我们的确定性，也选择了偶然性的人类'被抛入'一个偶然的世界；对偶然世界的选择伴随着将我们自己作为偶然性的人的选择。因此，对一个偶然世界的选择内在于自我选择的姿态中。我们选择我们的偶然世界，因为我们选

---

① Agnes Heller, *A Philosophy of Morals*, Oxford：Basil Blackwell Ltd,1990,p.153.

择将我们的偶然性转换成我们的命运,而不是因为我们选择转换世界。"①也就是说,好人和担忧的人之间的相似和联系在于:两者都进行了生存的选择。好人生存地选择自己作为好人,担忧的人则生存地选择自己关照世界。从而,两种人都将自己的偶然性生存转化成了确定性的生存。

也正是好人和担忧的人之间的相似和联系,才使得两者可以相互转换。好人(正当的人)要想成为担忧的人,就必须在生存选择自己的基础上直接选择我们的世界,同时要意识到这个世界的困苦,即好人不仅仅是需要关注非正义制度的牺牲者,同时也要关注非正义制度本身并努力去改善它们,才能成为一个关照的人。因为担忧的人首先是直接与世界中非正义的事情相连的,所以"担忧是愿意去理解那些人们怀疑他人不应该得到坏运气来源的社会安排和制度的性质。它也是为这些'社会的事业(social causes)'而愿意去做一些事情"②。即担忧的人是自愿去做一些可以改善我们生活的社会事情,这包括改善城乡条件、非正义的法规制度、教育条件或者世界上对于公民权的侵犯,等等。在这里,我们也看到了担忧的人和好公民之间的交叉。担忧的人之所以这样做,并不完全出于同情或者怜悯的感情,而是觉得应该这样做,尽管不乏有同情感掺杂其中,所以这里,赫勒也将关切感与同情感区别开来。反过来,担忧的人也可以成为好人,只要担忧的人在致力于减轻苦难、治疗社会弊病、减轻非正义的时候,能够遵循着一些方向性道德原则的引导,并且生存地选择这些道德原则,学会关照他人。

在这一点上,赫勒继续与亚里士多德保持着一致,而与马基雅维利和阿伦特的路径区分开来,因为这两个人坚定地主张好人和好公民分属于不同的领域,应该区别开来。对于马基雅维利来说,政治的领域绝对排除道德因素,从而也排除了好人的存在,对于政治家来说,一切都围绕着如何获得和巩固权力这一目的,至于采取什么手段都无所谓。同样,对于阿伦特来说,她也认为,道德,特别是个人道德属于私人领域,而政治则属于公共领域,与之相对应的则是好人和公民。阿伦特主张:"在公共的领域以及关涉到政治的

---

① Agnes Heller, *A Philosophy of Morals*, Oxford: Basil Blackwell Ltd, 1990, p. 127.

② Agnes Heller, *A Philosophy of Morals*, Oxford: Basil Blackwell Ltd, 1990, p. 130.

事情上,人们**不得不学会如何不成为好的,但这并不意味着他们必须学会邪恶**。"①这就意味着政治领域中的好公民和道德领域的代表——好人应该区分开来。然而,对于赫勒来说,在现代社会中,尽管好人、好公民和担忧的人之间存在着很多的差别,但如果公共的政治领域完全弃绝了道德精神,如果好人、好公民和担忧的人之间没有丝毫联系,那么邪恶必然滋生得更快,德性则渐渐被侵蚀。所以,尽管赫勒承认公共领域和私人领域、好公民和好人之间存在着众多的差别,但并不排除两者之间的联系以及互相转化的可能。

虽然说正当的人在选择我们的世界时能够成为担忧的人,但是赫勒也强调,成为担忧的人并不是好人的特权,邪恶的人或者道德中立的人也能够成为担忧的人,他们也可以命定自己去完成一些社会的或者政治的行动。但在一种特殊情况下,好人与担忧的人需要联系在一起,即在极权主义模式下,需要好人承担起保持正当性的责任时,两者是相连的。正如赫勒指出:"在极权主义条件下,保持基本正当性的正当途径是最大程度的个人道德。在世界遭遇最不幸时,这需要英雄去承担保持正当性的任务,而不是从事英勇的事迹。结果,在好人与关切的人之间的差别消失了,不是因为好人不可避免地成为关切的人,而是因为好本身成了政治相关性的一种态度。"②

总体来说,赫勒在对好人、好公民以及担忧的人的详细阐述中,不仅表明了三者之间及三者需要承担责任的区别和联系,而且探寻了好人、好公民和担忧的人一致的可能性。如果三者可以一致,那么人们就可以下定决心以自己的方式选择与不道德、不正直的人共处,选择生活在这个尚未完善的世界中,并且根据自己的情况,承担起对他人和世界关照的责任,这在很大程度上就可以规避邪恶的发生。实质上,赫勒对责任的强调也是从这一角度来论证"好人存在"和个性道德的合法性基础。

① Waldemar Bulira,*A Good Man and a Good Citizen. The Problem of Morality in the Public Sphere*,In Annales Universitatis Mariae Curie-Skodowska Lublin-Polonia,2006,VOL. XIII.

② Agnes Heller,*A Philosophy of Morals*,Oxford:Basil Blackwell Ltd,1990,p. 140.

三、勇气:责任的前提

在任何社会中,无论是好人承担对他人关照的责任还是好公民承担对非正义制度的责任都需要勇气,因而,承担责任的勇气也作为一种德性而存在。特别是在极权主义社会中,勇气就显得尤为重要,因为极权主义中,社会向原子化、碎片化方向发展,到处充满了巨大的恐惧。统治者往往控制着每个人,特别是现代社会技术的发展使得这种控制趋于完善化。人们总是处在别人的监控下,没有丝毫的自主性。在这种情况下,赫勒提出了公民的勇气、理智的勇气等对于好人、好公民具有重要的意义。

首先,勇气是好人承担关照他人责任的前提。好人要对自己的行动和个性负责任,即要保持正当性,保持自己的自律、自己的个性,听从自己的良心、为了防止良心的无知和自欺转而在恐怖社会中寻求真实的信息,这些行为都需要巨大的勇气才能实现。同时,赫勒认为,好人为了承担起关照他人的责任,还要有勇气去信任别人,因为在极权主义社会中,没有人可以被信任是一种共同的感觉,但是,一个人必须至少完全而充分地信任一个人,因为不冒这种危险,一个人不能成为正当的。那些正当的人应该被信任。但是谁是正当的? 他们如何能够被发现? 这是需要巨大勇气的地方。一个正当的人必须冒着危险去信任那些并没有绝对的证据证明他们正当性和可以依赖性的人。在这些冒险的行为中,悲剧性的错误经常发生。然而,冒悲剧性的错误,甚至制造悲剧性错误总比生活在任何完全没有信任、没有信赖或没有坦率的生活中要好。除此之外,对于好人来说,极权主义模式下,不同于积极的反抗,很多时候个人为弃绝某些社会要求必须要做的事情更需要勇气。但无论怎样,正当的人所做的一切都是为了保持其正当性,保持其生存选择的本真性,而不是出于任何其他目的的考虑。

其次,公民的勇气对于好公民具有重要意义。不仅好人在承担关照自己和他人责任时需要以巨大的勇气为前提,而且好公民以及担忧的人在承担关照世界、维护正义制度责任时也需要勇气,这就涉及公民的勇气和理智的勇气。赫勒认为在日益复杂的现代社会,人们应该成为好公民,即人们应该对社会中存在的不正当法律和制度、对公共领域承担起责任,而承担起好公民的责任首先要求公民拥有公民的勇气,这对于正义社会的建构特别重要。正是基于此,赫勒说:"无论什么时候一个人以伦理的考虑('政治是肮脏的。我不想玷污我的手')或者以冒险的徒劳('任何事情不能够以任何方式发生改变')为借口而弃绝好公民身份的运用,那么这个人都会成为**非本真的。**"[1]但同时赫勒也注意到在现代社会中好公民承担责任时面临的两种困境:第一个困境就是,好公民希望其他人也成为好公民,能够参与到公共事务中来,但是,现代社会中,其他人有可能对于正义与非正义的事情保持不关心甚至冷漠的态度,或者是关心但是并不提出来。第二个困境是现代社会中人们对于正义与非正义的看法有广泛的不一致,以至于他们不想改变任何事情。

面对第一种困境,赫勒认为,好公民要有巨大的公民勇气来克服困难、感召别人,好公民需要在冷漠中承担责任。当好公民意识到或看到其他人遇到不公正待遇时,能够自然地以其他人的利益行动,并且帮助他们将不公正待遇转化成公正待遇,这是好公民在为自己的公民权履行权利和承担责任。但是好公民这样做时不应侵犯他人的自主性,即好公民不应掌控,而是建议并鼓励受害者将他们不公正待遇以各种可能的方式公布于众。同时,好公民也要用公民勇气质疑和改变不公正的制度。

面对第二种困境,赫勒提出好公民要有勇气践行团结一致和激进容忍的德性。所谓的团结一致必须是"建立在正义而不是身份基础上的。而且,好公民不会将团结一致与情绪依恋混淆起来:团结一致更是参与和承诺的事情,它包括忠诚于国家,并且只要是正当的理由就有勇气捍卫它"[2]。也就是说,在这里赫勒区分了两种团体:团结一致团体与情绪化的松散团体。前者是因正义目标而结合起来的稳固团体,后者是因情绪上的冲动或者私人利益而结合成的散乱团体。除此之外,赫勒也提到了"激进容忍"这一德性,即好公民之间为了维护社会和其中存在的各种制度正义而搁置、容忍彼此之间无关原则的某些差异,它是与"优秀"等同的公民的德性。对此,赫勒指出,好公民应该意识到:所有好公民的动机

---

[1] Agnes Heller, *A Philosophy of Morals*, Oxford: Basil Blackwell Ltd, 1990, p. 156.

[2] Agnes Heller, *A Philosophy of Morals*, Oxford: Basil Blackwell Ltd, 1990, p. 158.

是正义的动机。当公民之间的意见出现众多分歧时，相互之间知道"对方都是出于正义动机"则是他们达成一致的唯一理由。也就是说，"激进容忍"要求好公民必须承认所有的生活方式，并进而承认它们都是平等的，所有人类的需要也是平等的，对此，赫勒指出，好公民行动建立在以下假定基础上："正如已经提出来并被好公民表现的那样，所有的需要、德性、价值和立场都拥有平等的权利，并且因此应该有一个平等的机会在公共活动场所提出来并分享正义的争论。当然，容忍不是接受。激进的容忍也并不导致**总体的相对主义**。"①进而，赫勒也指出，作为好公民德性的"激进的容忍"在两方面是"连接的价值"：一方面，它将理论理性、良好的判断力与实践商谈的理智德性相连接；另一方面，它将理智德性与关照世界连接起来。

除了以上阐述的公民需要有公民勇气承担责任之外，赫勒还特别阐述了在极权主义模式下好公民拥有理智勇气的重要性，因为在极权主义模式下，赤裸裸的暴力已经成为规范，理性的争论、商谈已经不可能，人们被迫接受主导制度，这时就需要好公民准备运用自己的理性或者说下决心运用理性采取批评现状的态度，赫勒将这种"准备就绪"或者"下决心"的姿态称为理智的勇气，进而赫勒指出："理智的勇气包括决心**寻求'什么是真正要发生的'**。当审查制度和灌输阻塞了信息流的通道时，人们对于基本的事实处在黑暗时刻的地方，统计值被干预的地方及怀疑甚至好奇被谴责为不忠诚，甚至也许被作为犯罪倾向的标志的地方，这是一个困难的任务。"②在这种情况下，理智的勇气与理性的算计相反，它本身是一种德性，很多人包括很多聪明的人由于缺乏理智的勇气，将会犯致命的错误。

综上所述，赫勒不仅从正反面全面阐释了责任的含义，细致地区分了责任的类型，明晰了责任的主体，而且阐明了好人、好公民和担忧的人之间责任的区别和联系，也强调了作为责任前提的各种勇气的重要性，从而论证了"好人"和个性道德存在的合法性。除此之外，赫勒也特别强调了责任的对象问题，她指出："但如果我

① Agnes Heller, *A Philosophy of Morals*, Oxford：Basil Blackwell Ltd, 1990, pp. 160-161.

② Agnes Heller, *A Philosophy of Morals*, Oxford：Basil Blackwell Ltd, 1990, p. 146.

个性道德与理性秩序

们对每一个人负责,我们就不能承担**积极的**责任。只有对那些处在我们**行动半径**之内的男人和女人我们才能承担积极的责任——只有为了他们或针对他们,我们能够直接地有所行动。"①即在责任的对象问题上,赫勒的责任观与勒维纳斯的责任观不同,尽管他们两个人都谈到我们要对他人负起责任,但勒维纳斯强调的是无限的责任,并且是超出我所能承担的无限责任。换句话说,勒维纳斯将责任放在绝对优先的位置上来理解,并且责任超出自身、扩大到所有的人,我们要对一切人负责任。而赫勒强调的是有限的责任,我们只能主动地对某些人负起责任。相比较而言,赫勒的责任观更加现实,而较少空想的色彩,毕竟现实生活中,我们每个人的能力、我们每个人的生命都是有限的,不可能对所有人承担起责任。

　　无论怎样,赫勒和勒维纳斯都如此突出道德责任的重要性,这或许与他们都是犹太人,都亲历"大屠杀"这一灾难有密切的关系。勒维纳斯在"大屠杀"中,看到的是对"他者"的专政和压制,所以,他在很多著作中传达了一个特别重要的思想就是:我们要为一切的"他者"负责,而且"他者"高于我。具体来说,勒维纳斯的责任观是建立在对他者之面貌进行分析的基础之上。他认为,所谓面貌"不是认识的根据,也不是被看见的形象,它是一种外在的无限,而只有在它向我呈现时,我才能与他人发生真实的关系"②。在这里,勒维纳斯强调了面貌所呈现的他者是无条件的,而作为呈现他者特有方式的面貌打开了无限的向度,他人只要对我呈现面貌,就意味着我要对他人负起责任。也正是他者面貌的显现,使我与他者都分别构成了一种超越性的维度,因而,面貌打乱了我的中心地位,抵制了我的权力。当我面对他者时,他者的面貌向我发出了指令,使我拥有了责任意识,我要为他负责。所以,我对他人的责任是绝对的,与互惠、利益、理性算计无关。更重要的是,我的责任是无条件的,是不求回报的责任,它并不依赖于对客体性质的预先了解,它先于这种知识;它也不依赖语言甚至客体的有所图谋的意图;它先于这种意图,因为知识与意图无助于他人的接近,也不形成特别的人类并存模式。总之,勒维纳斯确定的以对他者绝对责

　　①　(匈)阿格尼丝·赫勒:《现代性理论》,李瑞华译,北京:商务印书馆 2005 年版,第 323 页。

　　②　杜小真:《勒维纳斯》,台北:远流出版事业股份有限公司 1994 年版,第 43 页。

任为核心的伦理思想并不是给人们提供任何的规则,只是提供了一种理念,那就是我在与他者相遇中回应他人,倾听他者的声音,肩负对他者的责任,正如他经常援引陀思妥耶夫斯基《卡拉马佐夫兄弟》中的话来表明这一问题,"我们所有人要对一切人的一切负责任,而我要比其他一切人要负的责任更多"①。勒维纳斯的这一理念注定了个人在世的生存不是件轻松的事情。当然,对无限责任的强调在某种意义上说会有力地阻碍邪恶发生。

此外,不仅勒维纳斯在其绝对责任构想中强调他者面貌的重要性,赫勒在《个性伦理学》中也强调了他人"脸"的重要性。只是赫勒从每个人自身的角度来阐明这一问题,她强调每个人都应该对自己的"脸"负责任,即为自己是否拥有一张坦诚开放的脸负责任。因为脸显现了一个人的内心,我们是否是一个"好人"都可以从脸上看出来,因此,拥有一张坦诚开放的脸不仅仅是对自己负责,同时也是对他人负责。而勒维纳斯则将他者呈现的"面貌"看做是我和他者之间关系的中介以及我对他者负起责任的原因来阐述。

从两人共同对责任的强调中可以看到深存于他们理论中的犹太人责任意识的烙印。作为上帝选民的犹太人,肩负着拯救世人的责任,因此他们应该对他者负责,尽管两人强调的他者范围不尽相同,但都特别强调了对他人责任的重要性。除此之外,勒维纳斯对伦理学的强调,并不是要试图建立一门伦理学理论,而只是寻求伦理学的意义。正如他所说:"我的目的并不在于建构伦理学。我只是试图发现它的意义。……无疑,人们可以以我所说的建构一种功用上的伦理学,但这不是我的主题。"②无论怎样,两个人殊途同归:都是希望暴力能够最大可能地被躲避,德性能够最大可能地被保存,从而形成一个由人们之间相互负责、相互尊重的美好世界。

综括赫勒对自由和责任的理解,两者彼此紧密相连,共同构成了个性道德以及"好人"内在的合法性基础,两者缺一不可。失去自由仅有责任的个性道德将使生命无以承受之"重",而失去责任

个性道德与理性秩序

---

① 杜小真:《勒维纳斯》,台北:远流出版事业股份有限公司 1994 年版,第 46 页。
② 转引自傅有德等:《犹太哲学史》(下卷),北京:中国人民大学出版社 2008 年版,第 751 页。

仅有自由的个性道德又将使生命无以承受之"轻",因此,如何把握两者之间的尺度和张力,从而使现代人能够自由而有责任地生活将变得愈来愈重要。正因为两者共同作用从另一个角度为个性道德和"好人"提供了合法性的基础,并构成了其内在的本质,所以如果我们要过一种确定性的生活,进而确定自己的存在以及存在的意义和价值时,就必须采取一种行动,即在普遍性范畴下进行生存的选择,通过自己独特的方式选择和践行"好人"。这一行动包含着主动选择的自由和承担选择结果的责任,这也表明现代人能够以自己的方式践行个性道德,从而实现生命中的跳跃。

第五章　对赫勒道德理论的反思

　　每次你写了什么东西,把它送到世界上,它就变成了
公共事物,显然任何人都可以对它随意取舍,而且本应如
此。我对此毫无怨言。无论你被理解成什么样,你都不
应该企图控制这一切。你反而应该从其他人对它的理解
中学习。

——转引自汉娜·阿伦特:《人的境况》

　　行文至此,在前面的第二、三、四章中,我们从现代社会中多样
性伦理规则、双重性质的自我反思、自由和责任这三大方面,基本
阐明并分析了赫勒道德理论中的个性道德诉求及其合法性基础,
同时也为社会秩序的恢复提供了理性框架。简而言之,现代社会
中,社会伦理多样化和差异化打破了传统道德的整体性,为个性道
德的生成提供了外在可依赖的支撑;由双重性质的自我反思引发
了更深层次的反思能力的增强和道德判断力的自觉,这是个性道
德得以生成的内在根据;而自由和责任的内在统一则是个性道德
的本质规定性。进而,这几个方面从各自的角度共同为个性道德
的生成提供了合法性基础,同时也为社会秩序的恢复提供了理性
框架。但是,这里必须要加以强调的是,它们之间并不是彼此互不
相关,而是呈现出相互独立、相互联系、相互作用、不可分割的关
系。具体来说:首先,当今多样化伦理规则要想从对人们外在的约
束转化为内在的习惯,必须要通过人们双重性质的自我反思才能
完成,同时,多样化的、内含于伦理中的规则也为双重性质的自我
反思提供了前提条件;其次,多样化伦理规则和双重性质自我反思

的内在本质仍然是自由和责任的问题,反之,自由和责任的实现也依赖于双重性质的自我反思和内化的各种伦理规则。故而,存在于三者之间的决不是完全分离,而是相互作用的关系。当然,这并不否认"三者共同内在于现代人所作出的在普遍性范畴下生存的选择"这一更为根本的前提,即上述的三个方面能否使个性道德成为可能,能否使个性道德更具有合法性基础,则取决于双重偶然性生存的现代人选择道德生活的程度和决心。这一选择关乎现代人能否摆脱偶然性生存走向确定性生存,关乎现代社会能否克服危机实现顺利转型,关乎现代道德秩序能否重建。正是鉴于此,赫勒在其道德理论中虽然阐述并区分了"差异性范畴下生存的选择"和"普遍性范畴下生存的选择",但却处处给予后者以高度的关注和赞同。

与此同时,我们在阐明和分析赫勒本人的道德理论之后,不应该遗忘分析"赫勒道德理论的来源"这一更为根本性的问题。实质上,赫勒作为一位她自己意义上真正的马克思主义者,其道德理论继承并拓展了马克思和恩格斯理论中的道德思想和道德内蕴,特别是拓展了其中蕴涵的"实践的道德"维度。但是,这种在新的历史背景下的继承和拓展包含着某种改变,其中融合了克尔恺郭尔、尼采等人以及犹太教中的伦理思想,从而完成了从马克思主义的继承者到自我思想形成的飞跃。基于此,本章中前一部分将进行理论的反思,追溯并厘清赫勒道德理论的来源问题,后一部分将进行现实的反思,思考和反思我们当前正进行的社会转型中面临的现实问题,期待赫勒的道德理论能为社会进步和个体的发展提供良好的启示,从而为社会顺利转型提供一些有益的帮助。

第一节　理论反思:马克思道德思想的深化与拓展

赫勒认为,在马克思的思想框架中,尽管他致力于个性伦理学的问题,但是伦理学的问题总体来说处于边缘的位置。马克思通过阐述社会意识对社会存在的依赖性来集中描述社会意识,而伦理学则作为社会意识的一个方面被他在社会存在的超结构展示的框架中加以处理,沿着异化结束的方向,社会存在总的转变通过革命的阶级行动来实现每一个单个的人与人类结合,从而为个性伦理学提供了充分而完善的条件。但赫勒认为,如果没有尼采主义观点的融入,马克思主义的个性伦理学将依然是空洞的、装饰性的。

诚然,赫勒对马克思理论中道德所处位置的评价包含正确的地方。因为表面上看,在马克思和恩格斯的理论中,特别是在1845年之后的马克思著作中,不仅没有具体阐述伦理学问题,而且亦很少论及具体个人及其生存情境、情绪状态,更多地用"阶级"这一群体性层面的概念分析其在具体的社会经济生活和政治领域内进行的斗争。他们将道德问题仅仅作为意识形态中的一个要素来看待,如在《德意志意识形态》中指出:"思想、观念、意识的生产最初是直接与人们的物质活动,与人们的物质交往,与现实生活的语言交织在一起的。人们的想象、思维、精神交往在这里还是人们物质行动的直接产物。表现在某一民族的政治、法律、道德、宗教、形而上学等的语言中的精神生产也是这样。"① 从这段话中不难看出,意识形态是人们物质活动的直接产物,而道德是意识形态中众多要素中的一个。除此之外,马克思、恩格斯在很多地方都作过类似的阐述。

实事求是地说,如果过分地关注类似的阐述,容易导致一种误解:道德问题在马克思和恩格斯理论中居于次要位置。而且,如果无限夸大社会中经济基础的重要性,就会导致意识结构以及内部要素被无限缩小,进而导致人本身被忽视的境况。这也是马克思、恩格斯之后苏联模式的马克思主义的弊病之所在。正因如此,马克思之后其理论发展才遭到很多学者的非议和众多的补充,如著名的法国存在主义者萨特指出,尽管马克思主义的生命力远没有枯竭,仍然是我们时代的哲学,但是当今它却停滞了,而且存在着"人学的空场",所以萨特力图将充分体现个人自由的存在主义与马克思主义结合起来,建立了存在主义的马克思主义。显然,萨特指责的这种马克思主义指的是苏联模式的马克思主义。

但一旦我们深入到马克思、恩格斯本人的著作时,表面现象立

① 马克思、恩格斯:《德意志意识形态》(节选本),北京:人民出版社2003年版,第16页。

刻就被去除,以上的误解随之也会散去。因为马克思、恩格斯对道德的理解并没有停留在表层,即仅仅将之作为意识形态中的一个要素,这只是理解全面性道德的一个方面,只是关注了理论意义的道德。实质上,马克思和恩格斯理论中还包含着道德的另外一个方面:实践的道德,其核心是对个人发展的深切关注。可以毫不夸张地说,马克思和恩格斯本人理论中所体现的核心思想都是围绕着真正的、具有个性的人和被异化的人的表现形式——工人、资本家之间的描述和比较来进行的。这一过程体现了他们对个人的关注,同时,他们批判性的活动也践行了道德理论。所以,在此意义上说,赫勒的道德理论是对马克思道德思想的继承和发展,这也是尽管很多人都不认为赫勒是一个真正的马克思主义者,而她却坚持认为自己是的原因之一。在阐明赫勒与马克思道德思想的亲缘关系之前,我们首先要明晰马克思和恩格斯理论中所蕴涵的道德思想。

一、马克思和恩格斯理论中蕴涵的道德思想

(一)道德的两种维度:"理论的道德"和"实践的道德"

通过对马克思和恩格斯经典理论的解读可以发现,在某种意义上,他们对道德的阐述包含着两种维度——"理论的道德"和"实践的道德"。两种维度之间不可分割、相互依赖,如果将两者人为地割裂开来,偏重一个而忽视另一个,那么就会造成很多人对"马克思理论中是否存在道德或伦理学"这一问题的回答各执一词、互不相让的局面。但如果我们将其理论中的两个维度有机地结合起来,对这一问题的回答无疑是肯定的,只是必须首先需要说明的一点就是:在马克思和恩格斯的理论中,他们强调的是这两种维度的相互联系,并不主张将道德理解为**仅仅**作为意识形态领域的道德理论,同时也比较重视和关注"实践的道德",因为这一道德维度的核心是现实的、处在一定社会关系中的、与"类"相一致的个人所展开的实践活动。为了更好地理解这两种维度,首先应阐明"理论的道德"维度。

所谓"理论的道德"是指立足于某一时代物质条件基础之上的一套道德体系。自从人类进入阶级社会以来的道德理论本身具有阶级性,马克思青年时代在《莱茵报》时期,就已经意识到了道德与

特定人群的物质利益、与阶级紧密相连,在《第六届莱茵省议会的辩论(第一篇论文)》中对莱茵省议会辩论中贵族等级、城市(市民)等级、农民等级的代表对待出版自由的不同态度进行的分析足以表明这一点。正是因为这一点,马克思和恩格斯才一贯地反对"青年黑格尔派"中存在的脱离现实条件而仅仅关注意识中以"抽象的"形式存在的道德理论。正如马克思和恩格斯所说:"我们不是从人们所说的、所设想的、所想象的东西出发,也不是从口头说的、思考出来的、设想出来的、想象出来的人出发,去理解有血有肉的人。我们的出发点是从事实际活动的人,而且从他们的现实生活过程中还可以描绘出这一生活过程在意识形态上的反射和反响的发展。甚至人们头脑中的模糊幻象也是他们的可以通过经验来确认的、与物质前提相联系的物质生活过程的必然升华物。因此,道德、宗教、形而上学和其他意识形态,以及与它们相适应的意识形式便不再保留独立性的外观了。它们没有历史,没有发展,而发展着自己的物质生产和物质交往的人们,在改变自己的这个现实的同时也改变着自己的思维和思维的产物。不是意识决定生活,而是生活决定意识。"①马克思和恩格斯是从现实的个人及他们进行的物质活动出发,这一点被赫勒所继承和发展,赫勒也是从现代社会中双重偶然性生存的个人出发,并跟随他们的路径,阐明他们在各种行动中如何生活和思考才能成为"好人",即如何才能过一种道德的生活。

而且,在迄今为止的阶级社会中,任何社会的道德理论都首先是阶级的道德,而不是作为真正人的道德,即"理论的道德"具有阶级性。正如马克思在《法兰西内战》中所说:"财产的任何一种**社会形式**都有各自的'道德'与之相适应,而那种使财产成为劳动之属性的社会财产形式,决不会制造个人的'道德限制',而会将个人的'道德'从阶级束缚下解放出来。"②也就是说,任何时代的占统治地位的思想都是统治阶级的思想,他们为了维护自己的统治地位和利益,都必然要创造出一套理论体系、道德原则来为自己服务,而且很多时候,这些"特殊的理论体系"却打着"普遍利益"的幌子

---

① 马克思、恩格斯:《德意志意识形态》(节选本),北京:人民出版社2003年版,第17页。

② 《马克思恩格斯选集》第3卷,北京:人民出版社1995年版,第114页。

来实施统治。"理论的道德"思想精华淋漓尽致地体现在恩格斯在《反杜林论》中所传达的思想中,他指出:"如果我们看到,现代社会的三个阶级即封建贵族、资产阶级和无产阶级都各有自己的特殊的道德,那么我们由此只能得出这样的结论:人们自觉地或不自觉地,归根到底总是从他们阶级地位所依据的实际关系中——从他们进行生产和交换的经济关系中,获得自己的伦理观念。"[①]这就表明,阶级社会中,任何道德理论体系的产生都源于其特殊的经济条件。不同的人群为了维护自身利益,都纷纷宣扬自己的道德理论。

据此,恩格斯强调,我们拒绝把任何道德教条当做永恒的、终极的、不变的伦理规律强加给我们的一切无理要求,这种要求只是以道德世界也有凌驾于历史和民族差别之上的不变的原则为借口。与此相反,我们认为一切以往的道德论归根到底都是当时的社会经济状况的产物。而社会直到现在是在阶级对立中运动的,所以道德始终是阶级的道德,它或者为统治阶级的统治和利益辩护,或者当被压迫阶级变得足够强大时,代表被压迫者的未来利益。没有人怀疑,在这里,在道德方面也和人类认识的所有其他部门一样,总体上是有过进步的,但是我们还没有能越出阶级的道德。只有在不仅消灭了阶级对立,而且在实际生活中也忘却了这种对立的社会发展阶段上,超越阶级对立和超越对这种对立的回忆的、真正人的道德才成为可能。恩格斯的思想清晰地表达了"理论的道德"所具有的历史性和阶级性,因为它是伴随着阶级的分化,在民族国家的差别基础上形成的。因此,我们可以看到,马克思和恩格斯并非不重视道德,只是应该重视何种道德以及如何理解道德成为他们理论的关注点。同时,我们也应该看到,马克思和恩格斯本人都将阶级社会中人们的道德和非阶级社会中真正人的道德区别开来。

马克思和恩格斯理论中"实践的道德"则是关注现实生活的个人与"类"之间不断趋近的活动,这一道德类型是马克思和恩格斯自始至终都关注的类型,并且贯穿于他们的整个理论中。这一不断趋近的目标主要是通过马克思和恩格斯清醒而冷静地批判现实的资本主义生产关系以及两大直接对立阶级,围绕着"道德问题的

---

① 《马克思恩格斯选集》第 3 卷,北京:人民出版社 1995 年版,第 434 页。

主体(现实的工人)如何在这一具体社会关系中扬弃其支配自己的力量"这一问题加以展开。简而言之,马克思和恩格斯通过对这一问题的具体阐述实质上关注的是"实践的道德"的核心问题——更高阶段上真正的与"类"相统一的个人如何可能——的解答,只有实现类与个人统一,才能摆脱阶级的压迫,获得解放;摆脱支配人、统治人的生产关系的束缚,获得自由;摆脱偶然性的生存,成为确定性生存的有个性的个人,从而实现真正的人的道德。所以说,马克思和恩格斯更加重视对现实的生产关系进行批判的实践活动,使其道德理论因其丰富的历史性和现实性,而摆脱了仅仅停留在意识中的抽象道德理论,从而完成了从"武器的批判"到"批判的武器"的蜕变。为了表明马克思和恩格斯对"实践的道德"的重视,我们接下来将详细阐明这一重要维度。

(二)"实践的道德":马克思和恩格斯更关注的道德维度

马克思和恩格斯对"实践的道德"维度的关注,在很大篇幅中是通过对真正的人、真正人的生存状态与异化的人、异化的人的生存状态之间的对比显现出来的,即马克思提出并批判的劳动异化理论深刻地体现了其"实践的道德"的维度。换句话说,马克思的劳动异化理论不仅是关于人的生存状态的一种生存论分析(批判),也包含着一种深刻的道德分析(批判)的立场。不仅对劳动异化理论,而且对旧式分工、私有财产以及根源上的资本主义生产关系的批判都同样包含了以上立场,具体分析如下:

1.马克思对"实践的道德"维度的理解,不是抽象地就道德而谈道德,而是将其与现实的个人联系起来。对于这一点,马克思和恩格斯曾经多次强调过,在《〈黑格尔法哲学批判〉导言》中马克思曾经说过:"人不是抽象的蛰居于世界之外的存在物。人就是**人的世界**,就是国家,社会。这个国家、这个社会产生了宗教,一种**颠倒的世界意识**,因为它们就是**颠倒的世界**。"[①]在之后的《德意志意识形态》中两人又将这一问题进一步深化,他们认为,"全部人类历史的第一个前提无疑是有生命的个人的存在。因此,第一个需要确认的事实就是这些个人的肉体组织以及由此产生的个人对其他自

个性道德与理性秩序

① 《马克思恩格斯选集》第 1 卷,北京:人民出版社 1995 年版,第 1 页。

然的关系"①。这里,马克思和恩格斯所说的个人是现实的、能够进行实践活动的、生活在一定社会关系中的个人。正是在这一点上,人与动物区别开来,即两者的本质区别在于人类能够进行生产自己生活资料的实践活动。与此同时,这些个人也受一定的物质前提和条件的限制和支配。从以上的阐述中可以看到,马克思和恩格斯首先强调了"实践的道德"的载体是现实的能够进行生产活动的个人。

2. 马克思和恩格斯立足于具体的资本主义社会关系,批判了人本身的异化和与之相连的道德异化。马克思和恩格斯认为,真正的个人生活在现实而具体的社会关系中,正是在与同代人或历代人的不断联系中,人的本质才得以生成和发展。"一个人的发展取决于和他直接或间接进行交往的其他一切人的发展;彼此发生关系的个人的世世代代是相互联系的,后代的肉体的存在是由他们的前代决定的,后代继承着前代积累起来的生产力和交往形式,这就决定了他们这一代的相互关系。总之,我们可以看到,发展不断地进行着,单个人的历史决不能脱离他以前的或同时代的个人的历史,而是由这种历史决定的。"②也就是说,马克思和恩格斯强调个人本质中蕴涵着历史继承性和社会性特征。同样,真正的道德也是如此,正是在个人与他人之间形成的社会关系中,各种伦理规则才得以形成,个人与各种伦理规则之间才得以形成实践关系。但同样真实的是,无论是真正的个人还是与他们密切相关的道德在现实的资本主义生产关系中都失去了原本的含义。

众所周知,资本主义生产关系是随着分工不断扩大、血腥的资本原始积累和私有财产不断集中而形成和发展的,在这一过程中,特别是资本原始积累过程中,劳动者和生产资料的迅速分离使得劳动力本身也成为了一种商品。如此一来,劳动者在劳动期间发挥的并不是展现自己本质力量的劳动,而仅仅是满足自己活着的作为手段的异化劳动,当然这同时也导致了资本不断地加速运转,实现其追求利润最大化的本质。所以,正是在劳动者和生产资料分离的前提下,马克思从亲眼目睹的资本主义现状和国民经济学

① 马克思、恩格斯:《德意志意识形态》(节选本),北京:人民出版社 2003 年版,第 11 页。

② 《马克思恩格斯全集》第 3 卷,北京:人民出版社 1960 年版,第 515 页。

家的理论出发,分析了资本主义生产关系中人的异化主要表现为劳动的异化,正是劳动的异化才导致人作为"非人"(工人和资本家)而存在,导致个人的完整性被分解,导致传统的道德规则和运行逻辑消失殆尽,真正的人的道德作为非人的道德存在等一系列后果。那么要使真正的个人和真正的道德回归他们本来的面貌,只有从批判现实的资本主义生产关系入手才能达到。所以,马克思和恩格斯为了实现真正人的道德回归展开了现实的批判历程。

首先,马克思和恩格斯具体探究了劳动的异化及其根源。马克思在《1844年经济学哲学手稿》中详细阐述了异化劳动的四重规定,即劳动产品和劳动者相异化、劳动本身和劳动者相异化、人同自己的类本质相异化、人同人相异化,并指明了资本主义条件下异化劳动的产生根源,即根源于不断深化和扩大的旧式分工以及劳动和生产资料的分离。

所谓的旧式分工是建立在人们非自愿基础上的一种劳动方式,这种分工方式会导致劳动脱离人本身而成为一种单独的力量。正如马克思和恩格斯曾揭示的那样,只要分工还不是出于自愿,而是自然形成的,那么人本身的活动对人来说就成为一种异己的力量,这种力量反过来压迫着人,而不是人驾驭这种力量。这就探究了异化产生的根源。

对于旧式分工的形成过程和后果,马克思和恩格斯也在《德意志意识形态》中给予了充分的阐述,"分工起初只是性行为方面的分工,后来是由于天赋(例如体力)、需要、偶然性等等才自发地或'自然地'形成的分工。分工只是从物质劳动和精神劳动分离的时候起才真正成为分工。从这时候起意识**才能**现实地想象:它是和现存实践的意识不同的某种东西;它不用想象某种现实的东西就**能现实地**想象某种东西。从这时候起,意识才能摆脱世界而去构造'纯粹的'理论、神学、哲学、道德等等。但是,如果这种理论、神学、哲学、道德等等和现存的关系发生矛盾,那么,这仅仅是因为现存的社会关系和现存的生产力发生了矛盾"①。也就是说,一旦物质劳动和精神劳动这一真正的分工形成,就会给人带来消极的结

---

① 马克思、恩格斯:《德意志意识形态》(节选本),北京:人民出版社2003年版,第26页。

果,即分工会造成人向片面化方向发展。如果大多数的工人都向片面化方向发展,都只能从事单一的劳动操作,那么为了维持生存这一最基本的需要,他们彼此之间的竞争就会越来越激烈。

不仅如此,工人和机器之间也存在着竞争,因为随着机器的不断更新换代和机器操作程序的不断简化,机器就能够替代人去完成一部分工作,这将大大减少工人的使用量,进而使得工人的处境更加悲惨。正如马克思指出,"分工使工人越来越片面化和越来越有依赖性;分工不仅导致人的竞争,而且导致机器的竞争。因为工人被贬低为机器,所以机器就能作为竞争者与他相对抗"①。之后,马克思在《雇佣劳动和资本》中又进一步强调了分工导致的这种严重后果,他认为,分工越细,劳动就越简单化,工人的特殊技巧失去任何价值。工人变成了一种简单的、单调的生产力,这种生产力不需要投入紧张的体力或智力,他的劳动成为人人都能从事的劳动。因此,工人受到四面八方竞争者的排挤。而且,一种工作越简单,越容易学会,那么为学会这种工作所需要的生产费用越少,工资也就越低。换句话说,劳动越是不能给人以乐趣,越是令人生厌,竞争也就越激烈,工资也就越少。总体说来,旧式分工给个人带来了严重后果,它使个人的真实存在分崩离析,使工人沦为"会说话的机器"。在这样的社会发展进程中,出现了个人与人的"类本质"不是朝着同方向,而是朝着反方向的态势发展,生活在这样社会中的每一个人都不可能是有个性的真正的人,而是被异化的人。

其次,马克思考察了资本主义社会中私有财产的来源及本质。马克思在《1844 年经济学哲学手稿》中指出了私有财产的产生,私有财产的产生既与封建社会中的土地占有有着不可分割的联系,又与旧式分工紧密相连。他指出:"私有财产的统治一般是从土地占有开始的;土地占有是私有财产的基础。但是,在封建的土地占有制下,领主至少**在表面上**是领地的君主。"②尽管这样,马克思认为,无论是所有者和土地之间的关系,还是所有者与劳动者的关系,封建社会中和资本主义社会中的土地占有制形式都存在着本质区别,具体来说,在封建土地占有中,领主和土地之间存在着比

---

① 马克思:《1844 年经济学哲学手稿》,北京:人民出版社 2000 年版,第 11 页。
② 马克思:《1844 年经济学哲学手稿》,北京:人民出版社 2000 年版,第 44 页。

单纯实物财富关系更加密切的关系的外观,即地块与领主的个性、爵位、特权等相一致,同时,领主与农奴之间虽然存在着剥削关系,但是还存在着比较温情的一面。然而到了资本主义社会中,情况则变得截然不同,"把人和地块连结在一起的便不再是人的性格、人的个性,而仅仅是人的钱袋了"①。即土地所有者和劳动者之间在资本主义社会中仅剩下单纯的统治和被统治、剥削和被剥削的关系了。从这里我们也可以看出,不仅仅旧式固定化的分工可以导致人的完整性的分裂,同时私有财产的出现也加剧了这一分裂进程,所以马克思和恩格斯后来在《德意志意识形态》中说,"私有财产不仅夺去人的个性,而且也夺去物的个性"②。之所以这样说原因在于,在封建社会中,土地、机器等这些物品虽然可以被其占有者出租出去,但是它们却并不会因此失去其内在固有的特性。而到了资本主义社会中,这些物品却成为了私有财产的基础。而且,它们一旦与金钱相联系,其内在的独特性便消失了。除此之外,就本质来说,资本主义社会中私有财产的获得也与异化劳动密切相关,它是劳动外化后的产物和结果。

最后,旧式分工、异化劳动和私有财产导致了资本主义社会中道德的异化。马克思和恩格斯并没有明确阐明资本主义社会中道德的异化问题,但是通过他们对资本主义社会现实的生产关系的批判,可以看出他们一直都在关注着这一核心问题,只是他们认为仅仅靠空头道德理论或者体系批判是无能为力的,只有分析现实状况后面所隐藏的本质才能够很好地说明问题,并且能够为人们的现实行动提供理论基础和引导。所以,马克思和恩格斯正是通过对资本主义的生产关系造成的每一个人的片面化、偶然性生存来论及道德的异化,道德异化主要表现为人的尊严、自由、个性的丧失以及真正需要的扭曲。

一方面,在旧式分工、劳动异化以及加剧的竞争中,人本身的尊严、自由等被无情抹杀掉。正如他们指出:"资产阶级在它已经取得了统治的地方把一切封建的、宗法的和田园诗般的关系都破坏了。它无情地斩断了把人们束缚于天然尊长的形形色色的封建

---

① 马克思:《1844 年经济学哲学手稿》,北京:人民出版社 2000 年版,第 45 页。
② 《马克思恩格斯全集》第 3 卷,北京:人民出版社 1960 年版,第 254 页。

羁绊,它使人和人之间除了赤裸裸的利害关系,除了冷酷无情的'现金交易',就再也没有任何别的联系了。它把宗教虔诚、骑士热忱、小市民伤感这些情感的神圣发作,淹没在利己主义打算的冰水之中。它把人的尊严变成了交换价值,用**一种**没有良心的贸易自由代替了无数特许的和自力挣得的自由。总而言之,它用公开的、无耻的、直接的、露骨的剥削代替了由宗教幻想和政治幻想掩盖着的剥削。资产阶级抹去了一切向来受人尊崇和令人敬畏的职业的神圣光环。它把医生、律师、教士、诗人和学者变成了它出钱招雇的雇佣劳动者。"①由此可见,真正的人在资本主义生产关系中已经蜕变为资本家和工人这两大直接对立的阶级,而且在金钱和利润的统治下,两者更是已经蜕变为失去良心的资本家和失去尊严的工人,都成为了片面的、不健全的人。不仅如此,人与人之间曾经淳朴和美好的关系也被金钱和竞争主宰,从而失去了其原初的意义。

另一方面,在资本主义社会中,人本身的个性也被抹杀,而变为资本的奴隶,即"在资产阶级社会里,资本具有独立性和个性,而活动着的个人却没有独立性和个性"②。也就是说,在资本主义社会中,资本家和工人都发生了异化,在劳动者和生产资料两分的前提下,没有生产资料的人沦为工人,为了活下去,他们唯一能出卖的只有自己的劳动力,因而劳动力变成了一种商品,由其所有者即雇佣工人出卖给资本家的一种商品。在这里,马克思洞察到了资本主义社会中的一个悖论:作为工人内在生命活动的劳动变成了外在于自己的手段。也就是说,"劳动力的表现即劳动是工人本身的生命活动,是工人本身的生命的表现。工人正是把这种**生命活动**出卖给别人,以获得自己所必需的**生活资料**。可见,工人的生命活动对于他不过是使他能够生存的一种**手段**而已。他是为生活而工作的。他甚至不认为劳动是自己生活的一部分;相反,对于他来说,劳动就是牺牲自己的生活。劳动是已由他出卖给别人的一种商品。因此,他的活动的产物也就不是他的活动的目的"③。因而,当一部分人变成了工人时,他们就失去了真正的人的本质特征,即

① 《马克思恩格斯选集》第 1 卷,北京:人民出版社 1995 年版,第 274 ~ 275 页。
② 《马克思恩格斯选集》第 1 卷,北京:人民出版社 1995 年版,第 287 页。
③ 《马克思恩格斯选集》第 1 卷,北京:人民出版社 1995 年版,第 335 ~ 336 页。

自由自觉的类的实践活动,为了活下去,他们什么都可以做;同样,资本主义社会中与工人相对应的资本家亦失去了真正人的个性和人的尊严,其活动依旧受资本的运行逻辑所支配,正如马克思在《1844 年经济学哲学手稿》中所说:"工人和资本家同样苦恼,工人是为他的生存而苦恼,资本家则是为他的死钱财的赢利而苦恼。"①这充分说明了资本主义生产关系中,每一个人都失去了自己的个性,唯一剩下的能将人们联系起来的就是没有个性的金钱了。

在这里,应该将**人的个性**和**人的个别性**这对范畴区别开来。对于两者的区分,马克思和恩格斯在《德意志意识形态》中曾隐讳地指出:"各个人的出发点总是他们自己,不过当然是处于既有的历史条件和关系范围之内的自己,而不是意识形态家们所理解的'纯粹的'个人。然而在历史发展的进程中,由于在分工导致社会关系的必然独立化,一个人的个人生活同他的屈从于某一劳动部门以及与之相关的各种条件的生活之间出现了差别。这一现象不应当理解为,似乎食利者和资本家等已不再是有个性的个人了,而应当理解为,他们的个性是由非常明确的阶级关系决定和规定的,上述差别只是在他们与另一阶级的对立中才出现,而对他们本身来说,上述差别只是在他们破产之后才产生。"②乍看上去,这里似乎存在着矛盾,刚才我们谈到资本主义社会中无论工人还是资本家都失去了个性,但这里又说到资本家存在着个性,实际上两者之间并不矛盾。后者所说的个性,只是特殊性和个别性,即每个资本家都有自己的经营方式和行为方式,这些方式无疑都是为了更大获利而作的考虑,即一切特殊性和个别性的体现都屈服于金钱和商品的统治,屈服于资本的力量,而绝非他们真正喜欢这么做,绝非真正的人的本质力量的真实体现。既然资本家们已经生活在特定社会中,那就会受其所在的社会关系和阶级关系的限制,为了求得在激烈的竞争中生存下去,尽管他们各自具有特殊的性格和经营方式,但是却失去了个性,从而变成了"单向度的人"。

除此之外,资本主义生产关系中,每个人的真实需要都发生了扭曲,正如马克思在《雇佣劳动和资本》中所说:"一座房子不管怎

① 马克思:《1844 年经济学哲学手稿》,北京:人民出版社 2000 年版,第 9 页。
② 马克思、恩格斯:《德意志意识形态》(节选本),北京:人民出版社 2003 年版,第 63~64 页。

个性道德与理性秩序

样小,在周围的房屋都是这样小的时候,它是能满足社会对住房的一切要求的。但是,一旦在这座小房子近旁耸立起一座宫殿,这座小房子就缩成茅舍模样了。这时,狭小的房子证明它的居住者不能讲究或者只能有很低的要求;并且,不管小房子的规模怎样随着文明的进步而扩大起来,只要近旁的宫殿以同样的或更大的程度扩大起来,那座较小房子的居住者就会在那四壁之内越发觉得不舒适,越发不满意,越发感到受压抑。"①这也说明,生活在特定社会关系中的人们的需要和满意度并不以他们所拥有的物品为尺度,不以他们的真实需要为标准,而是以扭曲的虚假需要为尺度的。

实质上,以上马克思和恩格斯所表述的异化、人本身的片面化以及道德异化等诸种状况在现代社会中随着科技的飞速发展变得更加深入。对此,20世纪西方马克思主义流派中的很多思想家已经深刻地展现了这一趋势:卢卡奇对理性化时代人的数字化、主体客体化、人的原子化等物化具体表现形式的阐述;霍克海默和阿多尔诺对现代人的落后状态的描述,揭示出现代人面对取代一切令人眼花缭乱的新形式,没有能力用他们的耳朵听到他们没有听过的东西,没有能力用他们自己的手去触摸他们没有掌握的东西;马尔库塞为我们展示了失去否定性维度的"单向度的人";弗洛姆对现代人不健全心理机制的刻画等。以上诸多思想家的揭示和批判无不表明异化发展的广度和深度,无不表明现代人和现代道德的片面化发展趋势。

综上所述,从马克思和恩格斯思想以及20世纪西方马克思主义很多思想家的社会批判理论中,可以看到资本主义生产关系中对劳动力这种资本追逐的后果:一方面更快地给资本家带来更大的利润,而另一方面却使工人的生存状况更加恶劣,这导致了人的异化和道德异化的真实场景。正如马克思所说:"资本由于无限度地盲目追逐剩余劳动,像狼一般地贪求剩余劳动,不仅突破了工作日的道德极限,而且突破了工作日的纯粹身体的极限。它侵占人体成长、发育和维持健康所需要的时间。它掠夺工人呼吸新鲜空气和接触阳光所需要的时间。它克扣吃饭时间,尽量把吃饭时间并入生产过程本身,因此对待工人就像对待单纯的生产资料那样,

① 《马克思恩格斯选集》第1卷,北京:人民出版社1995年版,第349页。

给他饭吃,就如同给锅炉加煤、给机器上油一样。资本把积蓄、更新和恢复生命力所需要的正常睡眠,变成了恢复精疲力竭的有机体所必不可少的几小时麻木状态。"①但就马克思和恩格斯本人而言,面对资本主义错综复杂的关系和残酷的现实,并没有麻木不仁或漠不关心,而是密切关注并批判现实世界。他们并没有仅仅从消极意义上批判劳动异化,没有一般地反对社会中的私有财产,没有一般地否定人本身所具有的虚荣心,也没有仅仅停留于对引起人和道德异化诸要素的谴责和批判中,因为他们对仅从个人感情角度所作的道德批判存有怀疑,正如恩格斯在《反杜林论》中也指出:"这种诉诸道德和法的做法,在科学上丝毫不能把我们推向前进;道义上的愤怒,无论多么入情入理,经济科学总不能把它看作证据,而只能看作象征。相反地,经济科学的任务在于:证明现在开始显露出来的社会弊病是现存生产方式的必然结果,同时也是这一生产方式快要瓦解的征兆,并且在正在瓦解的经济运动形式内部发现未来的、能够消除这些弊病的、新的生产组织和交换组织的因素。"②正是基于此,马克思和恩格斯在寻求出路的时候,并没有期待唤醒资产阶级中个别资本家的良知和同情心,而是立足于资本主义生产关系内部,期望无产阶级团结起来消灭利用私有财产的占有去奴役自己的生产关系,从而进行根本性的革命,实现真正的人和真正道德的回归。而这一目标的实现完全基于旧式分工、私有财产、竞争和资产阶级等因素的积极方面。

3. 导致人分裂诸要素的积极意义

首先,旧式分工的积极意义。无疑,我们最终的目标是努力消除人的偶然性生存,而消除人生存的外在偶然性的重要途径之一就是消灭旧式分工,但消灭旧式固定分工的前提则是通过分工的不断深化和细化来进行,因为不断扩大的旧式分工在某种程度上能够带来生产力的高度发展和交往的普遍化。正如马克思和恩格斯在《德意志意识形态》中所说,"社会活动的这种固定化,我们本身的产物聚合为一种统治我们、不受我们控制、使我们的愿望不能实现并使我们的打算落空的物质力量,这是迄今为止历史发展的

① 《马克思恩格斯选集》第 2 卷,北京:人民出版社 1995 年版,第 197~198 页。
② 《马克思恩格斯选集》第 3 卷,北京:人民出版社 1995 年版,第 492 页。

主要因素之一。受分工制约的不同个人的共同活动产生了一种社会力量,即扩大了的生产力"①。也就是说,随着旧式分工不断向广度和深度发展,片面发展的个人由于专注于特定部件或者物品的生产,就能够在同样时间内生产出更多的物品,即固定分工的发展能够大大提高个人的劳动效率,这也极大地推动了生产力的发展,而生产力的发展是社会进步和人类发展的前提条件。所以,在生产力发展的低级阶段,不能人为地消灭分工和私有财产,而是应该充分利用分工的另外一面作用,即运用其提高社会生产力,增加社会财富,促使社会精美完善,增进资本积累,促进社会福利增长的作用。否则,如果取消了现在的分工方式,反而会导致社会陷入倒退、人处于迷信和不道德的境地。

对于由分工推动的生产力发展的作用,马克思和恩格斯也给予了特别的强调,他们指出:"生产力的这种发展(随着这种发展,人们的**世界历史性的**而不是地域性的存在同时已经是经验的存在了)之所以是绝对必需的实际前提,还因为如果没有这种发展,那就只会有贫穷、**极端贫困**的普遍化;而在极端贫困的情况下,必须重新开始争取必需品的斗争,全部陈腐污浊的东西又要死灰复燃。其次,生产力的这种发展之所以是绝对必需的实际前提,还因为:只有随着生产力的这种普遍发展,人们的**普遍**交往才能建立起来;普遍交往,一方面,可以产生一切民族中同时都存在着'没有财产的'群众这一现象(普遍竞争),使每一民族都依赖于其他民族的变革;最后,地域性的个人为**世界历史性的**、经验上普遍的个人所代替。不这样,(1)共产主义就只能作为某种地域性的东西而存在;(2)交往的**力量**本身就不可能成为一种**普遍的**因而是不堪忍受的力量:它们会依然处于地方的、笼罩着迷信气氛的'状态';(3)交往的任何扩大都会消灭地域性的共产主义。共产主义只有作为占统治地位的各民族'一下子'同时发生的行动,在经验上才是可能的,而这是以生产力的普遍发展和与此相联系的世界交往为前提的。"②也就是说,马克思和恩格斯在这里表达了唯物主义历史观的

① 马克思、恩格斯:《德意志意识形态》(节选本),北京:人民出版社 2003 年版,第 29~30 页。

② 马克思、恩格斯:《德意志意识形态》(节选本),北京:人民出版社 2003 年版,第 30~31 页。

思想,社会进步归根结底取决于生产力的发展以及由此带来的交往的普遍化。如果没有这两者的发展,社会的进步和人的发展就成了无本之木、无源之水。所以说,马克思和恩格斯看到了旧式的固定分工给人们带来的积极意义,即可以提高社会生产力、促成普遍的社会交往。

其次,大工业带来人们之间的竞争也具有积极的意义。大工业的发展不仅仅会使各种竞争激烈化,同时它也提供了一种可能性的解放力量,即它创造了赤贫的无产阶级。正如马克思和恩格斯所说:"大工业通过普遍的竞争迫使所有个人的全部精力处于高度紧张状态。它尽可能地消灭意识形态、宗教、道德等等,而在它无法做到这一点的地方,它就把它们变成赤裸裸的谎言。它首次开创了世界历史,因为它使每个文明国家以及这些国家中的每一个人的需要的满足都依赖于整个世界,因为它消灭了各国以往自然形成的闭关自守的状态。"①也就是说,大工业所到之处不仅消灭了各民族的特殊性,而且创造了一个庞大的处于社会最底层的工人阶级,这个阶级在所有的民族中都具有同样的利益,都肩负着同样的使命,民族独特性在它那里已经消灭,这是一个真正同整个旧世界脱离而同时又与之相对立的阶级。大工业不仅使工人与资本家的关系,而且使劳动本身都成为工人不堪忍受的东西。

最后,资本家本身也承载着积极意义。尽管异化劳动中包括了人与人之间的异化,即一方面,资本家对工人进行着赤裸裸的剥削和统治,资产阶级以及征服者犯了很多罪行,使得很多工人和受压迫民族受到屈辱;但另外一方面,他们毕竟充当了历史的不自觉工具,所以马克思对待资产阶级的看法并不是单纯从情感上否定,而是看到了他们存在的积极意义。资产阶级在特定的历史时期负有为新世界创造物质基础的使命,不但造就了以全人类互相依赖为基础的普遍交往,以及进行这种交往的工具,还发展了生产力,把物质生产变成对自然力的科学统治。资产阶级的工业和商业正为新世界创造着这些物质条件。

总体看来,为了寻回已经失去的天堂,实现真正的人和真正道

---

① 马克思、恩格斯:《德意志意识形态》(节选本),北京:人民出版社 2003 年版,第 58 页。

德的复归,马克思和恩格斯将这一希望寄托在生产力和生产关系的发展上,而促使生产力水平的提高和生产关系普遍化的现实力量却不是个人,而是广大的工人阶级以及这一阶级的现实行动。他们认为,解放并不是在思想领域的解放,而是在现实的历史的活动中的解放,"只有在现实的世界中并使用现实的手段才能实现真正的解放;没有蒸汽机和珍妮走锭精纺机就不能消灭奴隶制;没有改良的农业就不能消灭农奴制;当人们还不能使自己的吃喝住穿在质和量方面得到充分保证的时候,人们就根本不能获得解放。'解放'是一种历史活动,不是思想活动,'解放'是由历史的关系,是由工业状况、商业状况、农业状况、交往状况促成的"①。即对实践的唯物主义者即共产主义者来说,全部问题都在于使现存世界革命化,实际地反对并改变现存的事物。

对于这一点,我们可以看到,马克思和恩格斯更加注重的是工人阶级现实的斗争,但他们没有详细阐述一个很重要的问题,即工人阶级受压迫意识的生成问题。如果大多数的工人并没有意识到他们正在经受着压迫,何以会站起来进行现实的斗争和反抗?正如马尔库塞所描述的"单向度的人"他们对自己各个方面都很满意,但同时也失去了否定和批判的能力。同样,19 世纪中叶的工人状况在我们今天看来惨不忍睹,但在那个时代却不尽然,如果那时的工人没有意识到压迫,那何谈反抗呢?所以,对于工人阶级意识的觉醒这一问题,马克思在其著作中并没有详加阐述。尽管马克思在《〈黑格尔法哲学批判〉导言》中关注了这一问题,对这一问题的简要阐述是以德国人为原型的,他指出:"问题在于不让德国人有一时片刻去自欺欺人和俯首听命。应当让受现实压迫的人意识到压迫,从而使现实的压迫更加沉重;应当公开耻辱,从而使耻辱更加耻辱。"②在这里,马克思强调了唤起个人压迫意识的重要性,但在其后的著作中则较少关注这一问题。对工人阶级意识觉醒这一问题的强调则被后来的卢卡奇在《历史与阶级意识》中进一步深化和发展,他指明无产阶级意识对于无产阶级革命具有至关重要的作用。

---

① 马克思、恩格斯:《德意志意识形态》(节选本),北京:人民出版社 2003 年版,第 18 ~ 19 页。

② 《马克思恩格斯选集》第 1 卷,北京:人民出版社 1995 年版,第 4 ~ 5 页。

当然,无论是马克思和恩格斯还是卢卡奇,他们都认为单个工人受压迫意识的觉醒以及人们解放的目标都必须依靠共同体的力量才能完成,而且是依靠这一力量在现实生活中反抗才能真正完成,除此之外,意识形态中的反抗或者单个人的力量都无以达到以上目标。正如马克思和恩格斯指出:"个人力量(关系)由于分工而转化为物的力量这一现象,不能靠人们从头脑里抛开关于这一现象的一般观念的办法来消灭,而是只能靠个人重新驾驭这些物的力量,靠消灭分工的办法来消灭。没有共同体,这是不可能实现的。只有在共同体中,个人才能获得全面发展其才能的手段,也就是说,只有在共同体中才可能有个人自由。"①这就表明,在资本主义生产关系中,旧式分工方式已经将人们整合到一个拥有巨大力量的体系中,被异化的个人,无论是工人还是资本家,靠自己的力量根本不能够改变社会现实。那么,对于工人来说,只有融入到无产阶级这一共同体中,才能完成推翻现有不合理生产关系的目标,以实现自己的真正自由。

　　在这里,马克思和恩格斯所说的共同体是真正的共同体,即在资本主义社会中,主要指将绝大多数的工人联系起来的阶级共同体。因而,为了形成真正的共同体,马克思和恩格斯期待着工人之间能够放弃竞争,通力合作,进行革命,以实现自己的利益。正如马克思和恩格斯在《共产主义者同盟中央委员会告同盟书》中所说:"我们的利益和我们的任务却是要不间断地进行革命,直到把一切大大小小的有产阶级的统治全都消灭,直到无产阶级夺得国家政权,直到无产者的联合不仅在一个国家内,而且在世界一切举足轻重的国家内都发展到使这些国家的无产者之间的竞争停止,至少是发展到使那些有决定意义的生产力集中到了无产者手中。对我们说来,问题不在于改变私有制,而只在于消灭私有制,不在于掩盖阶级对立,而在于消灭阶级,不在于改良现存社会,而在于建立新社会。"②也就是说,个人只有立足于阶级以及阶级关系中才能完成推翻资本主义社会中不合理的生产关系的任务,个人也才得以成为真正的个人,否则,大多数的工人仍然会陷入赤贫的境

---

　　① 马克思、恩格斯:《德意志意识形态》(节选本),北京:人民出版社 2003 年版,第 63 页。

　　② 《马克思恩格斯选集》第 1 卷,北京:人民出版社 1995 年版,第 368 页。

地。无形之中,马克思和恩格斯将真正的共同体和种种虚假的共同体区别开来。真正的共同体是与个人一致的,个人生活在共同体中,在其中,个人会觉得自由;而虚幻的共同体则外在于个人独立存在,是一个阶级反对另一个阶级的联合,因此对于个人来说则是一种束缚和支配的力量。

通过对马克思和恩格斯本人思想中蕴涵的"实践的道德"的简单回顾,其实留下两个开放性问题值得我们去思考:第一,目标的高尚和道德能否通过卑劣的手段来实现,或者说手段或过程的卑劣能否实现目标道德和高尚?第二,马克思和恩格斯所寄托的工人阶级这一现实解放的力量在我们今天是否还适用?

对于第一个问题的回答,从马克思和恩格斯的总体理论脉络上来看答案无疑是肯定的,无论是英国等资本主义国家在印度、中国等亚洲落后国家的一切卑劣行径,还是在资本主义国家内部资本家对工人实行极其恶劣的剥削和统治,这一切都是作为过程而存在,最终是为了完成历史的任务,即实现人的尊严、真正的人的道德这一高尚的目标。但果真如此吗?生活在今天的工人真的比100多年前的工人受的剥削和奴役更少吗?今天的人们真的更加幸福吗?今天的人们更加道德吗?今天的人为灾难真的比过去更加少吗?我们真的离终极目标更近了一步吗?……

对于第二个问题的答案更是有些晦暗不明,马克思希望的是,一旦工人阶级可以直面他们生活的真实状况和他们的相互关系,他们就可以克服冷漠而走到一起,成为解放的力量。但是当今天的人们每天都忙于找工作、买房子、赚钱以及找更好的工作、买更大更好的房子、赚更多的钱等与自身密切相关的外在目标时,还有多少人在关心他人?还有多少人关心整个人类的解放问题?而且在今天被科技整合的人们在身心疲惫地独自面对这个世界时,其精神上的不健全致使他们失去了关爱他人和社会的能力,那么团结一致的途径在哪里?整个的工人阶级真的还存在吗?如果不存在,我们个人如何达到真正的人和真正的道德这一目标?如果存在,我们如何能团结在一起?而且更重要的是,即便是工人阶级团结在一起,在推翻资产阶级之后真的能够给人类带来福祉吗?……总之,太多的问题留给生活在今天的人们。

（三）"理论的道德"和"实践的道德"之间的关系

马克思和恩格斯的道德思想中包含的这两种维度与阿尔都塞所认为的"认识论断裂"存在着根本差别。众所周知，阿尔都塞用他的老师巴谢拉尔的"认识论断裂"这一概念来描述马克思思想发展的历程。他指出："（1）在马克思的著作中，确确实实有一个'认识论断裂'；据马克思自己说，这个断裂的位置就在他生前没有发表过的、用于批判他过去的哲学（意识形态）信仰的那部著作:《德意志意识形态》。"①"（2）这种'认识论断裂'同时涉及两种不同的理论学科。在创立历史理论（历史唯物主义）的同时，马克思同自己以往的意识形态哲学信仰相决裂，并创立了一种新的哲学（辩证唯物主义）。"②"（3）这种'认识论断裂'把马克思的思想分成两个大阶段:1845年断裂前是'意识形态'阶段，1845年断裂后是'科学'阶段。第二阶段本身又可以分成两个小阶段，即马克思的理论成长阶段和理论成熟阶段。"③以上这几点是阿尔都塞对马克思理论的看法，他将之分成两个断裂的部分，而我们所说的马克思道德思想中蕴涵的"理论的道德"和"实践的道德"这两个维度之间虽然存在差别，但却是不可分割的:前者不仅为道德的含义提供了理论上的依据，而且还一直贯穿在后者中，而后者的展开过程都是以前者为指导的。这就与阿尔都塞所谓的"认识论断裂"严格区分开来，具体来说两者之间的关系如下:

首先，纵观马克思的思想历程，"理论的道德"的解放主要是建立在现实的生产关系解放基础上，同时，它为"实践的道德"提供了理论方向。从前面我们对马克思思想的阐述，可以看到马克思在其整个理论批判活动中，并没有停留在纯粹道德范围内，即没有停留在"理论的道德"层面来批判资产阶级对于工人阶级的残酷统治和剥削。其理论批判的重点放在了对现实生产关系的改造上，对产生异化的根源——现实的物质生产关系进行了批判，因为只有

　　① （法）路易·阿尔都塞:《保卫马克思》，顾良译，北京:商务印书馆2006年版，第15页。

　　② （法）路易·阿尔都塞:《保卫马克思》，顾良译，北京:商务印书馆2006年版，第16页。

　　③ （法）路易·阿尔都塞:《保卫马克思》，顾良译，北京:商务印书馆2006年版，第16页。

最本源的现实不合理的生产关系被改造之后,每一个人才能成为真正的人,真正的人的道德也才能够在新的社会关系中得以实现,进而实现"实践的道德"。因此,"理论的道德"和"实践的道德"二者是一致的。

其次,"实践的道德"关注"理论的道德"的解放,进而贯穿在马克思一生的理论和实践活动中。无论是马克思早期直接对现实的道德批判,还是在《关于费尔巴哈的提纲》和《德意志意识形态》之后,马克思对"从前的哲学信仰清算"后转向对现实的资本主义生产关系进行批判,都足以说明马克思对现实生产关系的批判活动的目的是为了人和人的道德回归。尽管在不同时期他关注的重点不同,但这不足以说明他的思想存在着所谓的"认识论断裂",他一生致力于"实践的道德"的方向从未改变过,因此,阿尔都塞有一句话是正确的:"马克思虽然否认人道主义是理论,但他毫不取消人道主义的历史存在。无论在马克思以前或以后,人的哲学在真实世界中还是经常出现的。"①所以,总体来看,"实践的道德"通过种种途径关注着"理论的道德"的解放,从而实现真正的人以及真正道德的回归,这是马克思一生从未间断也从未改变的理论和实践的方向。

二、个性道德:马克思道德思想的新拓展

以上我们用了很长的篇幅力图从文本中解读马克思和恩格斯理论中所蕴涵的道德思想,这不仅说明了他们理论中包含着丰富的伦理道德思想,而且也表明,在面临着现代化以及现代性问题展开的社会历史背景中,赫勒的道德理论不仅没有切断与马克思理论中的道德思想的纽带,而且与之有着更深的亲缘关系。可以说,赫勒的道德理论是对马克思、恩格斯的"实践的道德"难度的深入展开,当然在这一继承过程中,她抛弃了自认为存在问题的地方,融入了浓厚的犹太文化元素以及很多其他思想家的观点。

(一)赫勒继承了马克思理论中的辩证法思想

当我们谈到马克思的辩证法时,首先想到的便是我们所熟知的

---

① (法)路易·阿尔都塞:《保卫马克思》,顾良译,北京:商务印书馆 2006 年版,第 227 页。

马克思主义哲学原理中经常提到的,马克思颠倒了黑格尔的唯心主义辩证法,发现和吸取了它"神秘外壳中的合理内核",实现了哲学史上的伟大革命。但实际上,马克思的辩证法有着更深刻的内涵。

具体来说,马克思的辩证法实质上是用更加本源性的"实践"辩证法更换了唯心主义中思维过程的辩证法,才实现了哲学史上的伟大变革。马克思在《关于费尔巴哈提纲》中指出:"人的思维是否具有客观的[gegenständliche]真理性,这不是一个理论的问题,而是一个**实践**的问题。人应该在实践中证明自己思维的真理性,即自己思维的现实性和力量,自己思维的此岸性。关于离开实践的思维的现实性或非现实性的争论,是一个纯粹**经院哲学的**问题。"①即人的思维的运动过程实质上并不是静态的,它是立足于动态的、历史的实践过程中加以展开的,同时,因为实践活动具有直接现实性特征,才使得由思维过程凝成的理论本身没有仅仅停留在"解释世界"的层面上,而是力求"改变世界"。

与之相关,就会引出马克思辩证法的更深一层的内涵,即现实生活或者现实世界中存在着正反两幅冲突的图景:一幅是"坚固的"的图景,另一幅是"融化的"图景,这一由正反两方面组成的图景表现了辩证法。对于这一点,马歇尔·伯曼在《一切坚固的东西都烟消云散了》中进行了具体而深刻的分析。他认为,在马克思的《共产党宣言》中处处都可以看到矛盾和悖论变动的场景:生产关系的不断变更;资产阶级和无产阶级的关系;资产阶级本身的历史作用;资本、竞争、分工等因素两方面的作用……总之,资本主义社会中处处都充满了辩证法。

进而,伯曼提出来一个关键性的论断:马克思所提出的充满矛盾和悖论、不断变动的辩证法走向了寸步难行的境地。正如他指出:"马克思相信,资产阶级社会中生活的冲击和大变动和大灾难,能使得现代人在经历过它们后像李尔王那样,发现自己的'真实面目'。但如果资产阶级社会如马克思认为的那样动荡不安,那么其人民怎么能够确定任何真实的自我呢? 自我在外部面对着各种各样的可能性和必需品的狂轰滥炸,在内部面对着各种不顾一切的冲动的驱使,谁又能怎样明确地肯定,哪些东西是本质的而哪些东

① 《马克思恩格斯选集》第 1 卷,北京:人民出版社 1995 年版,第 58～59 页。

西仅仅是偶然的呢？新的赤裸的现代人的本性最终也许表明,它像旧的穿衣人的本性一样,难以捉摸和神秘莫测,也许更加难以捉摸,因为已不再存在对隐藏在面具后面的一个真实自我的幻想。于是,与集体和社会一起,个性本身也会融化在现代的空气之中。"①无疑,这里伯曼提出了一个很重要的问题,现代社会中的自我如何在不断的变化中得以确定? 对于这一问题,赫勒在其理论中给予了解答:依靠"好人"自身来加以确定。因为好人已经进行了普遍性范畴下生存的选择,即选择自己作为道德的存在。作了这一选择的好人能够进行双重性质的自我反思,能够对他人承担起全面的责任,尽管并不是对每一个人承担责任,他们是真正自由的存在,他们也能够保存德性、规避邪恶……所以,正是对道德本身的选择,才使得"好人"及其自我可以在不断的变动中,在德性语言和规则被严重破坏的情况下,能够直面各种不确定性和悖论。

总体说来,赫勒在其道德理论中继承了马克思的辩证法思想,即继承了他所描述的现代社会的不断变动性特征,以及由此引发的悖论和矛盾。例如,她对现代社会中自由的理解:作为一切事物基础的自由本身却没有基础。此外,在很多地方,赫勒都在马克思意义上表明现代社会中到处可见的矛盾和悖论。但她对此状况并没有陷入消极悲观的情绪中,而是立足于悖论力图实现其道德"乌托邦"的构想。这种态度源于赫勒看到的事实:现实社会中的确存在着无数的"好人",这些"好人"身上具有坚定的自我同一性的品质。简而言之,"好人"在践行着实践(praxis)哲学的内在要求。而"实践哲学"在赫勒看来是现代人特定的自然态度,因为他们将自己的偶然性转换成命运,他们能够创造着自己的命运。这体现了赫勒对马克思实践辩证法思想的继承和深化。

(二)赫勒拓展了马克思理论中的"实践的道德"维度

马克思和恩格斯在理论中,虽然注重现实生产关系的改造对人全面自由发展和真正道德回归的重要作用,虽然强调在解放的力量上要依靠整个无产阶级,但是,这并非表明他们忽略了个人以及人的个性的重要性。纵观其思想,贯穿其理论的一个中心问题

---

① (美)马歇尔·伯曼:《一切坚固的东西都烟消云散了》,徐大建、张辑译,北京:商务印书馆 2003 年版,第 142 页。

就是**真正的人与作为"异化人"的资本家和工人**之间的对比,后者主要指生活在资本主义社会中的因失去个性而变成了偶然性生存的个人。

对于两者之间的区别,我们在前面阐述马克思和恩格斯思想时已经说得很多,在此就不再赘述。更重要的是,马克思和恩格斯在《德意志意识形态》中对个人生活的"偶然性"作了解释:"有个性的个人与阶级的个人的差别,个人生活条件的偶然性,只是随着那本身是资产阶级产物的阶级的出现才出现。只有个人相互之间的竞争和斗争才产生和发展了这种偶然性本身。因此,各个人在资产阶级的统治下被设想得要比先前更自由些,因为他们的生活条件对他们来说是偶然的;事实上,他们当然更不自由,因为他们更加屈从于物的力量。"[①]即他们指出了个人失去自由变成"非人"的原因是由现实生活中这些偶然性条件所造成的。

同时马克思和恩格斯也对"有个性的个人"与"偶然性的个人"进行了区分。他们认为,有个性的个人与偶然的个人之间的差别,不是概念上的差别,而是历史事实。在不同的时期,这种差别具有不同的含义,例如,等级在 18 世纪对于个人来说就是某种偶然的东西,家庭或多或少地也是如此。这种差别不是我们为每个时代划定的,而是每个时代本身在它所发现的各种不同的现成因素之间划定的,而且不是根据概念而是在物质生活冲突的影响下划定的。一切对于后来时代来说是偶然的东西,对于先前时代来说则相反,亦即在先前时代所传下来的各种因素中的偶然的东西,是与生产力发展的一定水平相适应的交往形式。正是在此基础上,他们才指出,人们要想重新实现自己的个性,就必须立足于现实,消除人们生活的外在种种偶然性的条件,而不是仅仅在意识中进行革命,所以,"无产者,为了实现自己的个性,就应当消灭他们迄今面临的生存条件,消灭这个同时也是整个迄今为止的社会的生存条件,即消灭劳动。因此,他们也就同社会的各个人迄今借以表现为一个整体的那种形式即同国家处于直接的对立中,他们应当推

---

① 马克思、恩格斯:《德意志意识形态》(节选本),北京:人民出版社 2003 年版,第 64 页。

翻国家,使自己的个性得以实现"①。

与此同时,他们也设想了未来共产主义社会中真正的人得以生成的状况。例如,恩格斯在《反杜林论》中提到,"当社会成为全部生产资料的主人,可以在社会范围内有计划地利用这些生产资料的时候,社会就消灭了迄今为止的人自己的生产资料对人的奴役。不言而喻,要不是每一个人都得到解放,社会也不能得到解放。因此,旧的生产方式必须彻底变革,特别是旧的分工必须消失。代之而起的应该是这样的生产组织:在这个组织中,一方面,任何个人都不能把自己在生产劳动这个人类生存的自然条件中所应参加的部分推到别人身上;另一方面,生产劳动给每一个人提供全面发展和表现自己全部的即体力的和脑力的能力的机会,这样,生产劳动就不再是奴役人的手段,而成了解放人的手段,因此,生产劳动就从一种负担变成一种快乐"②。也就是说,共产主义社会中,当旧式分工消失后,现在被异化的人(工人和资本家)也就真正作为人而存在,个人也才能够真正发展自己的自由个性。

赫勒正是继承了马克思的理论中关于"偶然性生存的人和具有个性的人之间区分"的思想,将偶然性生存的个人作为她的道德理论的出发点,并进一步指出,现代人都是处于双重偶然性的生存状态中,即出生的偶然性和成长的偶然性,如果人们要想摆脱双重偶然性生存的状态,那么就必须进行生存性的选择,实现生命的"跳跃",成为一个自我同一的"好人",从而将双重偶然性转化为确定性生存。实质上,赫勒在马克思理论的基础上进一步提出"现代人处于双重偶然性生存"的理论,其实是源于社会历史条件的发展和改变,而这又进一步促使生活在今天的人们的偶然性生存意识的渐渐觉醒。无疑,如果说马克思和恩格斯所生活的19世纪中叶的绝大多数人(无论是资本家还是工人)还没有完全意识到自己所生活的偶然性条件时,那么生活在今天的人们已经并非完全如此。当生活在今天的人们面临着更多的自然灾难,特别是面临着更多"第二自然"的灾难时,才感受到自己比以往任何时候陷入受束缚和无力反抗等困境中,因此今天的人们才会感到比以往任何时候

---

① 马克思、恩格斯:《德意志意识形态》(节选本),北京:人民出版社2003年版,第65页。

② 《马克思恩格斯选集》第3卷,北京:人民出版社1995年版,第644页。

都更加孤独,更加虚无,而这又增加了人们对自己生存的漂浮性、任意性以及"无家可归"的体验。所以,在对"人们所生存的偶然的社会条件以及造成的有个性的人的逐渐消失"这一点的阐述上,赫勒继承了马克思的理论,而且在此基础上作了进一步的发挥。

面对此种状况,是否人类真的无能为力、必须要坐以待毙? 答案当然是否定的,萨特告诉我们要"在绝望中怀有希望",因而构建了他的作为人道主义的存在主义。马克思和恩格斯则将希望放在无产阶级共同体的肩上,期待他们能够改变现实的生产关系,从而在不断的现实运动中逐渐实现共产主义,完成真正的人和真正道德的回归。

正是在对未来的期望中,赫勒发现并继承了马克思"自由个性"的事业,并在此基础上,将希望寄托在了现代社会中存在的无数"好人"身上,从一个全然不同的视角勾勒了一幅道德"乌托邦"梦想。实事求是地说,赫勒并不完全赞同马克思将"自由个性"实现的任务放在"阶级"这一框架内的观点。因为这一解决方式在今天存在着一些问题,正如美国思想家马歇尔·伯曼指出的那样:马克思试图通过工人之间的联合来实现共产主义的这种设想"令人目眩,但当你努力观看时却又闪烁不定。……现代的男女完全可能更喜欢卢梭式的绝对自我的独处的悲壮,或者伯克式的政治假面剧的集体性着装的舒适,而不是更喜欢马克思试图将两者的优点融合在一起的努力。"①也就是说,随着时代背景的转换,现代人的观念也发生了变化,他们对待集体已经不抱太大的期望,因为很多时候,正是集体狂热吞噬了个人的存在。正是鉴于此,赫勒也改变了马克思和恩格斯的路径,转而将解放的力量寄托在现代社会双重偶然生存的个人身上。

除此之外,在赫勒在对马克思理论的继承中,更加注重偶然性而非必然性因素在人和社会发展中的作用。毋庸置疑,从马克思和恩格斯的很多文本中,我们不难感受到,他们字里行间充满着对未来社会和人本身发展的乐观主义态度,或者更确切地说,在他们的理论中,主导性的基调是未来社会和人的发展朝着必然解放的方向发展,即通过工人们的现实努力,将来的社会和人们一定会更

① (美)马歇尔·伯曼:《一切坚固的东西都烟消云散了》,徐大建、张辑译,北京:商务印书馆2003年版,第141页。

美好和更完善。对于这一点,赫勒则持着怀疑的态度,美好的未来并不那么必然和确定实现,有太多偶然性因素在起作用。正如她指出:"现代男男女女们选择作为偶然性的现代世界。他们意识到无论什么样的存在都不是通过必然性而存在的,因为它应该也不存在。"[①]也就是说,在赫勒看来,马克思是用"人们能够在前定条件下创造他们自己的历史"的名言总结了现代偶然性意识,对于马克思来说,这种前定的条件是必然的。但在赫勒眼中所谓的前定的条件也仅仅是一种可能性,所以她认为马克思并没有转向并直面偶然性,而只是在历史目的的概念、必然性的历史机构和(必然性)进步的理念下寻求着庇护所。

那么如何看待马克思和赫勒对个性的人在其回归途中路径的不同?如何看待现代思想家的怀疑态度?不可否认,这与时代背景的变化有着密切的联系,特别是与现代性的后果密不可分。

首先,阶级之间的直接对立关系在今天变得更加隐蔽。无疑,从马克思和恩格斯生活的年代发展到今天的资本主义社会,随着科技的发展,机器的不断更新、完善以及工人的不断斗争,资本家不再通过直接的、可以看得到的手段来剥削工人,尽管剥削性质没有任何的改变,剥削程度并没有明显地减轻,但至少表面上看来工人的生活境遇没有过去那么悲惨了,工人和他的老板之间无论从吃穿住行等方面,还是从文化消费等方面都没有太大的差别,所以,阶级以及阶级对立这一概念已经渐渐趋于边缘化,以至于很多人发出"阶级消失"的论调。

赫勒的理论也是在此基础上进一步前行的,尽管她并没有讨论"阶级和阶级差别是否消失"的问题,但是她的理论中确实较少地谈到阶级以及阶级斗争这一问题,而更多关注的是马克思所提到的"偶然性的个人"存在这一事实,并在此基础上阐明现代人对自己双重偶然性生存的自觉。马克思和恩格斯曾经指出,"对于无产者来说,他们自身的生活条件、劳动,以及当代社会的全部生存条件都已变成一种偶然的东西,单个无产者是无法加以控制的,而且也没有任何**社会**组织能够使他们加以控制。单个无产者的个性和强加于他的生活条件即劳动之间的矛盾,对无产者本身是显而

① Agnes Heller, *A Philosophy of Morals*, Oxford: Basil Blackwell Ltd, 1990, p. 138.

易见的,特别是因为他从早年起就成了牺牲品,因为他在本阶级的范围内没有机会获得使他转为另一个阶级的各种条件"①。也就是说,马克思和恩格斯在这里明确描述了存在于工人之外的各种偶然性条件,它们控制着工人,使他们没有办法获得自由。而赫勒则在此基础上,将马克思和恩格斯描述的这种生存的偶然性条件进一步发挥,并将之作为个人选择和道德展开的现实前提,她一再强调,偶然性存在的个人只有选择道德的生存,选择作为好人而存在,才能摆脱现实中各种外在偶然性条件的束缚,实现生命中的跳跃,成为一个自由的个人。同时,只有如此选择,也才能够克服现代虚无主义的来临。

由此可见,赫勒既没有像马克思那样将希望放在无产阶级身上,也没有像卢卡奇那样将希望放在唤起无产阶级总体意识上,而是放在了有个性的"好人"身上,希望通过人们之间相互交流,能够将偶然性转换成必然性生存,从而完成个性的人以及个性道德的回归。所以说,赫勒对有个性的个人和个性道德实现的阐述,是马克思理论中的"有个性的人和偶然性的人区别"的深化和拓展。在这一深化过程中,与阶级和阶级斗争无关,尽管并不排除存在于人们之间的种种矛盾。

其次,当今科技力量的负面后果渐渐深入到人内心中,在更深层次上统治人、支配人和压抑人,充分体现了劳动异化的普遍化趋势。20世纪中发生的至今仍然让人记忆犹新的事件就是两次世界大战,特别是二战中"大屠杀"事件对很多感受者或亲历者的影响是巨大而深刻的,这颠覆了他们在心灵深处一直坚信的东西,使他们在看到现实生活美好一面的同时,也看到了现实生活冷酷和残暴的另一面,而这很大程度上根源于现代科技的两面性特征,因为这些事件之所以如此顺利地进行,更多的是科学技术发挥了巨大的作用。而且,最可怕的还不是这些由科技带来的可见的灾难,而是看不到的更为残酷的影响。在今天,科学技术正渐渐侵入到人们的生活当中,破坏着人们的统一关系,使得每一个人都独自面对强大的外在力量,科学技术进而还深入到人的内心中对其进行压

① 马克思、恩格斯:《德意志意识形态》(节选本),北京:人民出版社2003年版,第64~65页。

个性道德与理性秩序

制,导致人们失去了任何形式的反抗。对于这一问题,法兰克福学派中的马尔库塞、弗洛姆等思想家都给予了深刻的批判。所以,现代人面临的已不再是如何满足基本生存需要的问题,而是面临着如何摆脱现代合理性进程中工具理性、科技理性对人内心压制的问题。换句话说,在今天唤起每一个人内心的反抗意识已经变得尤为重要。这就是赫勒将解放的力量主要寄托在个人身上的社会原因之一,同时也是她反复强调现代人对未来虽然抱有期望,但是他们却并不将赌注放在未来,而是放在现在,放在当下,并不过分注重必然性,而是更加注重偶然性作用的原因之所在。

尽管赫勒和马克思理论中关于人类解放和道德回归的具体路径不同,或者说他们两个人理论的侧重点不同,但这不影响两人最终目标的一致性,即两人最终对于人的理解都落实到与"类"相统一的"每一个个人"身上,都期待自由个性的生成,对道德的理解都强调真正的个性道德的回归。也正是在这一意义上,我们说赫勒是一个真正的马克思主义者,一如她对自己的评价。当然,赫勒对马克思和恩格斯思想的发展,并非仅仅从他们思想内部加以深化,同时也吸收和融合了其他的思想,她不仅吸收了克尔恺郭尔、尼采等人的思想,而且她本人的行动和态度中,也吸收了犹太教中所蕴涵的伦理思想。赫勒在其道德理论中对思想家克尔恺郭尔和尼采的"孤独的个体"、"生存的选择"、"个性"、"本真性"、"视角主义"等理论和方法的吸收和批判,因在前面的行文中已经说得很多,所以这里不再作过多解释。这里将阐述犹太教中伦理思想对她的影响,主要表现在以下几个方面:

首先,赫勒面对苦难的积极态度体现了犹太教和犹太人中所展现的"好人"形象。众所周知,在犹太教基本教义和犹太人心中,他们一直都坚定不移地相信犹太人是上帝的选民。无论是在《出埃及记》还是摩西所吟诵的圣歌中都明确说明了这一点。但作为上帝的选民,并不仅仅与得到耶和华的保护和眷顾相连,同时也意味着与苦难联系在一起。19世纪末20世纪初的具有犹太血统的德国哲学家赫尔曼·科恩(Hermann Cohen)曾经解释了这一问题。科恩认为,选民的意义是与以色列人所蒙受的巨大灾难和痛苦联系在一起的,如果将这种苦难放在其他民族身上,就会导致民族的衰亡,而对以色列人来说,他们的最高目标——世界大同——则开始于这种殉道精神。因此,犹太人所受到的苦难在科恩的解释中就被赋予一种积极意义。我们知道,在漫长的历史长河中,犹太人被分散到世界各地,过着寄人篱下的生活,他们遭受到了巨大的蔑视、痛苦、苦难等,很多人间发生的不幸都会被推卸到犹太人身上。例如:中世纪黑死病的发生及其蔓延在尚未熟悉原因之前,人们就将之传播的原因归罪于犹太人。当时许多人认为是犹太人污染了基督徒的水井,让大家喝了不干净的水才染上疾病的,于是成千上万居住在欧洲的犹太人被杀死。根据历史记载,仅 1394 年在斯特拉斯堡一地,被杀害的犹太人就达 16000 人之多。排犹主义发展到极端就是上世纪二战期间所发生的"屠犹"事件,这使得犹太人再一次遭受到了巨大的苦难。如果说科恩对上帝选民的解释与苦难联系在一起体现了犹太教教义中的伦理学思想,那么也可以说,同样作为犹太人的赫勒,表达犹太教教义中伦理学思想的方式是将好人与苦难联系在一起。之所以这样说,原因在于无论在犹太教中还是犹太人心中,耶和华都是诚实无伪的上帝,他行事公平无私、公平而又正直,而这也是赫勒所描述的"好人"形象。

同样真实的是,赫勒本人在二战期间亲身经历了"大屠杀"事件,她不仅亲眼看到了包括她父亲在内的很多好人都遭受了巨大的苦难,并且都付出了生命的代价,而且亲身经历了人类的这一苦难。但在苦难的现实面前,赫勒能够以积极的心态面对并超越现实中的苦难,如她所说:"毕竟苦难是生活,并且一个人如果不对苦难说'是',那么一个人也不能对生活说'是'。"[1]这就足以证明,赫勒本人用自己的实际行动和巨大的勇气接受了苦难,从而践行了"好人"的所有品质。也进一步证明了,苦难使一个人成为一个道德的人,成为一个以自己的方式与"类"自觉紧密联系的人,成为一个有个性的好人。

其次,赫勒坚信上帝存在的态度体现了犹太教中蕴涵的忠诚态度。历史长河中,一旦犹太人遇到苦难的时候,"上帝是否存在"这一问题便会被问起,特别是在犹太人经历了二战期间的"最终解决"之后,这一问题又成为了焦点问题。傅有德等人所著的《犹太

---

① Agnes Heller, *An Ethics of Personality*, Oxford: Blackwell Publishers Ltd, 1996, p. 57.

哲学史》中归纳并区分了思想界存在的两种观点:赞成神义论的观点和推行上帝死亡的观点。前者不仅承认上帝存在,而且承认始终是存在的。上帝之所以允许大屠杀的发生,总是有他的道理。上帝作为正义化身的说法是不可动摇的。而后者则以当代犹太思想家鲁宾斯坦(Richard Rubenstein)为代表,这种观点认为,如果作为正直的、有爱心的上帝存在的话,那么他不会允许纳粹屠杀犹太人事件发生,也不会听不到犹太人的哭声,所以上帝已经死亡。

对于这后一种观点,当代伟大的德国犹太思想家埃米尔·法肯海姆(Emil Fackenheim)并不认同,他认为虽然犹太人经历了种种苦难,但是人们仍然需要相信上帝的存在。上帝之所以在纳粹"屠犹"期间无动于衷,是因为他是以一种特殊的形式显现于人,这种形式是以新的诫命的方式作用于犹太人。法肯海姆所说的诫命是在传统犹太教律法的基础上,针对大屠杀时代的犹太人提出来的一条新的律法,其基本内容是:"犹太人不要让希特勒在死后还赢得新的胜利。"即他要求人们牢记一点:永远不要对上帝绝望,至少我们在希特勒死后获得了胜利。这一律法包括几个要求:第一,犹太人必须生存下去,以免犹太民族遭到毁灭;第二,犹太人要牢记大屠杀的死难者,以免他们的苦难经历被遗忘;第三,犹太人不该否认上帝或者对上帝绝望,以免犹太教的覆灭;第四,犹太人不该对这个世界绝望,这个世界将成为上帝的王国,以免它变成无意义之所。其中第一条是最重要的目标,因为只要犹太人生存着,那就说明纳粹的"最终解决"目标无以实现。其实正是法肯海姆重新对犹太传统教义的解释,才鼓舞了战后犹太人直面苦难的勇气,也抑制了他们的绝望情绪的不断增长,从而在很大程度上维护了犹太教的教义,并使之继续传承下去,进而维系了犹太人的信仰,而这也是这个民族的精神和灵魂所在。

从某种意义上说,赫勒的道德理论中融合了"神义论"思想。尽管她从后现代的视角并没有允诺人们一定存在着救世主,但是她却一再表明:人们要为救世主预留一个位置。"真正的弥赛亚的预言者保持沉默。因为他不知道。但他知道一件事——不应该说弥赛亚将永远不会到来。永远也不要让空椅子被一个冒充者占据(每一个占据者都是冒充者),但最好是不要把空椅子搬走。我的信念,或者不如说我的感情,建议我把空椅子留在那儿,留在房间中央桌子的一端,在那儿,它始终暴露在其空虚性之中。椅子只有在其空虚性中,才会诚实地对绝对现在的居民说话。我的直觉表明,对现代人来说只有空虚才是完满,此外再没有'希望之外的希望(hope beyond hope)',至少是对那些采取反思的后现代性立场的人来说是这样。"①也就是说,虽然人们并不知道上帝是否存在或者是否来临,但应该对其充满希望。在这里,可以看到赫勒以一种更为温和的态度表达了对待上帝的态度:尽管无法描述上帝,但却始终如一地坚信上帝的来临。

最后,赫勒现实中的行事方式践行了犹太教中对人的要求:始终要做一个好人。纵观赫勒的道德理论三部曲,其核心问题就在于解决"好人存在,但好人何以可能存在"这一问题。其中赫勒提到"好人"就是践行柏拉图的公式"更愿意遭受苦难,而不愿意犯错"的道德格言以及"一个人不能够为了幸存的原因而放弃沉没的船或已经进行的事业"等观点。

赫勒这些观点的形成受到了他父亲很大的影响,他们在集中营期间,周围很多犹太人为了保全自己的性命而放弃信仰犹太教,改信基督教,但是赫勒的父亲拒绝这样做。这一行动影响了赫勒,让她学会了忠诚以及本真地生存,所以她所坚守的道德信条不仅仅是对周围人的抗议,同时也是犹太教本身特征的一种表现。20世纪纳粹统治时期,德国犹太人组织的领导人和德国犹太人的精神领袖利奥·拜克(Leo Baeck)从另一个角度理解了犹太教本质。他认为,犹太教伦理一神教有着自己独特的宗教伦理特征。这种独特性就在于:漫长的历史发展中,它并不是从先前自然宗教那里禀赋而来的,而是经历了一次转变,这种转变是通过那些富有创造力的"先知"来完成的。因此,先知的历史就是犹太教的历史。正是由于先知本身重直观和实践而轻理智沉思,才决定了犹太教必然是重德性实践的道德神学。犹太教要求每个信徒时刻做好人,践行自身的道德职责,这是为了验证正直而又善良的上帝的确存在着,这样个人就与作为类的整个犹太人紧密联系起来,个体融入到了整体中。但这里的个体并不是失去个性的个人,而是形成了

① (匈)阿格尼丝·赫勒:《现代性理论》,李瑞华译,北京:商务印书馆2005年版,第23页。

差异性的个体,每个人用自身的行动展示犹太教教义中包含着一神教的思想。赫勒再三强调好人的特征,实质上就是现代犹太人的原型,他们坚定信仰犹太教。一如她本人,在用自己的方式来践行犹太教的基本教义。

第二节　现实反思:中国社会转型中道德追寻之路

当前我国正在经历着从农业社会向工业社会的转型,社会转型从深层次上来说更是文化转型,所谓文化转型的含义诚如衣俊卿教授指出的那样:"是指特定时代特定民族或群体所习以为常地赖以生存的主导性文化模式为另一种新的主导性文化模式所取代。"①按照这一理解,我们正经历着从传统的农业文明条件下自在自发的文化模式向现代的工业文明条件下自由自觉的文化模式转变。在这一转变中,涉及了如何评价我国长期以来占统治地位的儒家文化,更重要的是如何评价其中所包含的道德因素对人的影响,在当前社会文化转型以及道德重建中将面临哪些新的问题,我们将何去何从等一系列的问题。对此,赫勒在道德重建中所诉求的个性道德为我们提供了很多有益的借鉴和启示。无论如何,生活在今天的每一个现代人再也不能逃避个性以及个性道德的问题,唯有如此,我们才能更顺利地完成社会文化转型,才能恢复这一过程中道德所居的中心位置。

一、我国传统文化中道德对人的双重影响

众所周知,我国长期以来占统治地位的儒家文化中到处都闪耀着道德的光辉,包含着丰富的道德思想和要素。例如:春秋战国时期儒家思想以孔孟为代表,儒家伦理思想中孔子提出了"己欲立而立人,己欲达而达人"(《论语·雍也》)以及"己所不欲,勿施于人"(《论语·卫灵公》)的思想,孟子详细提出了"仁义礼智"、"孝悌忠信"的道德规范,都表达了以"仁义"为核心、以"爱人"和"忠恕"为主要内容的道德思想体系。不仅如此,道德还贯穿到社会生

197

---

① 衣俊卿:《文化哲学》,昆明:云南人民出版社 2001 年版,第 167 页。

活具体的领域中,如孔子谈到的政治,就是以道德为根本,子曰:
"为政以德,譬如北辰,居其所而众星共之。""道之以政,齐之以刑,
民免而无耻;道之以德,齐之以礼,有耻且格。"(《论语·为政》)
"政者,正也,子帅以正,孰敢不正?"(《论语·颜渊》)这些都可以
说是道德化政治的典型表现。除此之外,后来的秦汉至清代时期
的文化中,尽管存在着许多在今天看来阻碍个人自由发展的道德
规范和要求,但也包含着一些积极的道德要素。

毋庸置疑,以"礼"治秩序为核心的伦理本位传统文化,对社会
秩序的正常运转以及个人行为方式的规范起到了重要作用。但随
着国门的打开,当世界历史进程逐渐推进时,当我国传统的农业文
明以较为特殊的方式走出自己狭小的空间,进而与西方工业文明
相互碰撞和交流时,我们才意识到传统儒家文化中所倡导的一些
价值理念与现代社会的发展极不适应。

首先,传统儒家文化中所体现的对人行为方式的规范极大地
限制、摧残了人的主观能动性和创造欲望,严格的社会等级在很大
程度上剥夺了人的自由意志和人格尊严。因为礼治秩序只是承认
人伦关系网络的存在,并不肯承认个人的独立价值。在这一秩序
中,个人是被规定、被组织的对象,人的主体性与个性消融在贵贱
有别、尊卑有等的伦理秩序中。正如有的学者反思我国的传统文
化时指出:"中国人的生活长期浸淫在一个伦理本位的文化传统之
中,人生的意义和价值都向整体性的道德建构严重倾斜,不着边际
地攀附在虚幻的共同体身上,螺丝钉精神被推到了极致,人生的最
高追求便是成为毫不利己专门利人的道德楷模和道德偶像。"①与
之相关,引发的一个结果就是,等级的伦理规则在今天更容易导致
不道德的行为出现。正像有的学者指出:"一个不发展的'个人',
自我评价往往是很低的,自然也不会有自我尊严。因此,当他去牟
取私利、满足私欲时,也往往会用十分缺乏尊严的方式去进行。"②
他所谓用缺乏尊严的方式去谋取利益,即很多人为了在日益激烈
的竞争中夺得胜利,或者为了获得更多外在的物质利益,往往采取
卑劣的手段打压对手来达到自己的目的,或者将自己的个性也当

① 陈忠武:《人性的烛光》,昆明:云南人民出版社 2004 年版,第 304 页。
② (美)孙隆基:《中国文化的深层结构》,桂林:广西师范大学出版社 2004 年版,
第 273 页。

个性道德与理性秩序

做手段来实现某种外在的目的,而这在健全个性的个体眼中是不可思议的事情。所以说,作为传统农业文明产物的儒家文化在向现代工业文明转型的过程中,在人们要求自由、平等以及个性张扬的今天,其消极的方面尤为突出,并且阻碍了社会和人的发展。

其次,儒家文化中的伦理规则虽然在约束人方面起到了很大的作用,但是这种约束很大程度上仅仅是一种外部的约束,而没有转化为对人内在的约束,即伦理规则的他律性尚未转化为自律性。对此,我们也可以通过本尼迪克特曾在《菊与刀》中区分的两种文化类型——罪感文化和耻感文化来加以说明。二者的区别就在于:"真正的耻感文化依靠外部的强制力来做善行。真正的罪感文化则依靠罪恶感在内心的反映来做善行。"[①]在她看来,日本文化模式属于耻感文化类型,而美国文化模式则属于罪感文化类型。前者中人们所做的一切事情都是以社会如何评价为准,人们根据社会的评价调整自己的行为,他们很在意来自他人的眼光,如果做了坏事被他人发现,那么羞耻感就会产生,后者中人们所做的事情虽然也受到他人评价的制约,但是良心却起着更大和更重要的作用,即如果做了罪恶的事情,尽管不被人所知,他们在内心中也会感到内疚或者羞耻,即羞耻感主要来自于内在良心的谴责。这种文化类型主要与西方国家的宗教信仰有很大关系。

通过两种文化类型的对比,其实也说明了伦理规则内化的程度,前者中的伦理规则仍然是他律的,后者中社会通行的伦理规则深化到人们的内心中,这意味着伦理规则完成了从"他律"向"自律"的转换。我们知道,日本文化中很大一部分深受我国儒家文化影响,如果说日本文化类型主要被归纳为"耻感文化"类型,那我国占主导地位的也是以"耻"为基调的文化类型。在今天,就这种文化类型仅仅停留在"他律性"特征而言,实质上是需要作出改变的,因为当今在我国随着市场经济的发展,各种制度尚不完善,个人以及个人利益逐渐凸显,人们面临的选择逐渐增多,那么如何在这些前提下作出正确的选择? 如何尽量减少做错事,做一个"好人"? 面对这些,仅仅依靠外在各种规范的强制力已经远远不够,我们必

① (美)鲁思·本尼迪克特:《菊与刀》,吕万和、熊达云、王智新译,北京:商务印书馆 2005 年版,第 154 页。

须还要依靠将外在的各种伦理规范转化为内在约束的能力,还要依靠良心的力量。

二、社会转型中道德重建面临的主要问题

社会转型中沿着道德重建之路前行时必然会遇到很多障碍、面临很多难题,因为所谓的重建并不是要与历史切断所有的联系,而是在原有道德语言缺失、道德秩序失衡前提下的重建,在新旧交替中就会出现传统道德能否适应时代变迁的问题。具体说来,我们将面临如下主要的问题:

首先,社会当前通行的各种规则是否公正。实质上这涉及的是程序正义的问题,我们知道,正义主要分为程序正义和实质正义。程序正义也叫做形式正义,这一原则要求所制定的同一种规则应覆盖并适用不同类型的人群,即"同等情况同等对待",而不是对不同类型的人使用不同的规则;实质正义则更加注重结果的平等,所制定的规则更加关注是否所有的机会、财富、收入等能平等地分配给每一个人。从某种程度上说,一个社会要想达到实质正义是很困难的事情,而且很多时候容易把简单的事情弄得更加复杂,所以,人们更加关注的是程序正义,哈耶克、诺齐克等人都是程序正义的支持者。尽管这种正义因为只关注普遍的社会规则的制定,所以看上去缺少道德内涵,但恰恰是普遍的社会规则才能够真正体现制度的公正性和人们的自由度。因而,今天人们更应当关注社会各种普遍规则是否公正,这既是社会从"人治"到"法治"转变的前提,也能够为"好人"和个性道德的保持提供一个良好的社会背景。

如果外在各种规则、制度不公正的话,那么就会出现类似于在15—16世纪的意大利出现的状况:具有个性的个人为了反抗不公正的制度,无视现行的道德、践踏道德、不怕惩罚、故意犯罪。众所周知,15—16世纪的意大利就出现了个性(在赫勒的理论中更确切地可以称之为特性)高度发展导致的不道德现象,正如雅各布·布克哈特曾指出:"在这个每一种个性都达到高度发展的国家里边,我们看到了那种标准的绝对的不道德的例子,喜欢为犯罪而犯罪,而不是把犯罪作为达到一个目的的手段,或者无论如何把它作为

达到我们所想不到的那些目的的手段。"①同时，如果外在的各种规范失去了其合法性或者公正内涵时，也容易导致极端个人主义的发生，与之相伴而来的便是更多邪恶事件的发生。雅各布·布克哈特总结15—16世纪的意大利的现实时指出："个人首先从内心里摆脱了一个国家的权威，这种权威事实上是专制的和非法的，而他所想的和所做的，不论是正确的还是错误的，在今天是称为叛逆罪。看到别人利己主义的胜利，驱使他用他自己的手来保卫他自己的权利。当他想要恢复他的内心的平衡时，由于他所进行的复仇，他坠入了魔鬼的手中。……在一切客观的事实、法律和无论哪一类约束面前，他保留着由他自己做主的感情，而在每一个个别事件上，则要看荣誉或利益、激情或算计、复仇或自制哪一个在他自己的心里占上风而独立地做出他的决定。"②所以说，转型期间，关注社会当前通行的各种具体规则是否公正是个很重要的问题，一旦规则不公正，个人与规则之间也就无法形成良好的关系，从而阻碍真正道德的生成。

其次，社会中大多数成员是否具有遵守各种比较公正的普遍规则的能力。我国现代化进程虽然已经不断展开，而且政府也制定了比较公平的各种规则，但由于我国传统文化中根深蒂固的"人情关系"等因素影响，因而直到今天，社会中大多数成员仍然尚未养成自觉遵从各种公正规则的能力和习惯，各行业的人们都奉行自己的"潜规则"，进而，良好的社会风气营造也受到极大影响，无疑，这对道德的重建以及社会秩序的恢复破坏力更大。正如卢卡奇所说："在一个社会的一定时间内占统治地位的是一种健康、明朗的批判的气氛，还是一种迷信、期待奇迹或非理性主义的气氛，这实际上不是智力水平的问题，而是一种社会状况的问题。"③而这一问题也被我国许多学者所关注，卢风教授就曾指出："今天人类的道德危机不是人们不知道应该遵循以'金规'为核心的基本道德

① （瑞士）雅各布·布克哈特：《意大利文艺复兴时期的文化》，何新译，北京：商务印书馆1979年版，第443~444页。

② （瑞士）雅各布·布克哈特：《意大利文艺复兴时期的文化》，何新译，北京：商务印书馆1979年版，第445页。

③ （匈）卢卡奇：《理性的毁灭》，王玖兴等译，济南：山东人民出版社1997年版，第73页。

规范,不是人们对'底限伦理'的无知,而是早已丧失了自觉遵守起码道德规范的习性,失去了遵循基本道德规范的社会、文化基础。"①即如果实际生活中人们真正行动时所遵照的标准与社会中宣扬的各种标准不一致,或者当通行的各种制度、规则无力监管人们的行动时,那么社会中不道德现象就会频频出现。诸如:三鹿奶粉事件、煤矿坍塌、阎崇年挨打、弑师事件、记者收"封口费"……类似的事件举不胜举,这在一定意义上表明所谓的维持正义和道德的各种规则便形同虚设。进而,无论对自律意识尚未形成的个人来说,还是对"好人"来说,都会产生灾难性的后果,对于自律意识尚未形成的个人,虽然他们有向善的决心,但一旦他们认识到,通过自己的努力和真实的能力无法得到与之相应的回报时,就会随波逐流,利用不正当的途径维护自己的合法利益,从而关闭了走向"好人"的路径。毕竟生活在现实世界中的很多人无法彻底抛开物质利益,无法仅仅追求纯粹精神的高尚,因为人还要生活下去,无论是作为真正的人还是作为被异化的人无不如此;而对于"好人"来说,尽管他们已经与外在的各种伦理规则形成了牢固的自觉关系,但这种环境对他们来说却是一种外在的伤害,也许这种伤害无法真正危及到他们内心。因为他们已经将自己生活的偶然性转化成了确定性的生存,已经成为了有个性的人,外在的伤害已经很难危及他们的本质,即无论他人和社会如何,他们却保持着一个好人具有的"我依然是我"的姿态,但如果说一点伤害没有也许是不切实际的。

最后,重建道德之路中还应该从理论上廓清利益问题。实际上,很多时候,人们的行动敢于无视并践踏道德规则,源于人们对物质利益的向往和过分追求。所以,如何看待真正的利益以及如何追求利益已经成为我们必须要面对的问题。

"利益"一词的英文表述为"Interest",来源于拉丁语"Interesse",有"利益、好处、股利、权利"的含义。在中国古代汉语中,"利益"主要是用"利"来表示,其一般意义是指满足人的需要、维持人生的东西,"益"就是收获、益处、增加的意思,在我国传统思想中对于利益的理解往往是围绕着"义利关系"来进行的。传统儒家思想

---

① 卢风:《普遍伦理的三重障碍》,载《求索》1999 年第 6 期。

中经过孟子、荀子思想的发展，比较强调二者的分离，往往把"利"理解为私利，强调"义"的重要性。孔子以"义"为价值标准来衡量人，"君子喻于义，小人喻于利"（《论语·里仁》），"君子义以为上"（《论语·阳货》），孟子、荀子亦如此，"义，人之正路也"（《孟子·离娄》）；"先义而后利者荣，先利而后义者辱"（《荀子·荣辱》），"故义胜利者为治世，利克义者为乱世"（《荀子·大略》），做一个有道德的人就要"见利思义"，甚至是"舍生取义"。但墨家思想中则比较强调二者的统一，强调"兼相爱，交相利"的思想，墨子曾经指出：仁，爱也；义，利也。《后汉书·卫飒传》首次出现"民得利益焉"的句子，将利、益两个含义相同或相近的字融合为一个范畴。在《辞海》中，利益的基本含义包含着两方面，"① 好处。如：集体利益；个人利益。② 佛教用语。犹言功德，指有益于他人的事"①。在西方，古希腊的斯多葛学派认为利益与善是等同的，在他们看来，"德性就是善"这一命题包含着三层含义："1. 德性是人生利益所由产生的源泉；2. 有德性的行为可以产生利益；3. 有德性的人可以促使利益产生。"②19 世纪，英国的边沁和穆勒所强调的利益主要是关涉个人快乐和幸福的概念。总体来看，与道德相连的全面利益内涵在近代以来的历史演变中渐渐失去了原本的意义，而逐渐被狭隘化理解，即过分强调利益内涵中的某一维度，使其僭越并代替了其他的维度，导致利益内涵发生了质的变化。特别是人类社会步入资本主义社会之后，与道德相连的利益已经被单纯的物质利益所代替。因而，当今人们一谈到利益，首先想到的便是金钱、财富、权力等外在的东西给人带来的好处。那么，真正利益的内涵则是我们重新需要明晰的问题。

对于真正利益的内涵，本书比较赞成当今社群主义的代表人物之一麦金太尔在《追寻美德》中所表述的内在利益的含义，即真正的利益是与德性相连而给人和社会带来的好处。麦金太尔不仅仅谈到利益的问题，同时进一步将之区分为外在利益和内在利益，并将德性（美德）与内在利益紧密地联系起来。他所谓的外在利益主要是指，对名声、财富、社会地位、金钱、权势等外在目标的获得，

① 《辞海》，上海：上海辞书出版社 1989 年版，第 4545 页。
② 宋希仁：《西方伦理学思想史》，长沙：湖南教育出版社 2006 年版，第 146 页。

其特征在于,"每当这些利益被人得到时,它们始终是某个个人的财产与所有物。而且,最为独特的是,某人占有它们越多,剩给其他人的就越少。……因此,外在利益从特征上讲乃是竞争的对象,而在竞争中则必然既有胜利者也有失败者"①。而内在利益则与美德相连,它的获得"诚然也是竞争优胜的结果,但它们的特征却是,它们的获得有益于参与实践的整个共同体"②。即**只有**内在利益与美德是息息相关的,而外在利益并不必然与美德有联系。在麦金太尔的理论中,所谓美德是一种获得性的人类品质,对它的拥有与践行使我们能获得那些内在于实践的利益,而缺乏这种品质就会严重地妨碍我们获得任何诸如此类的利益,即拥有了美德也就拥有了内在利益,获得了内在利益也就获得了美德。正像他所说:"美德与外在利益和内在利益的关系截然不同。拥有美德——而不只是其外表与影像——是获得内在利益的必要条件;但拥有美德也可能全然阻碍我们获得外在利益。这里我应该强调的是,外在利益真正说来也是利益。它们不仅是人类欲望的特有对象,其分配赋予正义与慷慨的美德以意义,而且没有人能够完全蔑视它们,除了那些伪君子。然而,众所周知,诚实、正义与勇敢的修养时常会使我们得不到财富、名声和权力。因此,纵然我们可以希望,通过拥有美德我们不仅能够获得优秀的标准与某些实践的内在利益,而且成为拥有财富、名声与权力的人,可美德始终是实现这一完满抱负的一块潜在的绊脚石。因此,不难预料,假如在一特定社会中对外在利益的追求变得压倒一切,那么美德观念可能先受些磨损,然后也许就几近被全然抹杀,虽然其仿制品可能还很丰饶。"③在他的阐述中,尽管重视外在利益的获得,但是,他并不重视"唯外在利益"的观点,这一观点容易导致德性的消失。所以,他特别强调内在利益对于人们生活的重要作用,一旦缺乏,人类将走入非人的境地。即如果没有美德,那么在实践诸语境中,就只能认识

① (美)阿拉斯戴尔·麦金太尔:《追寻美德》,宋继杰译,南京:译林出版社 2003年版,第 242 页。

② (美)阿拉斯戴尔·麦金太尔:《追寻美德》,宋继杰译,南京:译林出版社 2003年版,第 242 页。

③ (美)阿拉斯戴尔·麦金太尔:《追寻美德》,宋继杰译,南京:译林出版社 2003年版,第 248~249 页。

到外在利益,而根本认识不到内在利益。而在任何只承认外在利益的社会中,竞争性将是最显著的,甚至是唯一的特征。

通过以上分析我们可以看到,麦金太尔对利益本身进行了区分,并且将内在利益与善联系起来,这从理论上不仅恢复了利益的本真含义,而且也从另一个角度表明真正的利益已经被扭曲了很长时间,并且现在仍然尚未恢复其本真面目。

全面的利益转变为片面的物质利益这一事实,其实已经被马克思和恩格斯等思想家进行过描述和批判。他们对资本主义社会中分工、资本、货币、私有制等的描述,都足以说明资本主义生产关系中物质利益已经上升为统治地位,其他的利益则被驱赶到边缘位置的现状。正如恩格斯在《英国状况 十八世纪》中认为造成这种现象的原因就是近代的英国工业革命化的结果,它的"第一个结果就是利益被升格为对人的统治。利益霸占了新创造出来的各种工业力量并利用它们来达到自己的目的;由于私有制的作用,这些按照法理应当属于全人类的力量便成为少数富有的资本家的垄断物,成为他们奴役群众的工具。商业吞并了工业,因而变得无所不能,变成了人类的纽带;个人的或国家的一切交往,都被溶化在商业交往中,这就等于说,财产、物升格为世界的统治者"①。这里所说的利益指的就是单纯的物质利益。

除此之外,恩格斯对利益被歪曲的阐述也是在批判基督教世界秩序中的政治和私有制的基础上进行的。他指出:"在封建主义的废墟上产生了基督教国家,即基督教世界秩序在政治方面达到顶点。由于利益被升格为普遍原则,这个基督教世界秩序也在另一方面达到了顶点。因为利益实质上是主体的、利己的、单个的利益,这样的利益就是日耳曼基督教的主体性原则和单一化原则的最高点。利益被升格为人类的纽带——只要利益仍然正好是主体的和纯粹利己的——就必然会造成普遍的分散状态,必然会使人们只管自己,使人类彼此隔绝,变成一堆互相排斥的原子;而这种单一化又是基督教的主体性原则的最终结果,也就是基督教世界秩序达到的顶点。——其次,只要外在化的主要形式即私有制仍

---

① 《马克思恩格斯选集》第 1 卷,北京:人民出版社 1995 年版,第 35 页。

然存在,利益就必然是单个利益,利益的统治必然表现为财产的统治。"①恩格斯在这里所说的利益就也是片面的物质利益,排除了善和价值的物质利益所导致的结果就是,同人的、精神的要素相对立的自然的、无精神内容的财产等要素被捧上宝座,它们的外化以及外化了的空洞抽象物就成了世界的统治者。所以,现代人已经不再像传统社会中人是人的奴隶那样,而是人变成了物的奴隶。之后,马克思和恩格斯在《德意志意识形态》中也指出,在现代资产阶级社会中,一切关系实际上仅仅服从于一种抽象的金钱盘剥关系,所有各式各样的人类相互关系都归结为**唯一的**功利关系。

尽管马克思和恩格斯揭示了资本主义生产关系中存在的真正利益被扭曲的事实,但他们的最终目的并不仅仅为了展示,更是从中看到了真正利益回归之路。既然我们已经面对了这样一种现状,那么任何的抱怨都无济于事,我们只有在已经被狭隘化的物质利益基础上通过人们的努力才能恢复与美德相关的全面利益。正如恩格斯指出:"人类分解为一大堆孤立的、互相排斥的原子,这种情况本身就是一切同业公会利益、民族利益以及一切特殊利益的消灭,是人类走向自由的自主联合以前必经的最后阶段。人,如果正像他现在接近于要做的那样,要重新回到自身,那么通过金钱的统治而完成外在化,就是必由之路。"②随后,两人共同进一步指出:"正因为各个人所追求的**仅仅**是自己的特殊的、对他们来说是同他们的共同利益不相符合的利益,所以他们认为,这种共同利益是'异己的'和'不依赖'于他们的,即仍旧是一种特殊的独特的'普遍'利益,或者说,他们本身必须在这种不一致的状况下活动,就像在民主制中一样。另一方面,这些始终**真正地**同共同利益和虚幻的共同利益相对抗的特殊利益所进行的**实际**斗争,使得通过国家这种虚幻的'普遍'利益来进行**实际的**干涉和约束成为必要。"③所以说,马克思和恩格斯是从物质利益的积极意义上来看待这一社会现实,当所有人都在追求单纯的物质利益这种一般东西时,并为物质利益进行奔走和竞争时,就已经在某种程度上推动了生产力

---

① 《马克思恩格斯选集》第1卷,北京:人民出版社1995年版,第24页。

② 《马克思恩格斯选集》第1卷,北京:人民出版社1995年版,第25页。

③ 马克思、恩格斯:《德意志意识形态》(节选本),北京:人民出版社2003年版,第29页。

和生产关系的发展,从而给社会发展带来积极作用。

　　总体说来,当现代人日常生活中已经忘却了利益的真正内涵,当很多人对利益内涵的理解的片面化导致了他们行动的功利化时,麦金太尔对内在利益的强调以及马克思、恩格斯对于物质利益的批判,都为现代人的正确行动提供了重要的方向和引导。利益不应该仅仅被看做是物质利益,同时我们更应该关注其道德维度,或者说我们更应当关注内在利益,即与优秀的品质或美德相关的利益,只有这样,才能够引导人们追求真正的人的利益。那么真正的利益追求应该与怎样的道德相连? 在我们看来,当今我国现代社会转型中,唯有与个性道德相连的利益才是真正的利益。这也表明,个性道德才是社会转型中道德重建的必然选择。

三、个性道德:社会转型中道德重建的必然选择

　　今天,我们并不缺少宏大的道德规则和道德语言,我们所缺少的是如何将一般的道德规则和道德语言与广大人民群众的需要连接起来。当然在这一过程中,我们必须要慎之又慎的。麦金太尔在总结法国大革命中雅各宾派失败的教训时曾经说过:"雅各宾派及其没落的真正教训在于,当你试图重新创制的那种道德的语言一方面不合普通大众的口味、另一方面又与知识精英格格不入时,你就不可能指望在整个国家的范围内重塑道德。以恐怖来强加道德——圣鞠斯特的解决办法——乃是那些已经瞥见这一事实却不愿予以承认的人的孤注一掷的权宜之计。"[1]所以,尽管要求人们在实际行动中,与道德中内含的各种伦理规则形成自觉的关系,但是当今再也不能泛泛地高谈阔论所谓的"资本主义道德"、"社会主义道德"或者"共产主义道德"之类的词汇。谁一旦只是把这些规则作为停留在**口头上的空谈**,或者拿这些"远大而又高尚"的道德来教训他人时,无疑会招致一片耻笑或者谩骂。各种现实状况表明:今天宏大的道德理论已经很难让大多数人信服,所以应该提倡个性道德的出现。

---

　　① (美)阿拉斯戴尔·麦金太尔:《追寻美德》,宋继杰译,南京:译林出版社2003年版,第302页。

（一）个性道德的回归

在今天人们应该重新理解道德，真正的人性的道德应该是"自利的道德而非自私的道德，是创造的道德而非掠夺的道德，是互惠的道德而非牺牲的道德"①。无疑，这种道德模式在赫勒道德理论的最后落脚点——个性道德中得以显现。本书在前面已经指明，所谓的个性道德可以被描述为：现代社会中个性的个体以自己特殊的方式行动时，自觉地与同时代各种伦理规则建立起来的关系，它是对"异化道德"或"特性道德"的扬弃，这一道德既体现真正的有个性个人的特征，又体现了各种伦理规则的重要性，所以它应该是真正的人性的道德。

个性道德的提倡和回归首先应该在理论上正确地理解道德的含义，如果理论上不能理解现代道德的真正含义，只能阻碍现代社会转型的步伐。基于此，反观当今通行的很多伦理学书籍，其中对道德的理解或多或少都存在着问题。教科书中对道德含义的理解通常是大同小异，即要么过分强调各种伦理规则对人的外在约束，要么过分强调我们所谈到的"理论的道德"维度。如："从哲学上说，道德属于社会上层建筑中的意识形态。"②"道德就是由人类社会现实经济关系所决定，满足社会实践中人的需要，主要反映统治阶级的意志和价值取向，用善恶标准去评价，依靠内心信念、传统习俗和社会舆论所维系的一类社会现象和社会意识形式。"③"所谓道德是由一定的社会经济关系决定的特殊的意识形态，是以善恶标准评价的，依靠正在被人们奉行的社会舆论、传统习惯和内心信念来维系的调整人们行为规范的总和。"④"道德是调整人们之间以及个人和社会之间关系的行为规范的总和，包括伦理思想和在伦理思想指导下人的行为所体现的情感、情操等。"⑤

通过以上列举的道德含义，我们可以将现行的道德含义主要

---

① 陈忠武：《人性的烛光》，昆明：云南人民出版社 2004 年版，第 309 页。
② 刘可风：《伦理学原理》，北京：中国财政经济出版社 2003 年版，第 5 页。
③ 刘可风：《伦理学原理》，北京：中国财政经济出版社 2003 年版，第 6 页。
④ 骆祖望、黄勇、莫家柱：《伦理学新编》，上海：上海财经大学出版社 1997 年版，第 5 页。
⑤ 李秀林等：《辩证唯物主义和历史唯物主义原理》（第五版），北京：中国人民大学出版社 2004 年版，第 116 页。

个性道德与理性秩序

归结为两个方面:第一,道德是调整人们行为规范的总和;第二,道德属于由现实的经济关系所决定的上层建筑,更具体地说是狭义的文化结构中的一个部分。从全面理解马克思、恩格斯思想的角度出发,这两个方面固然包含着一定的道理,但是仍然有待补充。

毋庸置疑,关于道德的起源和道德的本质,马克思和恩格斯都强调了道德作为上层建筑中的一个要素,其根基还在于当时社会的经济基础,但除此之外,我们不应该忽略另外一个方面,他们也强调:政治、法律、哲学、宗教、文学、艺术、道德等又互相作用并对经济基础发生作用。这一点就说明了道德作为上层建筑中的一部分必然能对各个领域起着很重要的作用,而且在价值多元化、个性多样化的今天,这一作用无疑会变得越来越重要、越普遍。赫勒对道德含义的理解也一再强调:道德并不是单独的领域,它渗透到各个领域中。但是,按照现行的很多伦理学书中对道德的理解,道德被归于狭义的文化结构的范围内,它是文化结构的构成要素之一,虽然人们也强调文化结构中的各个要素之间是相互补充、相互渗透、相互影响、相互制约,但是却更多地关注了道德与文化结构中其他要素之间的不同点,而较少或者没有强调道德在所有要素中的更为重要的地位,更进一步说,很多人在强调上层建筑的独立性以及它对经济基础的反作用时,并没有强调道德在所有领域中的重要作用。这在很大程度上造成了道德与经济领域、政治领域的进一步疏离,这种疏离一旦被极端化,就会引起人们在行动中可以片面而又过度追求经济利益、追求政治权力的状况,道德也就失去了规范的作用,要么成了束之高阁的空头理论,要么成了冠冕堂皇的装饰,道德本身随之也被消解。另外,人们大多谈到道德是调整人们行为规范的总和,即强调道德对人们行为的规范作用,这一点本身无可置疑。但是,在今天随着个体意识的逐渐觉醒、个性的多样化发展和各种伦理规则的不断丰富,人们对道德的理解不应该仅仅限于外在的对人们行为的规范和制约,更重要的应该是内化的问题,即各种伦理规则从他律转化成自律的问题。只有这样,人们在知道各种道德规则之后才能自觉地践行,而不至于对通行的伦理规则视而不见、充耳不闻、知而不遵。

正是基于对道德内涵本身的反思,要克服道德缺失、道德消解的现状和困境,重要的途径之一就是要超越现行的理解道德含义的方式,将道德与现实生活的个人、与每个人生活的各个领域联系起来。人们更应该谈个人在践行外在伦理规则时,如何选择才是正确的,外在伦理规则对人的约束如何内化等问题,实质上对这些问题的强调是对道德个性生成的强调。除此之外,在今天,我们不能够仅仅强调"实践",特别是"与理论相脱节的实践"的重要作用。如果将二者机械地分离开来,就会违背马克思思想中的"理论和实践相统一"的核心精神,要么出现"理论无用论",而走入单纯"实用主义"倾向的误区中,要么出现只注重书本,而走入"教条主义"的倾向中。对于这一点,马克思在早期著作中就已向我们发出过警告,"光是思想力求成为现实是不够的,现实本身应当力求趋向思想"①。但如何趋向则是我们必须思考的一个问题。当今人们已经无暇静下心来对理论问题进行思考,更甚者,对理论思考本身抱有轻视的态度。无论如何,我们都不能够轻视理论的思考对于一个人、一个民族的重要性。所以,要想使个性道德真正得以贯彻,我们必须在社会发展路途中首先从理论上加以重视。对此,青年学者刘森林指出:"30 年前,中国大陆开始改革开放。邓小平奉行的策略是,对改革的方向、目标和策略等关涉改革的重大问题,不搞争论,尤其是不搞理论性的争论。这就促使思想退出了实践,也致使思想中隐含着的约束当下经验现实的超验原则与理想弱化甚至退出了对实践的约束。"②也就是说,实践活动中如果脱离了理论的讨论和正确理论的引导,久而久之,这种实践将会导致灾难性的后果。正如刘森林洞察的那样,不争论在现实中驱动着中国虚无主义的发展。不难想象,这一趋向对于我国社会共同精神的培养以及个性道德的形成非常不利。所以,我们在任何时候一定要注意保持马克思思想中"理论与实践相统一"的核心精神。

其次,亟待培养良心这一内在道德感,以推动个性道德的提倡和回归。前面谈到,我国传统的儒家文化主要强调的是外在秩序对个人的约束,很多时候,个人之所以遵从外在的秩序,并不是因为内心愿意这样做,而仅仅是因为如果不这样做,就会遭受别人的指责或唾弃。这在很大程度上阻碍了良心这一内在道德权威的建

① 《马克思恩格斯选集》第 1 卷,北京:人民出版社 1995 年版,第 11 页。
② 刘森林:《〈启蒙辩证法〉与中国虚无主义》,载《现代哲学》2009 年第 1 期。

立和发展,这也是为什么很多人在没有外人监督时,时常会做伤害他人和世界的事情的原因所在。

如果说在传统社会中,外在的各种规则对人们还能起到有效作用的话,那么对于现代人来说很多规则已经失去了效力。因为现代社会中金钱、权力等各种外在的力量已经胜过了一切,很多人为了追求这些,不愿意再去遵从各种曾经有效的规则,甚至会践踏各种规则,即便是一些今天仍然正确的规则也未能幸免。因此,为了保持社会稳定,遵守各种正确的伦理规则,承担起对他人应有的责任,就需要唤起人们内在的良心这一越来越重要的道德感。随之而来的一个问题便是:如何唤起这一道德感?

对于此问题的回答,赫勒在其道德理论中,通过分析瓦格纳作品《帕西法尔》中的帕西法尔良心的生发给予了人们很好的提示。赫勒要告诉我们的是,在唤起人们内在良知的过程中,仅仅依靠启蒙理性、仅仅依靠对知识的灌输是远远不够的,必须借助于同情、疼痛才能够唤起人内在的良知。帕西法尔这个名字的含义就是"无知的傻子",作为一个最纯粹的人,他什么都不知道:不知道自己的名字,不知道自己的父母亲,不知道自己从哪里来……在路途中,他杀死了天鹅,面对自己行动的牺牲品,他也毫无所动,当古尔曼茨问他是否意识到自己的错误行为时,他仍然回答不知道。当别人责怪他杀死了天鹅时,他仅仅用手遮住了脸,表现出羞愧的姿态,这表明了帕西法尔实际上并不是一个真正的人,他仅仅是一个"高贵的野蛮人"。在野蛮人心中并没有好坏、善恶的意识,没有责任的概念,所以面对这样的一个人,任何的道德说教、理性的启蒙是没有任何意义的。那么如何使"一个无知的傻子"转变成"一个真正的人"? 赫勒指出:"主要的叙事讲述了血、折磨、牺牲——疼痛——如何成为最有效的记忆器皿的故事。并且正是疼痛,才唤起了帕西法尔的记忆。"① 即赫勒注重的是这部戏剧中孔德丽(Kundry)对帕西法尔的引导,她的引导力图唤起帕西法尔的回忆,唤起被他所一直忘却的事情。剧中孔德丽并没有对帕西法尔进行道德说教,而是首先叫他的名字,然后给他**讲述**关于他母亲的故事。在

① Agnes Heller, *An Ethics of Personality*, Oxford: Blackwell Publishers Ltd, 1996, p. 56.

被命名和回忆自己的经历中,帕西法尔内心感到了畏惧、疼痛和悲伤。正是在经历这一系列来自内心的情感活动时,外在的道德知识才慢慢地发挥作用,他的内疚感产生,意识到是自己的错误行动杀死了天鹅,而天鹅恰恰是他母亲的化身,即他因自己错误的行为杀死了自己的母亲。这时,良心在这种内疚感中出现,随之而来的便是承担自己行动的责任。

由此看来,帕西法尔良心生发的过程,主要不是来自外在权威的命令、知识的灌输和道德的教育,而是通过触动他的内心的情感来唤起深藏其中的爱的命运。无论在阐述这部戏剧的过程中,还是在评价尼采的理论中,赫勒都谈到了命运、命运之爱的问题。所谓的命运或者命运之爱,指的是深藏于我们每个人内心中的一种力量、一种情感,尽管很多时候我们并不能充分意识到它,但它能够"拉动"我们去实现我们自己的个性。这一问题其实也渗透到赫勒自己的道德理论中。

所以,赫勒对帕西法尔内心情感转变的分析意义重大,为我们在当今如何唤起人们内在的良知起到重要的引导作用。当今社会中,无论是家长,还是学校的老师,对孩子的教育更多的是停留于口头的说教。孩子虽然从小学起就学习"小学生道德规范歌"以及"八荣八耻"儿歌等,但这并没有真正地使孩子内心有所触动。只有当唤起他们内心的共鸣和同情时,外在的知识和教育才能有效,继而他们内在的良知和责任才能够被唤起。为什么很多贫困家庭的孩子更有责任心,原因在于他们从小就体会到了苦难的意义,苦难使他们内心感到了疼痛,苦难唤起了他们内心的良知,才使得他们决心长大以后对他人、对社会负起责任。但现在问题是:现代社会是一个"文化工业"盛行的社会,看看当前的各种媒体:电视、电影、网络,它们传播给人们的是什么? 平庸的娱乐节目,失去幽默的搞笑节目。但正是这些节目却创下了很高的收视率、上座率、点击率。这从一个角度也表明了苦难在我们时代并不受欢迎,人们不想反思,逃避反思,因为它使人痛苦和焦虑。

最后,青年时期是培养人们进行"生存的选择"的重要时期。"生存的选择"尽管并不一定意味着道德自律,但是一定和自律联系起来,它使人能够获得将自己生存的偶然性转化成确定性生存的能力,进而,能够使人形成自己的个性。否则,很多人终其一生

个性道德与理性秩序

在精神上都会有"无家可归"的漂浮感和孤独感。赫勒在《个性伦理学》中通过梅勒给她的外孙女菲菲的通信再次阐明了"生存的选择"的重要性以及形成这一选择的有利时期,她指出:"一个拥有价值的人的青年时期是他或她生命的最重要时期。正是那时,决定了是否一个人将要被她的过去、被她的环境所推动,更确切地说,是否一个人将被她的性格所拉动,是否她将成为有个性的个体。"①当然,这里也不是指所有人,只是大多数的人都如此。如果一个人在年轻的时候躲避严肃的事情,那么人们就倾向于成为无价值的人。这里,赫勒借助梅勒之语表明,青年时期是进行"生存的选择",特别是选择自己作为好人的最佳时期。只有这样,一个人才能够在今后更加轻松地生活。因为当一个人完成这一选择之后,就为自己设定好了今后努力的目标,方向也随之被确定,余下的事情就是终其一生坚定地沿着特定的方向朝目标迈进的过程。

所以,对孩子的培养和教育中,不应该让他们只看到生活中快乐的一面,也应该让他们看到生活中严肃、痛苦和苦难的一面。正如赫勒所说,苦难与生活(life)联系在一起,一个人如果承认了苦难,便承认了生活,一个人如果对苦难说"是",那么也便是对生活说"是",因而一个人也便是真实地面对他自己,成为了他自己。赫勒的这一看法显然是承袭了陀思妥耶夫斯基的思想,陀思妥耶夫斯基在《卡拉马佐夫兄弟》和《地下室手记》等作品中都对痛苦的积极意义进行了阐述,正如赖因哈德·劳特分析的那样,"我们,人,在经受痛苦时学会在道德上站住脚,只有在这时候,才能荣获永久快乐的幸福。人只有通过痛苦的考验、赎罪和达到完美境界,才应当得到幸福"②。

(二)应然个性道德的特征

对于个性道德的含义以及如何可能,本书已经阐述了很多。个性道德并不是实然存在的道德类型,而是正在被孕育着和正在形成中,那么应然的个性道德有什么特征呢?总的说来,它作为道

————————

① Agnes Heller, *An Ethics of Personality*, Oxford: Blackwell Publishers Ltd, 1996, p. 233.

② (德)赖因哈德·劳特:《陀思妥耶夫斯基哲学》,沈真等译,北京:东方出版社1996年版,第313页。

德的一种类型,也应当同道德一样,渗透在社会生活的各个领域中,作为人们生活的共同场景而存在。

首先,作为所有生活领域共同场景的个性道德与每个现实的个人及其行动紧密联系起来,从而与纯粹的、形而上的道德概念区别开来。众所周知,康德在其《道德形而上学原理》中构建了一个纯粹的道德理论框架。在这一框架中,全部道德概念都先天地坐落在理性之中,并且导源于理性,它们绝不是经验的,不是从偶然的经验知识中抽象出来的,只有这样,全部道德概念才能获得尊严。同时,康德所说的道德规律也同自然规律是一样的,其约束性的根据完全在先天纯粹理性的概念中去寻找,以经验为依据的具体规范永远不能够称之为道德规律。正是在此基础上,康德在其道德框架中,对责任、善良意志等具体概念含义的理解都是建立在先天的、非经验基础之上的。对道德理论的这种理解,虽然因其纯粹性的特征可以保证其德性的崇高和尊严,但是人一旦被完全剥掉情感、欲望、本能等非理性的因素,仅仅被称之为"有理性的东西",那么人也就不再成其为人。所以正像有的学者评价的那样:"先天论的德性论,宛如一束断了线的气球,高入云端,五彩斑斓,熠煌耀眼,但永远落不到实处。它对一切时代有效,对任何一个时代都无效;对一切人有效,对任何一个人都无效。它要求不可能得到的东西,因而永远得不到任何可能得到的东西。"①正是基于此,西方哲学中自从康德之后,其哲学发展的主流路径便从天上回到了人间。我们提倡的对个性道德含义的理解亦是沿着马克思主义的路径前行,立足于生存于现实中的、能够进行物质实践活动的、社会性的个人,将其理解为经验的个人与同时代的各种伦理规则之间的实践关系。

其次,作为所有生活领域共同场景的个性道德既"在"又"不在"某一领域,从而与"泛道德主义"区分开来。学者金生鈜曾经详细地阐明"泛道德主义"的含义,所谓泛道德主义伦理主要是指,"以道德奠定生活的意义、个人的价值、政治与社会的组织方式,确

---

① (德)康德:《道德形而上学原理》,苗力田译,上海:上海人民出版社 2005 年版,代序第 38~39 页。

定日常生活的方式与标准,道德成为判断一切世俗生活行为的神"①。同时,他认为,泛道德主义一定得依靠强大的政治权力才能实现对全社会、全民、全部生活的道德监督与控制,其主要目的就是为了加强和巩固一定的政治和社会秩序。对于个人来说,道德并不是出于自己的自愿选择,而是在外在压力下的被迫选择。泛道德主义的实施造成了两种后果:一方面会产生道德独断和专制,另一方面,会产生普遍的道德焦虑。的确,他的这一分析切中了问题的要害。泛道德主义在很大程度上能够对生活于其中的个人起到很强的约束性,但是我们也不能否认的是,如果这种约束不被个人所承认,即便是选择了其伦理规则,个人仍然不能成为真正的"好人",而是成为了一个虚伪的"好人"。就其实质,个人在选择中是否出于自愿,或者说个人的自愿、自由原则在道德中占有至关重要的位置。

而个性道德是在今天人们所面临的选择多样化、价值多元化的时代背景下提出来的,尽管它与泛道德主义有表面的相似,即虽然两者都与所有生活领域联系起来,但是二者在本质上截然不同。个性道德的一个核心内容就在于现代人完成了"普遍性范畴下生存的选择",即人们可以以自己不同的方式选择自己作为"好人"而存在,而这种选择同样也是进行一种跳跃(leap),完成这一跳跃的个人可以在生活中的美学、伦理、宗教、政治等不同领域中转换,而不必冒任何风险,但是,这种跳跃并不要求人们选择某一个领域从而固定下来,即这种选择给予了人们充分的自由。也就是说,二者之间最重要的区别在于:前者并没有强制性,并不依靠强大的政治权力迫使每个个人遵循其伦理规则,当然它会在"善"的关照下提出各种伦理规则、规范和格言等,但是这些伦理规则的权威来自自身向善的力量,而且它们仅仅是指导性的,至于在具体行动中如何做事,那么每个个人可以自主地选择自己的方式。而后者中存在着强制的力量,存在着诸如政治权力等强制要素。所以说,是否具有强制性构成了两种道德之间的区别。同时,两者之间的区别还在于:前者只是作为各个领域中的共同精神或者共同背景存在,它

① 金生鈜:《德性与教化——从苏格拉底到尼采:西方道德教育哲学思想研究》,长沙:湖南大学出版社2003年版,第329页。

既"在"某一领域,也"不在"某一领域。说它"在"某一领域,指的是它需要跟每个领域联系在一起,但是起引导性的作用,它只是要求各个领域要以道德中所蕴涵的善的精神为指导;说它"不在"某一领域,指的是它不会固定于某一领域、化解各个领域,从而走向其反面,造成反道德的严重后果,诸如道德化的政治、道德化的经济等,毋宁说个性道德是朝向这些领域并且在这些领域中的一种态度。而后者,则将道德规则固定在了某一个领域中,这就导致道德化的政治等问题,进而可能导致了个人朝向非本真方向发展的结果。

最后,作为所有生活领域共同场景的个性道德更强调个人道德的重要性。向工业文明的转型已经成我国当前发展的大趋势,但同时工业文明蕴涵的理性因素,特别是"工具理性"也渗入到了我们的文化中,进而自觉不自觉地影响着生活在其中的每个人。这会导致人们在现实行动中只考虑理性算计,更可怕的是,也会导致"平庸的恶"的现象出现。对此现象,英国的思想家鲍曼和美国的阿伦特都曾经作过深刻而冷静的阐述。鲍曼认为,二战期间的大屠杀之所以能够在现代社会"完美地"进行,既是科技突飞猛进发展的结果,同时也是文明化进程中另一张面孔的显现。大屠杀只是揭露了现代社会的另一面,而这个社会的我们更为熟悉的那一面是非常受我们崇拜的。现在这两面都很好地、协调地依附在同一实体之上。或许我们最害怕的就是,它们不仅是一枚硬币的两面,而且每一面都不能离开另外一面而单独存在。虽然这听上去令人难以置信,但却是事实,而且,"文明化进程是一个把使用和部署暴力从道德计算中剥离出去的过程,也是一个把理性的迫切要求从道德规范或者道德自抑的干扰中解放出来的过程。提升理性以排除所有其他的行为标准,特别是使暴力的运用屈从于理性计算的趋势,早已被认定是现代文明的一个基本因素——大屠杀式的现象就必须被看成是文明化趋势的合理产物和永久的潜在可能"[1]。即在现代西方社会中,市场的规则和理性的计算全面而深入地侵入了人们的日常生活,"理性算计"的考虑已经成为指导人

---

[1]　(英)齐格蒙特·鲍曼:《现代性与大屠杀》,杨渝东、史建华译,南京:译林出版社2002年版,第38页。

们行动的首要原则,道德几乎没有立足之地。在此背景下,只要有利可图,那么人们可以践踏原来约束人们行动的各种伦理规则,而且通常不会受良心的谴责。尽管这种现象在西方已经全面展开,但同样也应该引起我们足够的注意,毕竟马克思所说的"世界历史"进程已经势不可挡地进行着。西方人当今的道德状况也许将是所有人面临的状况,面对这些,我们无法逃避,所以我们现在亟待需要做的就是要重新将道德与人们生活的所有领域联系起来。这种道德虽然与各个领域相连,但是它却不会化解某些领域,导致各个领域道德化的后果,而是人们在各个领域中的行动要以"善"来引导,它更像阳光无处不在,但又不栖居在某一个领域中。

作为与每个人相连的个性道德又是与个人的反思、良好的判断力紧密联系在一起的。现实生活中,如果个人缺乏辨别善恶的能力,或者毫不思考而仅仅服从某种权威及其规则,那么人们就容易走入道德的反面。对于这一点,在本书的前面已经详细进行了阐述,在此进一步表明人类思想的重要性。所谓思想,其实就是在具体的行动之前,自己与自己之间进行交流和谈话,在交流中我们审问、辨明自己的言行是否得当。其实每个人均有这种能力,每个人为了避免痛苦,也可以丢掉这种能力,正如阿伦特所说:"思考活动若不是'非认知'、'非专门化'的意义,如人生命的自然需求,而是实现被赋予意识里的异别性,那么它不是少数人的特权,毋宁是每一个人时时刻刻表现出来的能力;同样的,无能力思考也并不是那些丧失脑机能的人所有,而是时时刻刻表现于每个人——科学家、学者、特别用脑力的专家——只要一个人摔掉自己跟自己的交谈(而苏格拉底首先发现这种交谈的可能性与重要性)。"①也就是说,人们一旦应用了思考能力,尽管由于各种因素的制约,不能保证人们不犯错误,但是却可以在很大程度上防止邪恶的发生,从而使现代人成为真正的好人。所以,当今随着人们个性意识的觉醒,人们所理解的道德不应该仅仅强调外在的规范,更要强调个人内在的思考、反思和判断力。只有当人们自愿地认同外在的各种伦理规则,即只有当人们自觉与外在的各种伦理规则之间形成实践关系,道德也才能发挥其真正的作用。

①　(美)Hannah Arendt:《帝国主义》,蔡英文译,台北:联经事业出版公司1983年版,第297页。

结　语

　　尽管从传统社会向现代社会的转变过程中,一切固定的东西都消失了,社会时时处于变化当中,人时时处于偶然性的生存当中,但是现代社会和现代人的这一境况也构成了赫勒的道德重建的基点。她从双重偶然性生存的现代人出发,揭示了偶然性生存的人如何成为确定性的存在。实际上,这一转变过程关键是借助现代人"在普遍性范畴下生存的选择"这一跳跃来完成的,即如果一个人进行了这一选择,那就意味着他/她选择了自己双重偶然性的存在,选择了自己周围已经存在的一切,选择了将各种有效的伦理规则作为自己行动的"拐杖",选择了对他人的责任,选择了进行双重性质的自我反思……无论他/她所生活的世界如何,所接触的人如何,这个人都会主动地选择已经存在的一切,从而将自己的偶然性生存转化成确定性的生存。由此可见,赫勒为我们展示的就是她在现实生活中所看到的、所接触到的无数真实存在的"好人"形象。所以,赫勒通过自己的观察以及践行,力图向我们揭示的是"好人存在,但好人何以可能存在"这一道德中心问题,同时也是向我们揭示现代社会道德重建只能是诉诸个性道德。尽管她并没有明确表明这一点,但是在个性多样化发展的今天,她已经明示给我们:不能够再期待同一的伦理规则,也不能够再期待所有人整齐划一地遵守伦理规则的行动方式。今天,我们只能够期待彼此之间相互理解,相互尊重对方以自己的方式践行伦理规则的方式。只有这样,更大的灾难才不至于再次发生,也只有这样,社会秩序才能恢复。

　　在所有的民族、国家和个人紧密地联系在一起的今天,任何的灾难及其所引发的后果都有可能将所有人带入万劫不复的境地中,而这是我们每一个人都不希望看到的结果,所以赫勒主张"最低限度的道德",主张"非意识形态化"的道德,主张尊重所有有个性的他人以自己的方式践行道德,当然同时也强调了普遍性范畴下生存的选择,即选择自己成为好人的重要性。沿着赫勒对道德理论中心问题"好人存在,但好人何以可能存在"解答的思路前行,可以看到其背后隐含着对现代性的一种明确态度:现代人必须直面无法回避的现代性,并力图为解决现代性问题作出自己的努力。赫勒的努力便是通过现实生活中的无数的好人以及他们拥有的德性来论证好人存在的合理性,从而希望能够克服现代性危机,希望现代性能够幸存下来,正如她所说:"我不知道现代性是否能够幸存,但是我希望它能够幸存。"①

纵观赫勒的道德三部曲,没有太多华丽的语言,没有宏伟的计划和理想,她只是在观察着现实生活中"好人"的行事方式,同时也真诚地跟随并践行着"好人"的思考方式和行动方式,所以她的道德理论具有强烈的现世性特征。尽管赫勒对现代性以及现代性的逻辑运行进行了批判分析,但是她站在了后现代性的立场上并不打算推翻现代性而是坦然接受现代性的事实,因为事实证明,任何所谓美好的世界和道德都意味着灾难的来临。因此,她并不对将来的世界、永恒的道德存在任何玄想,而是立足于现实世界,立足于现代社会中的好人本身,探寻好人何以存在这一道德的中心问题。而且,在其平实的语言背后可以看到她在构想诉求于个性道德的"道德乌托邦"过程中,试图将规范伦理②中的目的论和道义论融合起来的努力。

---

① John Burnheim, *The Social Philosophy of Agnes Heller*, Amsterdam: Rodopi, 1994, p. 287.

② 在伦理学理论以及伦理学思想史中,自从摩尔在1903年出版了《伦理学原理》,将伦理学划分为规范伦理学和分析伦理学(元伦理学)之后,大多数的学者都沿用了这一划分方式。但也有的学者进行了更进一步的细分,将伦理学分为规范伦理学、美德伦理学和元伦理学(参见王海明的《伦理学原理》中的阐述)。本书采用前一种方式,并赞同包利民和 M. 斯戴克豪思在《现代性价值辩证论》(学林出版社2000年版)中表述的观点,规范伦理指的是包括道义论、目的论等在内的涉及价值的伦理学话语。故而,其中主要包含德性 – 目的论、道义论和功利论者三种形态。与之相对应的是元伦理,它是在反对规范伦理学的前提下出现的超然于道德价值之外的一种哲学话语。

众所周知,尽管德性目的论和道义论共属于规范伦理的表现形态,但是在其历史发展中两者所强调的重点并不相同。正如包利民阐述桑德尔对此的区别时指出:"目的论与道义论的区分可以是两种层面的,一种是方法论的:在伦理学的两大基本范畴中,'正当'与'好'谁是基础,应当由谁推出另一个。独立地确定正当,再由它推出'好',是道义论。反之,是目的论。另一种是价值论的,即:'正当'与'好'哪一个价值更高? 相信'正当'高于'好'的,是道义论。反之,是目的论。"①尽管如此,我们不能否认德性目的论和道义论融合的可能,赫勒在其道德理论的行文中向我们表明了这一点。她通常将好人与正当的人等同起来,即时时保持着两者的通约性,这为两者的融合提供了可能。好人既是德性的保存者,同时也是保持各种伦理规则正当性的守望者,这一做法既保存了德性随时代变更的继续有效性,又保持了现代社会中各种伦理规则的正当性,从而使德性目的论和道义论统一起来。

除此之外,有的学者评价赫勒的道德理论是伊壁鸠鲁－斯多葛主义的。无疑,虽然从某种意义上来说的确如此,因为两者都表现出了为个人生存寻求意义和价值的特点。众所周知,伊壁鸠鲁－斯多葛主义哲学产生于希腊化与古罗马时期,这包括从公元前323年亚历山大去世到公元前30年罗马征服埃及(希腊化时期)和从公元前30年到公元475年西罗马帝国灭亡(古罗马时期)两个时期。这两个时期的政局是动荡不安的。人们普遍感到的是恐惧与焦虑,渺小的个人在动荡的现实面前显然有些无能为力,但为了能够在这种局势中生活下去,又必须寻求自身存在的意义和价值。所以,这一时期伦理学的功能是治疗性的,即对于人们精神的治疗。而当我们把目光从古代转换到上个世纪中叶,相同的现实局势再一次展现在了我们面前:两次世界大战将世界弄得一团糟,更可怕的是人们经历了"大屠杀"、"古拉格群岛",等等,这样的事件由于技术的参与,从而变得更加强大。个人虽然拥有自由,但在强大的力量面前仍然无能为力,所以只能转向自身。从这意义上说,赫勒的道德理论中的确包含治疗的功能,正如她自己说的,

① 包利民、(美)M.斯戴克豪思:《现代性价值辩证论》,上海:学林出版社2000年版,第11页。

个性道德与理性秩序

第三部著作《个性伦理学》是治疗性的理论。但实际上,赫勒的道德理论与伊壁鸠鲁－斯多葛主义的伦理学仍然有着本质的区别。区别在于:赫勒的道德理论在转向自身,强调个性自由、个性积极生活的同时,仍然包含着对他人、对现代性、对社会的强烈关注与责任,这与斯多葛主义所提倡的内省式伦理学有着明显的区别。赫勒尽管强调内在的反思、作为内在权威的良心等因素的重要性,但是她更加注重人们应该在与他人不断交流中去恶扬善。因此,两者之间尽管存在着很多相似,但是仍然存在着本质区别。

当然,赫勒的整个"道德乌托邦"的构想并不是完美无缺的,而是存在着某些问题。首先,她继承了克尔恺郭尔的"生存的选择"理论,并进一步将"好人"与普遍性范畴下生存的选择连接起来,这一出发点无疑具有重要的意义,但现实生活中实行起来却又是一件太困难的事情。我们需要进一步追问的问题是:伴随着科技深入发展的社会一体化进程塑造了太多没有主体性和个性的"常人",也塑造了太多不断地将计算原则贯穿到行动中去的"理性人",那么在现代社会的道德构建中,我们真的可以将希望寄托给单独的个人吗? 单独的个人真的有能力反抗科技理性这一强大的整合力量吗? 单独的个人真的可以下定决心践行"普遍性范畴下进行生存的选择"这一态度吗? 在非正义制度下或者大多数的人都不遵守公正制度的环境中,人们还能够一如既往地选择作为好人的生存方式吗?

其次,我们仍然不能忽视当今存在的一种趋势,即现代社会中很多人都在刻意逃避进行生存的选择,或者说是逃避真正的生存。因为一旦真正的生存,就意味着人们要运用双重自我反思去生活,而反思带给人们的不是快乐,而是更多的痛苦,痛苦恰恰又是人们所极力逃避的一种情感,如果人们普遍都逃避痛苦,那么真正的个性道德又何以建构呢?

最后,赫勒展开道德理论的前提是"好人存在"这一命题的真实性,我们并不否认现实生活中存在着好人,但如果进一步追问"什么是好? 什么是坏"、"我们认为的好与他人认为的好是否一致"或者说"是否存在一种衡量好的普遍同意的标准"等问题时,赫勒的道德理论并没有明确地表达出来,她只是表明"好"就是遵守各种伦理规则,与之相反,"坏"就是违背各种伦理规则,好人就是践行"宁可遭受苦难也不伤害别人"这一格言的人。赫勒所倡导的这些思想或许更是一种美好的期待,是我们应该努力的目标,但就目前形势来看,在狭隘的民族国家利益仍然占主导地位的情况下,生活在每个具体民族国家的个人如何能够做到这一点又是值得考虑的,特别是当彼此之间冲突升级的时候,我们每一个人绝对不可能超然于民族国家之外。

毋庸置疑,如果跟随赫勒的道德理论构想继续推论,以上诸种问题在已经存在的"好人"身上都不存在,因为"好人"本身是自在自为的,能够时时适度地审视自己,是能将自己塑造成确定性生存的人。尽管赫勒也不断地强调好人并不完善,也会犯错误,但一旦跳出"好人存在"这一圈子,势必会出现以上诸种问题。面对这一系列问题,我们已经表明马基雅维利和阿伦特的解决方式是将公私领域分开,即将道德这一私人领域与其他领域分开,将好人与好公民分开,使其各自履行自己的职责,两者之间没有共通之处,这既可以使德性在私人领域中得以保存,同时在公共领域中也能维持国家的尊严、社会的稳定。而赫勒却并不同意这一做法,她更加强调好人与好公民之间的共通之处,更期待的是德性能够完整地在各个领域中得以保存。但对于我们来说,即便赫勒所设定的"好人存在"这一前提是正确的,我们仍然不免要追问一个根本性的问题:现代社会中,存在着的好人真的可以是自在自为的吗?换句话说,现代人在普遍性范畴下进行生存选择的能力和决心仍然值得怀疑。毕竟人不是上帝,人不过是动物和神之间的存在物,尽管他们永远有超越当下、向往神性的一面,但却永远也摆脱不了动物性的一面。

最后,仍然需要强调的一点就是:以上的种种怀疑并不排除现实生活中真的存在很多好人,他们是德性的展现者和保存者,否则人类真的是到了万劫不复的地步,我们所怀疑的仅仅是赫勒是否对好人本身以及现代人的选择寄予了过高的期望。但无论怎样,我们仍然期待着个性道德的逐渐复归,期待着理性的社会秩序恢复,期待有更多好人的存在,这些好人共有的特点就是赫勒意义上"永远也不会为了幸存的原因而中止已经进行的事业或者放弃正在下沉的船"的人,他们执著的精神、一旦进行道德的选择就永不更改的姿态足以表明他们真正是个性道德的承载者。而好人所独具的这种行为总会让人不由自主地想起电影《海上钢琴师》中的男主角 1900（人名）对劝他下船的 Max 所说的一段话，一段能够传达相同精神而又令人有些忧伤的经典话语：

我在这艘船上出生。

世事千变万化，然这艘船每次只载 2000 人。

这里有着希望，但仅在船头和船尾之间。

你可以在有限的钢琴上奏出你的欢欣快乐。

我习惯了这样的生活。

陆地？

陆地对我来说是一艘太大的船，

太漂亮的女人，

太长的旅程，

太浓烈的香水，

无从着手的音乐。

我永远无法走下这艘船，

这样的话，我宁可舍弃我的生命。

毕竟，我从来没有为任何人存在过，不是吗？

……

参考文献

一、中文参考文献

（一）著作

［1］《马克思恩格斯选集》（第 1～4 卷），北京：人民出版社 1995 年版。

［2］《马克思恩格斯全集》第 3 卷，北京：人民出版社 1960 年版。

［3］《马克思恩格斯全集》第 40 卷，北京：人民出版社 1982 年版。

［4］马克思，《1844 年经济学哲学手稿》，北京：人民出版社 2000 年版。

［5］马克思、恩格斯，《德意志意识形态》（节选本），北京：人民出版社 2003 年版。

［6］（澳）艾格妮丝·赫勒，《人的本能》，邵晓光、孙文喜译，沈阳：辽宁大学出版社 1988 年版。

［7］（匈）阿格妮丝·赫勒，《日常生活》，衣俊卿译，重庆：重庆出版社 1990 年版。

［8］（匈）阿格尼丝·赫勒，《现代性理论》，李瑞华译，北京：商务印书馆 2005 年版。

［9］（古希腊）柏拉图，《柏拉图全集》，王小朝译，北京：人民出版社 2002 年版。

［10］（古希腊）亚里士多德，《尼各马可伦理学》，廖申白译注，北京：商务印书馆 2003 年版。

[11](古罗马)西塞罗,《论义务》,王焕生译,北京:中国政法大学出版社 1999 年版。

[12](德)康德,《道德形而上学原理》,苗力田译,上海:上海人民出版社 2005 年版。

[13](德)康德,《实践理性批判》,韩水法译,北京:商务印书馆 2001 年版。

[14](德)黑格尔,《小逻辑》,贺麟译,北京:商务印书馆 1980 年版。

[15](德)黑格尔,《哲学史讲演录》第 1 卷,贺麟、王太庆译,北京:商务印书馆 1980 年版。

[16](德)黑格尔,《哲学史讲演录》第 2 卷,贺麟、王太庆译,北京:商务印书馆 1960 年版。

[17](德)弗里德里希·尼采,《悲剧的诞生》,周国平译,北京:生活·读书·新知三联书店 1986 年版。

[18](德)马克斯·韦伯,《新教伦理与资本主义精神》,于晓、陈维纲译,北京:生活·读书·新知三联书店 1987 年版。

[19](德)斯宾格勒,《西方的没落》(上、下),吴琼译,上海:上海三联书店 2006 年版。

[20](德)卡尔·雅斯贝斯,《时代的精神状况》,王德峰译,上海:上海译文出版社 2005 年版。

[21](德)马克斯·舍勒,《人在宇宙中的位置》,李伯杰译,贵阳:贵州人民出版社 1989 年版。

[22](联邦德国)霍克海默、阿多尔诺,《启蒙辩证法》,洪佩郁等译,重庆:重庆出版社 1990 年版。

[23](德)尤尔根·哈贝马斯,《作为"意识形态"的技术与科学》,李黎、郭官义译,上海:学林出版社 1999 年版。

[24](德)尤尔根·哈贝马斯,《交往行为理论》,曹卫东译,上海:上海人民出版社 2004 年版。

[25](德)M. 兰德曼,《哲学人类学》,阎嘉译,贵阳:贵州人民出版社 1988 年版。

[26](德)沃尔夫冈·韦尔施,《我们的后现代的现代》,洪天富译,北京:商务印书馆 2004 年版。

[27](德)赖因哈德·劳特,《陀思妥耶夫斯基哲学》,沈真等

参
考
文
献

译,北京:东方出版社 1996 年版。

[28](丹麦)基尔克果,《或此或彼》(上、下),阎嘉译,北京:华夏出版社 2007 年版。

[29](匈)卢卡奇,《历史与阶级意识》,杜章智、任立、燕宏远译,北京:商务印书馆 1999 年版。

[30](匈)卢卡奇,《理性的毁灭》,王玖兴等译,济南:山东人民出版社 1997 年版。

[31](瑞士)雅各布·布克哈特,《意大利文艺复兴时期的文化》,何新译,北京:商务印书馆 1979 年版。

[32](法)萨特,《存在与虚无》,陈宣良等译,合肥:安徽文艺出版社 1998 年版。

[33](法)让-保罗·萨特,《存在主义是一种人道主义》,周煦良、汤永宽译,上海:上海译文出版社 1988 年版。

[34](法)加缪,《西西弗的神话》,杜小真译,北京:西苑出版社 2003 年版。

[35](法)路易·阿尔都塞,《保卫马克思》,顾良译,北京:商务印书馆 2006 年版。

[36](法)米歇尔·福柯,《规训与惩罚:监狱的诞生》,刘北成、杨远婴译,北京:生活·读书·新知三联书店 1999 年版。

[37](法)利奥塔,《后现代性与公正游戏:利奥塔访谈、书信录》,谈瀛洲译,上海:上海人民出版社 1997 年版。

[38](法)丹尼尔·哈列维,《尼采传》,刘娟译,贵阳:贵州人民出版社 2004 年版。

[39](英)约翰·穆勒,《功利主义》,徐大建译,上海:上海人民出版社 2008 年版。

[40](英)齐格蒙特·鲍曼,《现代性与大屠杀》,杨渝东、史建华译,南京:译林出版社 2002 年版。

[41](英)齐格蒙特·鲍曼,《后现代伦理学》,张成岗译,南京:江苏人民出版社 2002 年版。

[42](英)安东尼·吉登斯,《现代性的后果》,田禾译,南京:译林出版社 2000 年版。

[43](美)马尔库塞,《单向度的人》,张峰、吕世平译,重庆:重庆出版社 1988 年版。

［44］（美）埃里希·弗洛姆，《逃避自由》，刘林海译，北京：国际文化出版公司 2000 年版。

［45］（美）鲁思·本尼迪克特，《菊与刀》，吕万和、熊达云、王智新译，北京：商务印书馆 2005 年版。

［46］（美）阿伦特，《帝国主义》，蔡英文译，台北：联经事业出版公司 1983 年版。

［47］（美）汉娜·阿伦特，《人的境况》，王寅丽译，上海：上海人民出版社 2009 年版。

［48］（美）罗尔斯，《正义论》，何怀宏等译，北京：中国社会科学出版社 1988 年版。

［49］（美）阿拉斯戴尔·麦金太尔，《追寻美德》，宋继杰译，南京：译林出版社 2003 年版。

［50］（美）阿拉斯戴尔·麦金太尔，《伦理学简史》，龚群译，北京：商务印书馆 2003 年版。

［51］（美）马歇尔·伯曼，《一切坚固的东西都烟消云散了》，徐大建、张辑译，北京：商务印书馆 2003 年版。

［52］（美）孙隆基，《中国文化的深层结构》，桂林：广西师范大学出版社 2004 年版。

［53］梁漱溟，《中国文化要义》，上海：上海人民出版社 2005 年版。

［54］周辅成，《西方伦理学名著选辑》（上、下），北京：商务印书馆 1964、1987 年版。

［55］章海山，《西方伦理思想史》，沈阳：辽宁人民出版社 1984 年版。

［56］宋希仁，《西方伦理学思想史》，长沙：湖南教育出版社 2006 年版。

［57］万俊人，《现代西方伦理学史》（上、下），北京：北京大学出版社 1990、1992 年版。

［58］万俊人，《寻求普世伦理》，北京：商务印书馆 2001 年版。

［59］万俊人，《现代性的伦理话语》，哈尔滨：黑龙江人民出版社 2003 年版。

［60］万俊人，《义利之间》，北京：团结出版社 2003 年版。

［61］杜小真，《勒维纳斯》，台北：远流出版事业股份有限公司

1994 年版。

[62] 张奎良,《马克思的哲学历程》,上海:上海人民出版社 1993 年版。

[63] 衣俊卿,《文化哲学》,昆明:云南人民出版社 2001 年版。

[64] 衣俊卿、丁立群、李小娟、王晓东,《20 世纪的新马克思主义》,北京:中央编译出版社 2001 年版。

[65] 衣俊卿,《人道主义批判理论——东欧新马克思主义述评》,北京:中国人民大学出版社 2005 年版。

[66] 丁立群,《哲学·实践与终极关怀》,哈尔滨:黑龙江人民出版社 2001 年版。

[67] 傅有德等,《犹太哲学史》(上、下),北京:中国人民大学出版社 2008 年版。

[68] 顾肃,《自由主义基本理念》,北京:中央编译出版社 2003 年版。

[69] 金生鈜,《德性与教化——从苏格拉底到尼采:西方道德教育哲学思想研究》,长沙:湖南大学出版社 2003 年版。

[70] 靳凤林,《道德法则的守护神——伊曼纽尔·康德》,保定:河北大学出版社 2005 年版。

[71] 赵汀阳,《论可能生活》(修订版),北京:中国人民大学出版社 2004 年版。

[72] 杨大春,《沉沦与拯救:克尔凯戈尔的精神哲学研究》,北京:人民出版社 1995 年版。

[73] 包利民、M. 斯戴克豪思,《现代性价值辩证论》,上海:学林出版社 2000 年版。

[74] 陈忠武,《人性的烛光》,昆明:云南人民出版社 2004 年版。

(二)论文

[1] 衣俊卿,《人的需要及其革命——布达佩斯学派的"人类需要论"述评》,《现代哲学》1990 年第 4 期。

[2] 衣俊卿,《论东欧新马克思主义的理论定位》,《求是学刊》2010 年第 1 期。

[3] 张政文、杜桂萍,《艺术:日常与非日常的对话》,《文艺研究》1997 年第 6 期。

[4]傅其林,《阿格妮丝·赫勒审美现代性思想研究》,四川大学博士论文 2004 年。

[5]傅其林,《后现代消费文化中的时装表演》,《文艺研究》2003 年第 5 期。

[6]冯宪光、傅其林,《审美人类学的形成及其在中国的现状与出路》,《广西民族学院学报》(哲学社会科学版)2004 年第 5 期。

[7]傅其林,《阿格妮丝·赫勒的美学现代性思想》,《中国图书评论》2007 年第 3 期。

[8]傅其林,《布达佩斯学派美学——阿格妮丝·赫勒访谈录》,《东方丛刊》2007 年第 4 期。

[9]傅其林,《赫勒论市场体制对文化传播的影响》,《廊坊师范学院学报》2007 年第 4 期。

[10]傅其林,《论阿格妮丝·赫勒的现代性想象制度理论》,《淮阴师范学院学报》2008 年第 4 期。

[11]傅其林、赵修翠,《艺术概念的重构及其对后现代艺术现象的阐释》,《现代哲学》2008 年第 4 期。

[12]李伟,《阿格尼斯·赫勒的理论追求》,《国外理论动态》2007 年第 8 期。

[13]李伟,《赫勒历史哲学思想的发展历程》,《北京政法职业学院学报》2009 年第 1 期。

[14]赵司空、谢静,《阿格妮丝·赫勒的后现代乌托邦》,《中外文化与文论》2009 年第 2 期。

[15]颜岩,《探寻日常生活人道化的路径》,《中外文化与文论》2009 年第 2 期。

[16]颜岩,《激进需要与激进乌托邦》,《哲学动态》2009 年第 9 期。

[17]颜岩,《走出历史哲学的幻象》,《马克思主义研究》2009 年第 11 期。

[18]闫方洁、宋德孝,《关于日常生活的知识及其人道化目标》,《柳州师专学报》2008 年第 1 期。

[19]高德胜,《道德教育回归生活的基本问题辨析》,《南京师大学报》(社会科学版)2005 年第 5 期。

[20]周宪,《日常生活批判的两种路径》,《社会科学战线》

2005 年第 1 期。

[21]卢风,《普遍伦理的三重障碍》,《求索》1999 年第 6 期。

[22]刘森林,《〈启蒙辩证法〉与中国虚无主义》,《现代哲学》2009 年第 1 期。

二、外文参考文献

(一)著作

[1] Agnes Heller. *Beyond Justice*. Oxford: Basil Blackwell Ltd,1987.

[2] Agnes Heller. *General Ethics*. Oxford: Basil Blackwell Ltd,1988.

[3] Agnes Heller. *A Philosophy of Morals*. Oxford: Basil Blackwell Ltd,1990.

[4] Agnes Heller. *An Ethics of Personality*. Oxford: Blackwell Publishers Ltd,1996.

[5] SimonTormey. *Agnes Heller: Socialism, Autonomy and the Postmodern*. Manchester: Manchester University Press, 2001.

[6] John Grumley. *Agnes Heller: A Moralist in the Vortex of History*. London: Pluto Press, 2005.

[7] John Burnheim. *The Social Philosophy of Agnes Heller*. Amsterdam: Rodopi , 1994.

(二)论文

[1] Agnes Heller. The Moral Maxims of Democratic Politics, In *Praxis International*, 1981, No. 1.

[2] Agnes Heller. The Legacy of Marxian Ethics Today, In *Praxis International*, 1982, No. 1.

[3] Agnes Heller. The Limits to Natural Law and the Paradox of Evil , In *On Human Rights*, 1993.

[4] Waldemar Bulira. A Good Man and a Good Citize. The Problem of Morality in the Public Spher, In *Annales Universitatis Mariae Curie-skodowska Lublin-polonla*. 2006, VOL. XIII.

[5] Agnes Heller. Post-Marxism and The Ethics of Modernity, ht-

tp://www. radicalphilosophy. com/default. asp? channel _ id = 2190&editorial_id = 10186.

［6］Agnes Heller. European Master-Narratives about Freedom, www. ku. dk/sonningprisen/pdf/Agnes_Hellers_tale. pdf.

［7］The Essence is Good but All the Appearace is Evil—An Interview with Agnes Heller by Csaba Polony, http://www. leftcurve. org/LC22WebPages/heller. html.

［8］Simon Tormey Interviews with Agnes Heller (1998) , http:// homepage. ntlworld. com/simon. tormey/articles/hellerinterview. html.

［9］Interview with Ágnes Heller: Post Marxism and the Ethics of Modernity, http://www. radicalphilosophy. com/default. asp? channel_ id = 2190&editorial_id = 10186.

［10］M. Vajda, Is Moral Philosophy Possible at All? http://the. sagepub. com/cgi/content/abstract/59/1/73.

参
考
文
献

附录　赫勒生平著作年表

一、阿格妮丝·赫勒(Agens Heller)生平年表

1929 年

5 月 12 日出生在匈牙利首都布达佩斯的一个犹太中产阶级家庭。父母均为犹太人,父亲保尔·赫勒(Pal Heller)一生中并没有从事固定的工作,总是变换着工作。在第二次世界大战期间,利用自己的法律知识帮助了很多犹太人免于迫害。

1944 年

赫勒的父亲保尔与 45 万匈牙利的犹太人一起被送到奥斯维辛集中营中,而且在战争结束之前死于集中营中。而赫勒则和母亲幸免于难。值得一提的是,赫勒父亲的言行对她的学术和生活产生了极为重要的影响,其中一件重要的事情就是当很多犹太人为了存活而改信基督教时,她的父亲却拒绝这样做。这件事情给赫勒传达了一个重要的信息:永远不要遗弃正在下沉的船或者放弃正在进行的事业。这个信息中隐藏的真诚执著的精神被赫勒融入进了她的道德理论中,之后她写的道德三部曲《一般伦理学》、《道德哲学》、《个性伦理学》中所描述的"好人"就包含着这种精神。因而,赫勒父亲的道德勇气和践行着善的决心使赫勒永生难忘,为赫勒以后的生活和事业树立了良好的榜样。

1944 年

赫勒信奉了犹太复国运动,相信救赎源于锡安,并且计划去巴勒斯坦。但后来改变了这一想法,还是留在了匈牙利。

1947 年

赫勒进入了布达佩斯大学学习物理和化学,期待能成为居里夫人那样著名的女科学家。但在一个偶然的机会,她听了卢卡奇讲授的文化哲学课,尽管她在课堂上并不理解哲学术语,但是却感觉到其中包含了更重要的内容,因为这与赫勒对奥斯维辛集中营的思考联系在一起,所以这之后她决定从自然科学转向社会科学,选择跟随卢卡奇学习哲学和匈牙利文学,做一个哲学家。之后很长一段时间,赫勒一直是卢卡奇的学生和助手,因此,卢卡奇对赫勒思想的形成和发展产生了决定性的影响。同年,赫勒加入了匈牙利共产党,并开始对马克思主义产生浓厚兴趣。

1949 年

匈牙利劳动人民党总书记马加什·拉科西(Mátyás Rákosi)在斯大林主义的统治期间逐渐掌权,赫勒第一次被开除出党。

1953 年

斯大林逝世,匈牙利整体的斯大林化进程大大减缓。伊姆雷·纳吉(Imre Nagy)出任匈牙利人民共和国政府总理,在相对宽松的政治环境下,赫勒在卢卡奇的指导下安心地写她的博士论文。并且从这一年开始,赫勒才真正读了德语版的马克思年轻时的著作。

1954 年

赫勒重新入党。

1955 年

赫勒开始任教于布达佩斯大学。

1956 年

10 月 23 日,布达佩斯爆发了声势浩大的群众示威游行,随后演变为流血冲突,其间苏联两次派兵镇压,史称"匈牙利事件"。匈牙利事件的发生对于赫勒来说是非常重要的,因为在她看来,这是历史上唯一真正的社会主义革命。并且这次事件证实了赫勒的一种观点,即马克思及其思想对于人们来说意味着有政治自治和对社会生活的集体决定。从这次政治事件中,赫勒和其他的马克思主义的理论批评家一道更加相信:各个民族和国家应该以自己的方式运用马克思主义和建设社会主义,其他的国家没有权力对其干涉。

1958 年

赫勒第二次被开除出党,因为赫勒从匈牙利事件中得出的观点与莫斯科支持下的卡达尔·亚诺什(Kádár János)政府主张的意识形态发生了冲突。同年,因为积极批判"斯大林主义",拒绝谴责"修正主义",她也被终止在布达佩斯大学的任教资格。之后的五年内,她只是在一所中学讲授匈牙利语言,并且不允许其出版任何书籍。

1963 年

赫勒得到平反,回到匈牙利科学院的社会学研究所工作,这才重新开始进行学术研究。从这一年开始,后来我们所见的"布达佩斯学派"也正围绕着卢卡奇逐渐形成,其成员主要包括:赫勒的丈夫费赫尔(Ferenc Fehér)、马尔库什(György Márkus)、瓦伊达(Mihály Vajda)、基斯(Janos Kis)、本斯(Georg Bence)等人。这一团体的成员们共同致力于讨论卢卡奇提出来的"马克思主义复兴"课题,这一课题意味着要追根溯源,回到真正的马克思那里来发展哲学。

1968 年

"布拉格之春"事件之后,赫勒和她的同伴由于谴责苏联干涉捷克斯洛伐克内政的行为从而与官方论调不一致再次受到批评。

1971 年

卢卡奇去世,之后布达佩斯学派的成员成了政治迫害的牺牲品。

1973 年

党的决议(匈牙利历史上所谓的"哲学审判"大会)反对了一批哲学家和社会学家,其中主要是卢卡奇的学生,因为他们的主张与官方机构施行的马列主义思想不符合,并且这些人没有服从党中央委员会的提议。所以这之后,他们大都被解除了现有的工作,并遭到了秘密警察的严密监视和骚扰。

1976 年

布达佩斯学派解体。

1977 年

因长期没有工作,并且不堪忍受官方的密切监视和骚扰,赫勒和她的丈夫以及布达佩斯学派的其他一些成员选择了移居到澳大利亚,还有的成员移居到了德国。赫勒进入了墨尔本的拉筹伯大学(La Trobe University),在相对宽松和独立的环境中,她的学术思想从此开始起飞。在这期间,赫勒完成了很多著作,其中包括《历史理论》、《激进哲学》、《对需要的专政》、《超越正义》、《一般伦理学》等,并且影响了一大批年轻的知识分子。

1981 年

获得德国的莱辛奖。

1984 年

赫勒的丈夫费赫尔在澳大利亚很难找到一份长期工作,便到了美国纽约的社会研究新学院(The New School for Social Research)任教,赫勒应邀到威斯康辛大学麦迪逊分校(University of Madison, Wisconsin)任教。后来赫勒偶然被邀请到新学院去作报告,实际上是一次面试,之后赫勒到新学院工作。

1986 年

赫勒和她的丈夫移居美国纽约,赫勒在社会研究新学院哲学系工作,不久被授予"汉娜·阿伦特哲学教授"的头衔。赫勒来美国后写的第一部著作就是《道德哲学》。

1989 年

东欧剧变之后,匈牙利官方恢复了他们的名誉,赫勒和她的丈夫开始频繁访问布达佩斯,并被正式引入匈牙利科学院。

1994 年

赫勒的丈夫费赫尔去世。

1995 年

获阿伦特奖。

2006 年

在丹麦,松宁奖委员会将这一欧洲文化最高奖授予赫勒,表彰她为促进欧洲文化发展所作出的努力,称赞赫勒半个世纪来以"创造性的才能、政治的精明、道德的力量和知识分子的正直"叙述了欧洲文化。

2010 年

被授予歌德奖章。

二、赫勒的主要著作

1.《文艺复兴的人》(*Renaissance Man*. Routledge and Kegan Paul,1978)。本书写于 60 年代,1967 年在匈牙利首次出版,1978 年被翻译成英语出版。

2.《日常生活》(*Everyday Life*. Routledge and Kegan Paul, 1984)。本书写于 60 年代末期,1970 年在匈牙利首次以匈牙利文发表,1984 年被翻译成英语。

3.《马克思的需要理论》(*A Theory of Need in Marx*. Allison and Busby,1976)。本书在 70 年代早期写完,但因赫勒的政治

驱逐被延迟出版,1974 年在意大利首次出版。

4.《情感理论》(*A Theory of Feelings*. Van Gorcum,1978)。

5.《人的本能》(*On Instincts*. Van Gorcum,1979)。

6.《历史理论》(*A Theory of History*. Routledge and Kegan Paul, 1982)。

7.《回首 1956 年匈牙利事件:一场革命的信息——1/4 世纪之后》(*Hungary*, 1956 *Revisited*:*The Message of a Revolution—A Quarter of a Century After*. George Allen and Unwin Publishers Ltd, 1983)(与费赫尔合著)。

8.《对需要的专政》(*Dictatorship Over Needs*. Basil Blackwell Ltd; St. Martin's Press, 1983)(与费赫尔、马尔库什合著)。

9.《卢卡奇再评价》(*Lukács Reappraised*. Columbia University Press, 1983)。

10.《激进哲学》(*Radical Philosophy*. Basil Blackwell Ltd, 1984)。本书于 70 年代早期在匈牙利完成,1978 年在德国汉堡(Hamburg)的 VSA-Verlag 出版社以《左派激进主义哲学》(Die Philosophie des linken Radicalismus)的书名首次出版,1976 年英语出版,1984 年将书名改为《激进哲学》。

11.《羞愧的力量:一种理性主义观点》(*The Power of Shame*:*A Rationalist Perspective*. Routledge and Kegan Paul, 1985)。

12.《末日还是威慑? 关于反对核武器的讨论》(*Doomsday or Deterrence? On the Antinuclear Issue*, M. E. Sharpe,1986)(与费赫尔合著)。

13.《重建美学》(*Reconstructing Aesthetics*. Basil Blackwell Ltd, 1986)(与费赫尔合著)。

14.《超越正义》(*Beyond Justice*. Basil Blackwell Ltd, 1987)。

15.《东方左派和西方左派:自由、极权主义、民主》(Eastern *Left – Western Left*:*Freedom*, *Totalitarianism*, *Democracy*. Basil Blackwell Ltd, 1987)(与费赫尔合著)。

16.《一般伦理学》(*General Ethics*. Basil Blackwell Ltd, 1988)。

17.《后现代政治境况》(*The Postmodern Political Condition*. Polity Press ,1988. Basil Blackwell Ltd;Columbia University Press ,1989)(与费赫尔合著)。

18.《现代性能幸存吗?》(*Can Modernity Survive?*. Polity Press in association with Basil Blackwell Ltd,1990)。

19.《道德哲学》(*A Philosophy of Morals*. Basil Blackwell Ltd, 1990)。

20.《从雅尔塔到开放性:斯大林帝国的解体》(*From Yalta to Glasnost*:*The Dismantling of Stalin's Empire*. Basil Blackwell Ltd,1990)(与费赫尔合著)。

21.《激进普遍主义的辉煌与衰落》(*The Grandeur and Twilight of Radical Universalism*. Transaction Publishers, 1991)(与费赫尔合著)。

22.《碎片化的历史哲学》(*A Philosophy of History in Fragments*. Blackwell Publishers Ltd, 1993)。

23.《生物政治》(*Biopolitics*. Avebury,1994)(与费赫尔合著)。

24.《个性伦理学》(Agnes Heller. *An Ethics of Personality*. Blackwell Publishers Ltd, 1996)。

25.《现代性理论》(*A Theory of Modernity*. Blackwell Publishers Ltd , 1999)。

26.《礼崩乐坏的时代:作为历史哲学家的莎士比亚》(*The Time is out of Joint*:*Shakespeare as Philosopher of History*. Rowman and Littlefield Publishers Inc, 2002)。

27.《永恒的喜剧:艺术、文学和生活中的喜剧现象》(*Immortal Comedy*:*The Comic Phenomenon in Art*, *Literature*, *and Life*. Lexington Books, 2005)。

后　记

　　当马克思在《共产党宣言》中指出,在资本主义时代,"一切固定的僵化的关系以及与之相适应的素被尊崇的观念和见解都被消除了,一切新形成的关系等不到固定下来就陈旧了,一切等级的和固定的东西都烟消云散了,一切神圣的东西都被亵渎了"①时,他已经清晰地为我们展示了现代社会的一个重要特征:变动性。那么居于现代社会中的现代人如何应对传统观念以及道德状况的变迁呢? 更确切地说,现代人该如何在剧烈的变动中寻找与建构自己的精神家园? 对此,许多学者都用自己的理论和行动作出了回答。赫勒在对道德及其"好人"的诠释和践行中,既建构了道德理论,也找到了现代人将偶然性转化为必然性的途径,从而寻到了现代人生存的意义和精神的家园。每当随着赫勒为我们描述的道德理论及其承载者"好人"前行时,我的脑海中总会浮现加缪所诠释的西西弗:永无止境地进行着推石头的苦力。或许事情本身并无意义,但西西弗却赋予了它以意义,而这也正是赫勒及其笔下的"好人"努力进行的事业。无论如何,在她的至理名言"不要为了幸存的原因而中止正在进行的事业"、"宁愿受到伤害也不要主动伤害别人"中体现的精神已深入我心。

　　本书是在我的博士毕业论文基础上修改而成的。如果没有各位老师的悉心指导,我不会那么顺利地完成学业,也就不会有本书,所以在此要特别感谢我的各位老师。

　　首先,感谢我的博士指导老师张奎良教授,老师拥有扎实而深

---

①　《马克思恩格斯选集》第 1 卷,北京:人民出版社 1995 年版,第 275 页。

厚的马克思、恩格斯经典思想的学术功底,在我入学初就深深震撼了我,以后每每读老师的文章和著作时,我都不禁折服于他对经典著作的独特见解。这也促使我在读博期间紧跟老师,沉静下来认认真真地阅读了马克思和恩格斯本人的经典著作,并努力尝试着挖掘一些新内容。此外,在论文的开题、写作过程中都得到了老师的指点和建议,使我受益很多。

同时,衷心感谢衣俊卿教授。本论文的选题得益于衣老师在课堂上为我们传授的知识体系及相关内容,正是在他对西方马克思主义理论的讲解和独特诠释中,赫勒本人及其思想的魅力才深深地吸引了我,也促使我下决心写这篇论文。此后,在论文的开题、写作过程中也同样得到了衣老师的热心帮助,在行政事务特别繁杂的情况下,他能够认认真真读完我的论文以及在此基础上修改而成的本书,并进行了多次精心细致的修改,实属不易。衣老师对学术认真执著的态度和对学生学业的严格要求给我留下了深刻的印象。此外,衣老师也赋予了我至关重要的学术信心和勇气。实事求是地说,面对学术殿堂,我是一个缺少自信也无以自信的人,然而在衣老师的课堂讨论中,当我的发言内容得到老师的肯定后,信心随之也增加了很多,这让我有勇气在哲学之路上继续走下去。

其次,感谢何颖教授,早在 2006 年我硕士论文答辩期间,何老师广博的知识、睿智的提问就给我留下了极其深刻的印象,我的硕士论文也吸收了何老师诸多有益的建议。感谢张政文教授,从他的课堂上,我学到了丰富的知识。感谢丁立群教授,跟随着丁老师的思路,我认真阅读亚里士多德的著作《尼各马可伦理学》,这对我博士论文的写作有很大的帮助。感谢李楠明教授、康渝生教授和马天俊教授,尽管没能有机会亲自聆听这三位老师的精彩课程,但是,三位老师在我开题报告、中期检查和论文预答辩中给我的论文提出了很多宝贵的意见,让我受益很多,特别是康渝生教授在预答辩之后还提供给我一些资料供我参考。

在此,也很感谢徐晓风教授、段虹教授,两位老师在我硕士研究生学习期间就从学习和生活等方面给予了我莫大的帮助。在我攻读博士学位期间,两位老师在行政事务比较繁忙的情况下,仍然时时关心着我的学习和生活。除此之外,修毅教授对我学业上的

个性道德与理性秩序

帮助特别大，至今我仍然清晰地记得，硕士期间初次发表的论文就是他老人家反复修改的结果，硕士论文的写作和博士论文的写作也都包含着修老师的诸多有益建议。还有刘爱军老师，我曾经无数次地跟他探讨一些哲学问题，探讨中经常让我有豁然开朗的感觉。

感谢我的 12 位性格迥异的博士同学，他们是梁若冰、朱波、张彤、纪逗、杨亚玲、冯梅、胡雪萍、胡蕊、荀明俐、孙建茵、张园、陶丽霞。让我特别高兴的是遇到了张园，我的生活中又多了一位好友，朝夕相处的日子使我不能忘怀。正是同学们的互敬互助，让我感受到了团结、向上、宽容的力量，我会永远记住同学之间的这份友谊。同时，要感谢师兄赵全洲、管小其在求学期间曾经给予我的帮助。

感谢家人长久以来对我默默的关爱和支持。我之所以在本科毕业工作两年后决定重拾荒废已久的学业，考硕之后又决定考博，完全归结于我爱人张国启的引导。他是我一路走来的一盏灯，指引着我的方向。同时，我博士论文的完成也包含着他的很多心血，如果没有他从宏观上的指导、督促，我想我会走很多弯路。父母亲和弟弟更不用说了，他们对我的关心、爱护和宽容，是无法用言语来表达的，只能在今后用爱来回报爱。

最后，要特别感谢黑龙江大学出版社李小娟社长、总编辑对本书的高度重视，《求是学刊》编辑部的付洪泉老师对本书的审阅和黑龙江大学出版社的杜红艳老师对本书的细心加工。本书的出版，饱含着几位老师的辛勤汗水，没有他们的细致工作，本书不可能如此迅捷地面世。

这里需要强调的是，本书借鉴、参考和引用了一些专家、学者的研究成果，在此表示感谢！此外，在写作的过程中，由于本人学术水平有限，深感存在着诸多不足，书中肯定会存在疏漏以及不够成熟的观点，敬请专家、学者和读者批评指正！

本书的完成意味着我也即将踏上生命中的另一段旅程，没有更多的东西来回报曾经关心和帮助过我的老师、同学和家人，唯有更加努力地学习和工作才能不辜负他们的期许。祝愿我的老师、同学和家人一切顺利！

后记

王秀敏
2010 年 8 月于哈尔滨

241